マネジメントの現代的課題

パラドックス・マネジメントの勧め
Paradox Management

松本芳男【監修】
松本芳男退職記念刊行委員会【編集】

学文社

執 筆 者

松本　芳男　前日本大学商学部（第1章）
海老澤栄一　前神奈川大学経営学部（第2章）
加藤　茂夫　専修大学経営学部（第3章）
宇田　理　日本大学商学部（第4章）
中村　公一　駒澤大学経営学部（第5章）
髙井　透　日本大学商学部（第6章）
佐久間信夫　創価大学経営学部（第7章）
根田　正樹　日本大学商学部（第8章）
外島　裕　日本大学商学部（第9章）
髙橋　淑郎　日本大学商学部（第10章）
柿崎　洋一　東洋大学経営学部（第11章）
小椋　康宏　前東洋大学経営学部（第12章）

（執筆順）

はしがき

　本書は，日本大学商学部教授松本芳男先生の定年退職を記念し，刊行された書籍です。松本芳男先生は，早稲田大学大学院商学研究科で故・車戸實教授のもとで研鑽を積まれ，その後，1976年4月に日本大学商学部に奉職され，それ以来40年間にわたり教育，研究，社会的活動に従事されました。

　その間，多くの方々と交流されましたが，今回，松本先生と共に研究や学会活動を行ってきた仲間，先輩，同僚，後輩がチームを組んで，松本先生の定年退職に向けてそれぞれの分野で，松本先生の示された「パラドックス・マネジメント」を軸として論文を執筆することを企画しました。

　松本先生とパラドックス・マネジメントとの出会いは，先生の研究の方向性を変えたともいえる衝撃的なことであったとお聞きしています。それは，先生が日本大学の在外研究で，アメリカのイリノイ大学に留学中のことでした。当時，先生は，組織論，特に組織的意思決定やコンティンジェンシー理論を研究されていました。そのようなとき，1985年アメリカのサン・ディエゴで開催された，Academy of Management の年次大会で，K. キャメロンが座長になり「組織におけるパラドックスの管理」というテーマでシンポジウムが開催されました。当時，先生はコンティンジェンシー理論のセッションを聞きに行っていたそうですが，報告内容に失望し，たまたま出会ったのが上記のシンポジウムだったようです。

　コンティンジェンシー理論は，1960年代以降に急速に発展してきた理論で，特定の状況（コンテクスト）と特定の組織との間の適合関係を明らかにする研究でした。すなわち，組織や管理の在り方には普遍的に最適なものが存在するわけではなく，組織が置かれた状況に絶えず適合させるように経営する必要があるという立場をとっていました。こうしてさまざまなコンテクスト要因と組織特性との間の適合関係について膨大な調査研究が行われてきましたが，1980

年代に入ると，この立場に立つ研究は沈静化していきました。その最大の理由は，この理論の本質的な前提である「コンテクスト要因と適合的な組織特性を構築すれば高い業績が実現できる」という「適合仮説」が必ずしも実証的データによって支持されないケースが散見されたことに起因するものでした。

このように組織と状況要因の適合性につて検討するコンティンジェンシー理論が台頭し，やがて衰退していくプロセスの渦中で，先生が経験されたのは「パラドックス・マネジメント」との出会いでした。まさに，若き研究者の本能を揺さぶるような斬新な概念であり，知的好奇心が湧き上がってきた瞬間が目に浮かびます。

対立した概念の双方を取り入れ両立させるマネジメントの重要性を先生が認識されたことは，まさに先生の研究におけるパラダイム・シフトであったと想像されます。

本書は，執筆者全員が「パラドックス・マネジメント」に関する先生の論文を読み，それを意識しながらそれぞれの論文を執筆したものであり，類書は数少ないと思います。それぞれ専門が異なる研究者が執筆しており，その内容は多岐にわたるものの，「パラドックス」というキーコンセプトは共有されており，それぞれの分野で役立つことを願い，さらに，松本先生の本意が，読者の方々にご理解されることを願っています。

2016年6月25日

松本芳男先生のご退職の日に
髙橋　淑郎

■■ 目　次 ■■

はしがき　*i*

第1章　「組織の失敗」に関する一考察
　　　　──パラドックス・アプローチを中心にして──　　　　　　　*1*
　はじめに　*1*
　第1節　「組織の失敗」に関する諸アプローチ　*1*
　第2節　パラドックス・アプローチ　*13*
　むすび　*17*

第2章　生命有機体の機能をもつ組織
　　　　──"対"概念を包摂する視点から──　　　　　　　　　　*21*
　第1節　生命体であることを忘れた組織　*21*
　第2節　生命体特性　*25*
　第3節　生（きている）物とは　*27*
　第4節　有機体を意識した生命　*31*
　第5節　生命有機体がもつ固有の特性　*36*

第3章　チーム力を活かすバルーン型組織への展開　　　　　　　　*45*
　第1節　ピラミッド組織の功罪　*45*
　第2節　組織の構造と機能の関係性　*48*
　第3節　ベンチャー企業とベンチャースピリットの重要性　*52*
　第4節　バルーン型組織への誘い　*57*

第4章　戦略とは何であって，何でないのか？
―SaP による GM の組織史の再検討― ― 67
はじめに　*67*
第1節　分析枠組み―SaP による既存事例の切り直し　*71*
第2節　GM の組織史の再検討
　　　　―トップと現場の分離と全社戦略の誕生　*73*
むすび　*83*

第5章　M&A 戦略のパラドックス
―シナジー創造のマネジメント― ― 90
はじめに　*90*
第1節　M&A 戦略におけるパラドックス
　　　　―シナジーをめぐる概念　*94*
第2節　組織統合のマネジメント（PMI）
　　　　―パラドックス・マネジメント　*98*
第3節　M&A マネジメントの実践
　　　　―専門組織の設置から M&A プロセスのシステム化へ　*101*
むずび　*104*

第6章　脱コモディティ化のマネジメント ― 108
はじめに　*108*
第1節　コモディティ化とは何か　*108*
第2節　コモディティ化からの脱却　*111*
第3節　コンテクスト戦略の競争優位性　*117*
むずび―周辺視野の拡大と企業家精神　*122*

第7章　転換期のコーポレート・ガバナンス―――――127

　はじめに　*127*

　第1節　ルール・ベースの企業統治改革の歴史　*129*

　第2節　会社法改正　*135*

　第3節　日本版スチュワードシップ・コードの適用　*138*

　第4節　コーポレートガバナンス・コードの適用　*141*

　むすび　*144*

第8章　リスク管理体制の整備と取締役の責任
―役員・従業員の不正行為を中心に――――――150

　はじめに―絶えない企業不祥事―　*150*

　第1節　リスク管理と会社法規制　*151*

　第2節　役員や従業員の不正行為とリスク管理をめぐる
　　　　　裁判例　*155*

　第3節　判例にみるリスク管理の在り方と取締役の責任　*164*

　むすび　*168*

第9章　リーダー開発における多面観察評価の機能と自己覚知
―リーダー行動の影響過程のパラドックス―――――171

　第1節　リーダー開発における自己覚知　*171*

　第2節　自己覚知と多面観察評価　*174*

　第3節　多面観察評価による「気づき」のレベル　*178*

　第4節　自己覚知と経験学習　*184*

　第5節　「こころのメカニズム」と自己覚知　*186*

　第6節　自己変革と行動の免疫マップ　*188*

　第7節　自己覚知とスキーマ　*192*

　第8節　リーダー開発と自己覚知のまとめ　*194*

第10章　BSCを活用した医療経営のイノベーション
　　　　　―医療専門職と病院経営との狭間で― ―――――――― 201

　はじめに　201
　第1節　病院経営・管理者と臨床の専門職　203
　第2節　イノベーションの定義　207
　第3節　なぜ病院経営にイノベーションが必要か　208
　第4節　医療におけるイノベーションとオープンイノベーション　211
　第5節　医療経営でのICT活用マインドの育成と戦略　213
　第6節　イノベーションの議論になぜBSCなのか　216
　第7節　戦略テーマとイノベーション　217
　第8節　戦略テーマを戦略マップで表現する　219
　第9節　イノベーションを戦略に組み込むには　221
　むすび　226

第11章　環境経営と経営者 ――――――――――――――― 231

　第1節　経営課題としての地球環境問題　231
　第2節　企業の社会的責任としての環境経営　233
　第3節　環境経営とイノベーション　237
　第4節　環境経営と経営体制　240
　第5節　環境経営の進化と経営者の役割　244

第12章　資本コストの理論と経営意思決定基準 ――――――― 250

　はじめに　250
　第1節　資本コスト論研究の流れ　251
　第2節　資本コストの概念　260
　第3節　企業価値評価と資本コスト(1)　264
　第4節　企業価値評価と資本コスト(2)　270
　むすび―経営意思決定基準としての資本コスト　274

第1章 「組織の失敗」に関する一考察
―パラドックス・アプローチを中心にして―

松 本 芳 男

はじめに

　組織は個人がもつ肉体的・精神的・資本的な能力の限界を克服するための手段であり，われわれの社会的生活に不可欠な存在である。個人に比べて組織が勝っていることのひとつに寿命の長さがある。世界一の長寿国の我が国においても，200歳まで生きることは不可能である。しかし，組織の場合，金剛組のように1400年以上も前に創業された組織が存在している[1]。一方，株式会社は30年でその99.98％が消滅するという説や，ベンチャー企業は創業後3年で90％が倒産するという説もあるように，組織の死亡率はかなり高いといわざるを得ない。

　本稿では，こうした「組織の失敗」[2]に関する従来からあるアプローチを概観したうえで，「組織の失敗」を回避するための方策について考察する。

第1節　「組織の失敗」に関する諸アプローチ

1．「官僚制の逆機能」

　ウェーバー（Weber, M.）が理念型として構築した官僚制組織は，「制定された規則に基づく職務遂行」を本質的な特徴とし，純粋に技術的な観点からみて最も優れた組織であるとされた[3]。しかし本来，合理的・効率的な組織である

はずの官僚制組織が現実には「意図せざる結果」としてさまざまな「逆機能」を生み出すことがマートン（Merton, R. K.），セルズニック（Selznick, P.），グールドナー（Gouldner, A. W.）をはじめとする組織社会学者によって研究されてきた。官僚制組織の逆機能として次のようなものがある[4]。

(1) 訓練された無能

官僚制組織においては職務遂行に際して，一切の主観的・感情的要素を排除して「没主観的」に規則を適用することが求められている。ウェーバーは，次のように述べている。

「官僚制が『非人間化』されればされるほど，換言すれば，官僚制の徳性として称賛される特殊の性質——愛や憎しみおよび一切の純個人的な感情的要素，一般に計算不能なあらゆる非合理的な感情的要素を，職務の処理から排除するということ——がより完全に達成されればされるほど，官僚制は，資本主義に好都合なその特殊な性質を，ますます完全に発展させることになる」[5]。

その結果，規則が想定していないような状況においても規則を機械的に適用して問題を発生させてしまうという現象が生じるのである。次の2つの事例は，その典型的なケースである。

1994年9月9日の朝日新聞の天声人語は，埼玉県桶川市に住む79歳の女性が猛暑の中で脱水症を起こし入院した事件を報じている。この女性は夫と死別した後，生活保護を受けていた。当時，家にはクーラーがあったが，市の福祉課は「生活保護家庭にクーラーは認められない」と取り外しを求めた。女性は「高血圧で心臓も悪くクーラーは必需品」と訴えたが聞き入れられず，結局取り外されてしまった。室内温度は40度を超え，冷蔵庫で頭を冷やしたりしたがついに倒れてしまったのである。幸い点滴で一命はとりとめたが，もう少し適切な対応ができなかったかという批判が起こったのは当然である。市議会の緊急質問に対し，「厚生省の方針に従って対応した。人権侵害とは考えない」というのが市当局の答弁であった。

厚生省の方針によれば，生活保護家庭の所有物は一般世帯との均衡を失することにならないものに限られる。均衡の判断基準は，当該地域の全世帯の70%

程度の普及率であり，桶川市でのクーラーの普及率がまさに約70％であったようである。天声人語では「何ともやりきれぬ話である。福祉の担当者はクーラーよりも冷たいではないか」と書かれている。

　この事件を学生に話し，「君が福祉の担当者であったとしたら，どのように対応するか」を尋ねてみた。「可哀そうと思うが，規則は規則だから取り外すのはやむを得ない」という回答が一番多かったが，「上司が何と言おうと取り外さない」という勇ましい回答も少数ながらあった。一人の学生は，この女性が「高血圧で心臓も悪い」と述べていることに着目し，この女性を保健所に連れてゆき，医師に「この女性の健康を保持するにはクーラーが必要である」旨の文書を作成してもらい，これを上司に見せて例外的な対応を認めてもらうという意見を述べた。これは優れたアイデアである。このケースの場合，「気の毒である」とか「可哀そう」という感情論で対応しようとすると収拾がつかなくなってしまうが，医師の意見として「クーラーが必要」という文書があれば，例外的な対応をする合理性・説得性を獲得できるのである。

　別のケースは，1995年の阪神淡路大震災における神戸検疫所での出来事である[6]。地震のあった日の午後４時ころ，スイス政府が捜索犬を引き連れた救助隊を派遣すると申し出たが，日本政府がそれを受諾するまでに24時間もかかってしまったという事例である。受け入れが遅れた原因は，農林水産省の担当官が，通常通り犬の検疫が必要だと主張したためであった。ヨーロッパ共同体が発行する犬の健康証明書と狂犬病の予防接種を受けたという証明書を取り寄せるのに24時間かかってしまったようである。また，アメリカとフランスが，医者を含む救援隊の派遣を申し出たが，厚生省は，はじめ，日本の医師免許を持たない者は医療に従事できないといって要請を断ったという。

　検疫の手続きは海外から各種疫病を国内に持ち込ませないために通常の事態であれば不可欠なものである。しかしこの規則は，地震で倒壊した建物の下に閉じ込められているかもしれない人を探す捜索犬のことは全く想定していない。官僚制組織の本質を規定する規則は，あくまで想定される状況についてしか制定できない。しかし現実に仕事をしていくうえで「想定外」の事態に直面する

ことは避けられない。このような「想定外」の状況においてもなお，既存の規則を適用して問題を生じてしまうのが典型的な「訓練された無能」現象である。

こうした問題を回避するための方策として「メタ・ルール」の使用がある。通常の業務を処理するためのルールは「オペレーティング・ルール」であるが，想定外の事態に直面した場合における対応方法を規定するのが「メタ・ルール」である。先の例であれば，「現場担当者が既存の規則をそのまま適用すると問題があると判断した場合には，現場担当者が最善と考える対応をしてよい。ただし，必ず事後的に，例外的対応をした合理的根拠を文書で上司に提出すること」というメタ・ルールを策定しておき，関係者に周知徹底しておけば，恣意的な規則の適用を防ぎながら，想定外の状況に対する柔軟な対応が可能になるのである。

(2) そのほかの逆機能現象

「目標置換」は，規則を守ることが自己目的化してしまい，目標と手段が逆転してしまう現象である。「最低許容行動」は，とりあえず規則さえ守っていれば責任追及をされることはないので，規則で規定された最低水準に仕事の質がとどまってしまう現象である。「成長阻害」は，規則を機械的に適用して仕事をし続けていると，自分の頭で考え，工夫し，改善するという習慣が身につかず，個人的成長の機会が阻害されることである。「顧客不満足」は，官僚制組織においては人間関係が非人格化されるため，顧客のニーズにきめ細かく対応することができなくなり，顧客満足度が低下する現象である。「革新阻害」は，既存の規則を遵守することを最優先する官僚制組織においては，イノベーションは起こりにくいことをいう。

2．「組織は合理的に失敗する」

菊澤研宗（2009）[7]は，新制度派経済学（組織の経済学）の立場から大東亜戦争における日本陸軍の不条理な行動を分析し，「組織は合理的に失敗する」という見解を展開している。ガダルカナル戦やインパール作戦などにおいて「なぜ日本軍は不条理な行動をとったのか」という問いに対して，多くの正統派研

究者は，日本軍に内在する非合理性によって説明してきたが，菊澤の見解によれば，このような不条理な行動に導く原因は，人間の非合理性にあるのではなく，人間の合理性にあるとされる。

菊澤のアプローチは「組織の本質は限定合理性である」という認識から出発する。これは，コース（Coase, R. H.）やウイリアムソン（Williamson, O.）らによって組織の形成を説明するために展開されてきた議論であるが[8]，菊澤は，この限定合理性によって，組織が不条理に導かれ淘汰される場合と，不条理を回避し進化する場合があることを明らかにしている[9]。

組織の不条理とは「人間や人間組織が合理的に失敗すること」を意味している[10]。限定合理性からこのような不条理が発生するメカニズムは，次のように説明される[11]。

人間は限定合理的であるので完全な戦略・状態・制度を作り出せないため，絶えずマイナスの外部性，不正，非効率が発生する。こうした非効率や不正を排除するために新しい戦略・状態・制度を形成する場合多大な埋没コストや取引コストが生じる。この場合，新しい戦略・状態・制度を形成することから得られるメリットよりも，それに必要とされるコストが大きければ，既存の戦略・状態・制度を維持し続けるほうが組織にとっては合理的となる。しかしその結果，非効率や不正は排除されず，結局，組織は淘汰されることになる。これに対し，新しい戦略・状態・制度を形成することから得られるメリットがそのためのコストより大きければ，組織は新しい戦略・状態・制度を形成し，組織は進化する。

限定合理的な個人や組織が不条理に陥るか，不条理を回避できるかはポパー（Popper, K. R.）の批判的合理主義に基づいて説明される。人間が限定合理的であり，常に誤りうることを自覚しているかどうかが問題になる。人間の限定合理性を認め，組織内に批判的で合理的な議論を可能とする批判的議論の場，批判的組織風土・組織文化をもつ組織（批判的合理的構造）は不条理を回避できるが，あたかも各組織メンバーが完全合理的であるかのように振る舞う組織においては，誤りが積極的に認識されず，批判的議論も展開されないので，結局，

淘汰されてしまうのである（菊澤，2009，pp. 240-244）。人間が完全合理性の妄想に陥りやすい思想として「勝利主義」「集権主義」「全体主義」が取り上げられ，「これらの思想にとらわれる人々は自分が限定合理的であることを忘れ，自由な議論を許さず，批判を受け入れず，そしてドグマ化し，『閉ざされた組織』を形成することになる」と述べている[12]。

「人間が限定合理的であるために組織が形成されるだけでなく，組織を不条理な行動に導いたり，組織を進化させる原因もまた人間の限定合理性にある」[13]という考え方は斬新であり魅力的である。組織が不条理を回避するための方策が，「批判的合理的構造」をもつ組織としていることも説得力がある。ただ，「組織は合理的に失敗する」という表現は，「個人が自己の利益や保身のために行動する結果，組織自体の目的達成が阻害されたり，存続が危うくなることがある」ということであるとすれば，「個人的合理性が優先されると，組織的合理性が損なわれ，組織的失敗が生じることがある」と表現するほうが正確ではないであろうか[14]。また，新しい戦略・状態・制度を構築するためのコストとベネフィットの測定方法にも不明さが残るといわざるを得ない。

3.「失敗学」

「失敗学」の提唱者である畑村洋太郎によれば，「失敗」とは「人間が関わって行うひとつの行為が，はじめに定めた目的を達成できないこと」[15]と定義される[16]。この失敗学は，「身近で繰り返される失敗を否定的にとらえるのではなく，むしろプラス面に着目してこれを有効利用しよう」[17]という基本的姿勢に立脚している。

すなわち，「失敗の特性を理解し，不必要な失敗を繰り返さないとともに，失敗からその人を成長させる新たな知識を学ぼう」というのがその趣旨であり，「マイナスイメージがつきまとう失敗を忌み嫌わずに直視することで，失敗を新たな創造というプラス方向に転じさせて活用しよう」[18]というのが失敗学の目指すべき姿であると述べている。

畑村が失敗学を構想するきっかけは，東京大学工学部機械科で機械工学の効

果的な指導法を考えたことであった。受験勉強や家庭教育においては，できるだけ失敗しないで，最短距離で正解に到達する合理的な学習指導が行われている。しかし畑村は学生を指導する中で，このような学習では，本当の意味で身について使える知識は獲得できないことに気付いたのである。「最初のうちに，あえて挫折経験をさせ，それによって知識の必要性を体感・実感しながら学んでいる学生ほど，どんな場面にでも応用して使える真の知識が身につくことを知りました」[19]と述べている。

失敗を有効に活用できるためには，失敗の種類や性質を理解する必要がある。畑村によれば，失敗には階層性がある[20]。失敗原因のピラミッドの最下層にあるのは日常的に繰り返されているごく小さな失敗の原因であり，無知，不注意，不順守，誤判断，検討不足など，「個々人に責任のある失敗」である。その上に「組織運営不良」「企業経営不良」「行政・政治の怠慢」「社会システム不適合」「未知への遭遇」などの失敗原因が続いている。失敗原因の階層の上位に行けば行くほど失敗原因は社会性を帯び，失敗の規模や影響も大きくなる。

失敗の原因は，次の10の項目に大別できる[21]。

① 無知：これを防ぐには勉強するしかないが，無知による失敗を恐れるあまり行動しないと，失敗により失うより多くのことを失うことになる。
② 不注意：体調不良，過労，多忙などにより平常心を失って問題を起こすことがある。居眠り運転などのように致命的な結果に結びつく場合は，作業自体を中止する配慮が必要になる。
③ 手順の不順守：決められた約束事を守らないためにおこる失敗である。これを防止するためには作業手順をマニュアル化する必要があるが，「マニュアルさえ守っていれば十分」をいう意識が生まれると，想定外の事態や事故に対応できなくなる。
④ 誤判断：これを防ぐには，さまざまな状況を想定して，その結果まで頭の中で考える仮想演習をする必要がある。
⑤ 調査・検討の不足：十分な検討を行わないために生ずる失敗であり，これを防ぐには周到な準備をするとともに，自分の判断が間違った時のこ

とを想定した対処方法も考えておく必要がある。
⑥ 制約条件の変化：これを防ぐには，変化を見越した事業計画を作る必要がある。
⑦ 企画不良：トップに権力が集中している場合に生じやすい。
⑧ 価値観不良：自分たちの価値観が周りと食い違っているために生じる失敗であり，過去の成功体験にとらわれたり，組織内のルールだけを見ているような場合に発生する。
⑨ 組織運営不良：特に組織のトップが失敗を失敗と認識できないために生じることが多い。
⑩ 未知：誰もその現象やその原因がわからないために生じる失敗である。

潜在的な労働災害とそれが顕在化する確率を経験則的に導き出した法則を「ハインリッヒの法則」という。1件の重大災害の裏には，29件のかすり傷程度の軽災害があり，さらにその裏には300件のヒヤリとした体験が存在しているという（畑村，2000，pp. 72-74)[22]。

「マズイ」という経験をしたときにすぐ防止策を講じれば大きな失敗を防ぐことができるが，それをせずに放置しておくと，やがて取り返しのつかない大きな失敗を生むことになるのである。このように失敗には，「放っておくと成長する」性質があるという。

失敗経験を次の失敗の防止や成功の種に結びつけるためには，失敗の原因や経過などを正しく分析したうえで，「失敗情報を知識化」し，誰もが使える知識とする必要がある。しかし，失敗情報には次のような性質がある[23]。

・失敗情報は伝わりにくく，時間がたつと減衰する。
・失敗情報は隠れたがる。
・失敗情報は単純化したがる。

このような失敗情報の性質を理解したうえで，見えにくい失敗を顕在化させる経済システムとして，畑村は企業のバランスシートの負債の項目に「潜在失敗」を加えることを提唱している。「潜在失敗」とは，万一，失敗が生じたときの損害の程度を予測し，この総額に失敗の発生確率を乗じて，含み損として

示したものである[24]（畑村，2000，p.178）。

4．「組織事故」

　リーズン（Reason, J.）によれば，事故にはその影響が個人レベルで収まる個人事故と，その影響が組織全体に及ぶ組織事故の2種類がある。原子力産業，航空産業，石油産業，化学産業，海運業，鉄道輸送業，金融業などで組織事故が起こると大惨事を招くことになる。通常，組織事故には複数の原因が存在している。組織事故はめったに起こらず，理論的にも直感的にも予測が困難であり，これをコントロールすることは非常にむずかしい。しかしリーズンは，一見偶然に見える事故発生の因果関係の背後には基本原則が存在するという信念に基づき，組織事故の前兆や組織事故を作り出す条件などを明らかにしようとする[25]。

　生産性と安全性はトレードオフの関係にあり，良識ある理性を持つ管理者はこの両者を両立させたいと願っているが，納期その他の要求を満たすために安全面に目をつぶるか否かの決断に迫られる。たいていの場合，安全面から目をそらしても，すぐに悪影響は出ないため，安全軽視は日常業務の一部として定着してしまい，システムの安全裕度が徐々に減り，事故を引き起こす特定の要因に対してますます脆弱になってしまうのである。

　安全性という目標を実現するための手段としての「防護」は，組織ごとに異なり，潜在的な危険の度合いに応じても異なるが，少なくとも次のようなひとつの機能をもつように設計されている。

　・局所的に存在する潜在的な危険を認識させ，理解させる。
　・安全に活動するための明確なガイドラインを示す。
　・危険が差し迫った時に警報と警告を与える。
　・異常時に，システムを安全な状態へ復帰させる。
　・潜在的な危険とそれによって生じるかもしれない損害の間に安全バリアを設ける。
　・このバリアからすり抜ける潜在的な危険を封じ込め，取り除く。

・潜在的な危険の封じ込めに失敗した場合の避難と救助の方法を明らかにする。

これらそれぞれの機能は階層的に並んでおり，ひとつ前の機能の失敗を次の機能がカバーできるような「深層防護」の考え方に従って並んでいる。潜在的な危険を理解・認識できず，安全に活動するためのガイダンスも機能しない場合に，警報が危険を知らせる。これも有効に機能しない場合，システムの制御機構や工学的安全系を駆動し，システムを安全な状態に復帰させる。それでもだめなら，物理的バリアが危険を遮断したり，封じ込めたり，取り除こうとする。さらにこれも失敗すれば，避難や救助が必要になる。幾重にも積み重なり，互いに補完しあっている防護を採用している原子力発電所や航空機のような複雑なシステムでは，単一の機器故障やヒューマンエラーが発生しても十分に安全性が確保できるようになっているのである[26]。しかし，このような深層防護がシステムをより複雑にし，その管理者や運転者にとって，システムが不透明なものになってしまうのである。

防護のすべての階層が健全で，潜在的な危険性がその間を突き抜ける可能性がないのが理想であるが，現実にはスイスチーズのように，防護の各層にほころび（「穴」）がある。これらの防護の穴は常に揺れ動いているが，作業員のミスやその他の要因[27]により偶然に重なり合った時に組織事故が発生するのである[28]。

リーズンは，安全文化に本質的に不可欠な要素を見極め，加工し，それらを全体として機能するようにくみ上げることにより，安全文化を社会的にエンジニアリングできるという立場から，次のような安全文化の要素を検討している。

第1は「情報に立脚した文化」(informed culture)であり，安全情報システムを構築して重大な兆候を定期的にチェックし，事故やニアミスから得られる情報を収集・分析・普及させることを意味している。第2は「報告する文化」(reporting culture)であり，自らのエラーやニアミスを報告しようとする組織の雰囲気を作り上げることを意味している。効果的な報告する文化は，組織が非難や処罰をどのように扱うかにかかっている。「非難しない文化」は不可能

であり，望ましくもなく，言語道断の行為に対しては厳しい制裁が必要である。第3は「正義の文化」(just culture) であり，安全に関連した本質的に不可欠な安全関連情報を提供することを奨励し，時には報酬をも与えられるような信頼関係に基づいた雰囲気を意味している。第4は「柔軟な文化」(flexible culture) であり，業務過多あるいはある種の危険に直面したときに，自らの組織自身を再構成する能力を意味している。具体的には，従来の階層型からフラットな専門職構造への移行が必要である。専門職構造では，一時的に業務の専門家に支配権が委譲されるが，緊急事態が過ぎれば元の官僚型に戻るような適応性を備えている。第5は「学習する文化」(learning culture) であり，必要性が示唆されたときに安全情報システムから正しい結論を導き出す意思と能力，大きな改革を実施する意思を持つことを意味している[29]（リーズン，前掲書，272-279頁）。

5．「組織不祥事」

樋口晴彦は組織不祥事に関する多くの著書を表しているが[30]，中でも最も大部で詳細な分析を行っているのが『組織不祥事研究―組織不祥事を引き起こす潜在的原因の解明―』白桃書房，2012年である。同著において樋口は，従来の組織不祥事研究の問題点として，実証性不足と多面性不足を指摘した上で，組織不祥事の原因メカニズム分析のフレームワークとして三分類・因果表示法を提唱している[31]。これは組織不祥事の原因を，直接原因，Ⅰ種潜在的原因，Ⅱ種潜在的原因に分類した上で，原因相互の因果関係の連鎖を表示する点に特徴がある。直接原因は，組織不祥事を発現させる直接の引き金となった問題行動（不作為も含む）であり，因果関係の連鎖の中では最下流に位置する原因である。潜在的原因は，直接原因を誘発又は助長した因果関係に連なる組織上の問題点であり，これはさらに次の2つの原因に分けられる。Ⅰ種潜在的原因は直接原因の発生を防止するためのリスク管理の不備に関する原因（リスク管理体制の未整備，リスク管理の機能不全）であり，Ⅱ種潜在的原因はⅠ種潜在的原因以外の原因であり，直接原因またはⅠ種潜在的原因に対して因果関係の上流側に位

置する原因である。たとえば「成果主義の導入」というⅡ種潜在的原因は，社員の問題行動を誘発した場合には直接原因の上流に位置し，管理者に影響して組織内のリスク管理機能を弱体化させた場合にはⅠ種潜在的原因の上流に位置することになる[32]。

　樋口はこれらの分析概念を用いて，以下の18の組織不祥事の原因分析を行った。

　①大和銀行ニューヨーク支店巨額損失事件，②JCO臨界事故，③三菱重工客船火災事故，④関西電力美浜原発配管破損事故，⑤三井物産DPFデータ改竄事件，⑥社会保険庁不適正処理事件，⑦シンドラー社製エレベータ死亡事故，⑧ふじみ野市プール事故，⑨パロマ湯沸器一酸化炭素中毒事故，⑩日興コーディアル不正会計事件，⑪関西テレビ「発掘！あるある大事典Ⅱ」捏造事件，⑫海上自衛隊イージス防衛秘密流出事件，⑬加卜吉循環取引事件⑭赤福食品衛生法等違反事件，⑮三菱化学鹿島事業所火災事故，⑯ジーエス・ユアサ循環取引事件，⑰新銀行東京不正融資事件，⑱中国電力島根原発点検時期超過事件

　以上18事例の原因メカニズムの分析に基づいて，Ⅰ種潜在的原因が次のように類型化されている。問題認知時の対応不十分，リストなどの確認作業不十分，内部牽制機能の不備，社内教育の不備，与信管理・取引先調査が不十分，同一部署での長期配置，リスク管理制度の未整備，リスク管理部門の体制が弱体，安全機材の未整備

　Ⅱ種潜在的原因は，次のように類型化されている。アウトソーシングの影響，作業効率・コスト削減，成果主義，組織文化，業務の拡大による人的資源不足，管理者の知識不足，当該社員に管理者が強く依存，顧客のニーズへの対応，ビジネスモデル，傍流事業の位置づけ，例外・違反行為の常態化，リスクの過小評価・希望的観測，関係企業間の情報共有が不十分[33]

　分析の結果，18事例についてⅠ種潜在的原因57件のうち46件（80.7％）の背景にⅡ種潜在的原因が存在していた。Ⅰ種潜在的原因であるリスク管理の不備の大半は，何らかのⅡ種潜在的原因により誘発又は助長されたことになる。したがって，Ⅰ種潜在的原因をリスク管理対策によって個別に除去したとしても，

その背景となっていたⅡ種潜在的原因を残存させたままでは，Ⅰ種潜在的原因の再発や別の形態のⅠ種潜在的原因の発生につながる恐れがある。Ⅱ種潜在的原因は組織不祥事の根源的原因と位置づけられるので，その分析が今後の重要課題となると述べている[34]）。

　樋口の研究は，警察庁，内閣安全保障室参次官補などの経歴と，警察大学校警察政策研究センター教授という現職の強みを生かして，膨大なデータを収集・分析し，緻密な原因分析を行っていることは高く評価される。しかし，分析結果でも述べているように，非常に多数の複雑な原因が関わっている組織不祥事の研究，不祥事防止策の考察には，このような事例分析だけでは限界がある。たとえ不祥事の原因とされる要因があっても，不祥事を発現させない組織もあるわけであり，どのような状況下で，不祥事が発現するのかについて，さらなる考察が必要になる。このような意味で，次のパラドックス・アプローチが必要になる。

第2節　パラドックス・アプローチ

1．組織の基軸価値と組織モデル

　パラドックス・アプローチにおいては，「組織の基軸価値」がキーコンセプトとなる。組織の基軸価値とは，組織をデザインしマネジメントしていく上で最優先すべき価値であり，組織文化の中核的要素である。組織文化とは，組織メンバーに共有された価値観・信念・行動規範などであり，組織メンバーの行動をその根底において規定している。このような組織文化の中核に「組織の基軸価値」が存在しているのである。

　価値観とは，ことの善悪・正邪に関わる判断であり，目標選択や優先順位の決定を規定する。組織として最優先すべき価値が明確に組織メンバーに共有されていれば，対応すべきルールやマニュアルが存在しない想定外の事態に直面した場合でも，判断のぶれが生じない。経営者が判断に迷うような難局に直面した場合でも，組織として最優先すべき価値が明確化されていれば，それに基づいて判断することができる。このような意味で，組織文化は最も本質的なと

ころで組織行動を規定しているのである。「組織の基軸価値」として，ここでは次の4つの対概念を取り上げる。

　第1は「集権化」と「分権化」，第2は「内部志向」と「外部志向」，第3は「安定志向」と「変化志向」，第4は「結果重視」と「プロセス重視」である。これら4つの対概念の組み合わせで，次のような4つの組織モデルが分類できる。

　第1は，「官僚制組織モデル」である。これは安定志向，内部志向，集権化志向が基軸価値となっている。このモデルの強みは，業務処理の確実性・効率性・一貫性，手続きの公平性，文書管理の正確性などである。その反面，硬直性，先例墨守の保守性，リスク回避や革新不在，規則順守の自己目的化などの弱点をもつ。

　第2は，「オープン・システムモデル」である。これは変化志向，外部志向，分権化志向が基軸価値となっている。このモデルの強みは，リスクに果敢に挑戦し新技術・新規事業を開発したり，革新の担い手となるなど積極的・挑戦的な経営姿勢を持つことにある。その反面，自前技術にこだわるあまり市場ニーズと乖離した製品を開発してしまったり，自社に有利な状況を生み出すためにロビー活動の枠を逸脱して贈収賄事件を起こすような機会主義的行動を生むリスクがある。

　第3は，「成果主義モデル」である。これは結果重視，外部志向，集権化志向が基軸価値となっている。このモデルは，目標を達成するための計画を立て，それを遂行することにより確実に目標・成果を達成することにある。競争原理を導入し，信賞必罰の管理体制を構築し，組織を活性化するところに強みがある。その反面，燃え尽き症候群を生んだり，分析や計画立案という手段が自己目的化してしまう分析マヒ症候群に陥りやすい。

　第4は，「人的資源モデル」である。これはプロセス重視，内部志向，分権化志向が基軸価値である。このモデルは組織メンバーをできるだけ意思決定に参加させ，学習機会を提供し，情報共有やチームワークに強みをもつ。その反面，会議ばかりして一向に結論が出なかったり（会議は踊る症候群），結果に対

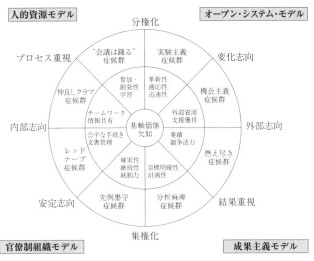

図1-1　組織の基軸価値と組織モデル

出所：松本芳男「マネジメントの経営実践論」日本経営教育学会編『講座／経営教育1　実践経営学』中央経済社，2009年，168頁を一部修正

してだれも責任を取らない仲良しクラブ症候群に陥るリスクがある。

　組織は明確な基軸価値を持たないと組織メンバーの活動の焦点やベクトルが合わないため有効性を発揮できないが，ある特定の価値だけを一面的に追求し，それと対立する価値への配慮を怠ると「モノカルチャー化」し，さまざまな危険や問題症候群が生じてしまうのである（図1-1参照）。

　上記4つのモデルのいずれを基盤としてマネジメントするにせよ，特定価値に偏り過ぎないことに絶えず注意し，それと対極にある価値とのダイナミックなバランスや緊張関係を維持することが必要なのである。特定価値への行き過ぎが生じているかどうかを判定する「魔法の公式」はないが，次のようなチェックリストを用いて，定期的に組織の健康診断をすることが必要になる[35]。

2．問題症候群回避のための自己診断チェック・リスト

(1) 「人的資源モデル」が「仲良しクラブ症候群」や「会議は踊る症候群」に陥らないためのチェック・リスト

① 従業員満足や調和への過剰配慮
　□ 人間関係への過剰な配慮により，甘えやなれ合いが生じ，仕事に対する厳しさに欠けている。
　□ 顧客満足に対する配慮よりも，従業員満足への配慮が優先されている。
　□ 組織・集団の調和やまとまりが重視されるあまり，組織内での競争意識が希薄になっている。
　□ 意見やアイデアの相違・対立が表面化することを避けたり，抑えたりする傾向がある。
　□ 異質的な思考・行動様式を持つメンバーを排除する傾向がある。
　② 参加・議論過剰
　□ 会議の開催頻度・所要時間・参加者などが必要以上に多い。
　□ 議論は活発に行われるが，なかなか結論が出ないことが多い。
　□ 誰もが意見を述べ議論するが，誰も結果に対して責任を取ろうとしない。
(2)「成果主義モデル」が「燃え尽き症候群」や「分析麻痺症候群」に陥らないためのチェック・リスト
　① 業績・目標志向過剰
　□ 業績目標やノルマを達成するために過剰なプレッシャーが加えられ，押し込み販売や不良在庫の積み増しなどが生じている。
　□ 目標達成度を上げるために，達成容易な目標が設定される傾向がある。
　□ 短期的な業績が優先され，長期的視点が欠落している。
　□ 過度のオーバーワークやストレスのため，肉体的・精神的に問題を抱えた従業員が増えている。
　□ 目標達成を強調するあまり，人材の育成がおろそかになっている。
　② 計画過剰
　□ 計画策定や分析が自己目的化し，必要以上に詳細な計画策定が行われている。
　□ 計画に縛られて，状況の変化に柔軟に対応できない。
(3)「官僚制組織モデル」が「レッドテープ症候群」や「先例墨守症候群」に

陥らないためのチェック・リスト
① 規則・文書主義過剰
□ 必要以上に細かな規則や手続きが多数存在している。
□ 規則に縛られて，臨機応変な対応ができない。
□ 規則を守ることが自己目的化して，何のための規則かということが忘れられている。
□ 必要以上に書類が作成され，文書の洪水に悩まされている。
② 安定志向過剰
□ 先例や慣例が過度に重視され，新しいやり方に変更することに大きな抵抗がある。
□ 失敗を犯すことを過度に恐れ，新しいことに挑戦する姿勢が見られない。

(4) 「オープン・システムモデル」が「実験主義症候群」や「機会主義症候群」に陥らないためのチェック・リスト
① 革新・適応過剰
□ 革新性・創造性を強調するあまり，効率性や採算性を度外視する傾向がある。
□ 技術至上主義が強すぎて，市場のニーズにマッチしない製品が開発される。
□ 一時的な変動や流行に振り回され，行動の一貫性が維持できない。
□ 方針や計画の変動が頻繁に行われ，朝令暮改の傾向が強い。
② 外部支援過剰
□ 交際費，政治献金，ロビー活動，寄付などが過剰になっている。
□ 政府・業界団体などの規制・保護に対する依存度が強い。
□ 談合体質が根強く残っている。

むすび

　組織をデザインしたりマネジメントしていく上で対立する価値に直面することは避けられない。その際，安易に一方を切り捨てるのではなく，対立する要素を組み合わせたり使い分けたりしながら両方の要素を活かしダイナミックな

バランスをとる知恵こそ有効なマネジメントの実践に不可欠なのである。組織は明確な基軸価値を持たないと有効性を発揮できないが，特定の価値が一面的に追求されても失敗を招く。「過ぎたるは猶及ばざるがごとし」という『論語』（先進編）の名言は，「中庸」の重要性を指摘しており，マネジメント実践のポイントをいいえている[36]。

■注■
1) 日本には，創業1000年以上も続く企業が19社，500年以上が124社，200年以上が3,113社もあるという（久保田，2010年，11頁）。
2) 「組織の失敗」とは，組織がその目的を達成できないこと以外に，不祥事や組織事故などにより組織のイメージ・評価を低下させることなどを含んでいる。
3) M. ウェーバーは官僚制組織の技術的優秀性として以下のような項目をあげている。「精確性・迅速性・明確性・文書に対する精通・継続性・慎重性・統一性・厳格な服従関係・摩擦の防止・物的および人的費用の節約…」（M. ウェーバー著，世良晃志郎訳『経済と社会　支配の社会学Ⅰ』創文社，1960年，91頁）
4) 野中郁次郎『経営管理』日本経済新聞社，1980年，30-33頁
5) ウェーバー，前掲書，93頁
6) 宮本政於，『官僚の官僚による官僚のための日本!?』講談社，1996年，95-96頁
7) 菊澤研宗，『組織は合理的に失敗する―日本陸軍に学ぶ不条理のメカニズム―』日経ビジネス人文庫
8) 限定合理的な人間同士の取引においては，自分の利益のために相手を騙したりする機会主義的行動が生じやすく，取引コストが生じる。この取引コストがあまりにも大きい場合は，市場取引よりも人間が組織的に資源を利用するほうが効率的になり，組織が形成されることになる。
9) 限定合理性のために組織が不条理に導かれる軍事組織の例としてガダルカナル戦，インパール作戦が考察され，企業の例として大沢商会，山一證券，北海道拓殖銀行，日本商事などの事例が考察されている。一方，限定合理性ゆえに不条理を回避した事例として，軍事組織ではジャワ軍政，硫黄島戦・沖縄戦，企業の例では京セラ，トヨタ自動車，味の素，ソニーなどの事例が考察されている。
10) 不条理には次の3種類があるとされる（菊澤，前掲書，306頁）。個人や組織が，①全体合理性を捨て個別合理性を追求する場合，②正当性（倫理性）を捨て効率性を追求する場合，③長期的帰結を捨て短期的帰結を追求する場合，である。
11) 菊澤研宗，前掲書，237-239頁
12) 菊澤研宗，前掲書，282-283頁。「批判的合理的構造」の具体的内容について

は，次の書を参考されたい。宇田左近著，黒川清解説『なぜ「異論」の出ない組織は間違うのか』PHP研究所，2014年
13) 菊澤研宗，前掲書，282頁
14) これは菊澤が「全体合理性と個別合理性が一致しないとき，個々人や個別組織は全体合理性を捨てて個別合理性を追求し，その結果，合理的に失敗するという不条理」〈不条理1〉と説明していることと同義であろう。（菊澤，2009年，307頁）
15) 畑村洋太郎『失敗学のすすめ』講談社，2000年，21頁
16) 畑村によれば，失敗には「よい失敗（許される失敗）」と「悪い失敗（許されない失敗)」がある。「よい失敗」とは，細心の注意を払って対処しようにも防ぎようのない「未知への遭遇」に含まれる失敗である。失敗により被害が生じたとしても，その経験を通じて新たな知識の創造に結びつくような失敗である。これに対して「悪い失敗」とは，失敗を通じて何も学ぶことができず，単なる不注意や誤判断から繰り返される失敗である（畑村，2000年，55-58頁）。
17) 畑村洋太郎，前掲書，23頁
18) 畑村洋太郎，前掲書，24頁
19) 畑村洋太郎，前掲書，26頁
20) 畑村洋太郎，前掲書，52-54頁
21) 畑村洋太郎，前掲書，59-60頁
22) 労働災害の確立とされる「1対29対300の法則」が失敗にも当てはまるのは，「放っておくと失敗は成長する」という失敗の性質にあるという（畑村洋太郎，前掲書，72-74頁）。
23) 畑村洋太郎，前掲書，79-86頁
24) 畑村洋太郎，前掲書，178頁
25) J.リーズン著，塩見弘監訳，高野研一・佐相邦英訳『組織事故』日科技連，1999年，1-2頁
26) J.リーズン，前掲書，9頁
27) 貧弱な設計，監督不備，制作・保守不良，ずさんな手順書，不適切な自動化，訓練不足，使いにくい道具などの潜在的要因が長い間潜伏しており，ある時に局所的な環境と即発的エラーが組み合わさって何層もの防護層に穴をあけてしまうのである。潜在的原因は，政府，規制機関，製造業者，設計者と組織管理者による戦略やトップレベルの決定から生じ，その影響は組織全体に広がり，特有の企業文化をつくり，それぞれの作業場所でエラーを誘発する原因を作り出していく（リーズン，1999年，13頁）。
28) リーズン，前掲書，11頁
29) リーズン，前掲書，272-279頁
30) たとえば次のような著書がある。『組織行動の「まずい‼」学―どうして失敗

が繰り返されるのか―』祥伝社，2006年。『企業不祥事はアリの穴から』PHP研究所，2008年。『不祥事は財産だ―プラスに転じる組織行動の基本則―』祥伝社，2009年。『組織の失敗学』中央労働災害防止協会，2012年。
31) このフレームワークは，リーズン（1997）の「組織モデル」アプローチを参考にしている。
32) 樋口晴彦『組織不祥事研究―組織不祥事を引き起こす潜在的原因の解明―』白桃書房，2012年，34-35頁
33) 樋口晴彦，前掲書，58-59頁
34) 樋口晴彦，前掲書，60頁
35) 松本芳男「マネジメントの経営実践論」日本経営教育学会編『講座／経営教育1 実践経営学』中央経済社，2009年，169-171頁
36)「中庸」概念については，次を参照されたい。金谷治（1993）『中国思想を考える―未來を開く伝統―』中公新書

■ 参考文献 ■

植田統『日本的「失敗」の本質―29例に学ぶ没落のメカニズム―』朝日新聞出版，2013年
ウェーバー，M.著，世良晃志訳『経済と社会　支配の社会学I』創文社，1969年
宇田左近著，黒川清解説『なぜ，「異論」の出ない組織は間違うのか』PHP研究所，2014年
金谷治『中国思想を考える―未来を開く伝統―』中公新書，1993年
菅野寛『経営の失敗学―ビジネスの成功確率を上げる―』日本経済新聞社，2014年
菊澤研宗『組織は合理的に失敗する―日本陸軍に学ぶ不条理のメカニズム―』日本経済新聞出版社，2009年
久保田章市『百年企業，生き残るヒント』角川新書，2010年
野村進『千年働いてきました―老舗企業大国ニッポン―』角川書店，2006年
畑村洋太郎『決定版　失敗学のすすめ』講談社，2000年
樋口晴彦『組織不祥事研究―組織不祥事を引き起こす潜在的原因の解明―』白桃書房，2012年
松本芳男「マネジメントの経営実践論」日本経営教育学会編『講座／経営教育1 実践経営学』中央経済社，2009年
マーチ，J. G. & H. A. サイモン著，高橋伸夫訳『オーガニゼーションズ　第2版』ダイヤモンド社，2014年
宮本政於『官僚の官僚による官僚のための日本!?』講談社，1996年
リーズン，J.著，塩見弘監訳，高野研一・佐相邦英訳『組織事故』日科技連，1999年

第2章 生命有機体の機能をもつ組織
―"対"概念を包摂する視点から―

海老澤　栄　一

第1節　生命体であることを忘れた組織

1．人間と機械との関係

　古くは，チャップリン（Chaplin, C.）監督の映画『モダン・タイムス』で痛烈に批判された機械化文明では，ある意味で人間を機械の一部とみなして工場の生産過程に投入し，生産性向上や合理化効果追求，経済効果最大化などが関係者全員の目標として掲げられた。1930年代のことである。

　企業や工場の組織全体の効率追求は，経営の近代化を推し進めるうえで，明示的，暗示的に経営の世界に広く深く浸透していった。ベルトコンベアシステムを使った生産システムは，この時代にアメリカの自動車工業中心に導入され，人間の機械部品化が始まった。

　時代が変わっても近代化の波はさらなる自動化を生み出し，現代では単純労働のロボット化のみならず知的労働でもその一部が人間に代替する形で工場やオフィスに浸透し始めている。その背景には，単純作業の繰り返しである非熟練労働者でも手引書やマニュアルがあれば，ある一定の水準での作業が可能となるような仕組みが用意されるようになったことが影響しているように思われる。雇用創出の面では歓迎された。

　わが国の最近見られる現象のひとつに，短期間の研修期間を経て現場に配置

され，先輩の指導を受けながら仕事に就くというスタイルが定番化している。同じ流れは日本語の不自由な外国人が就労ビザで入国し，単純労働に従事する状態にも散見される。そこには1930年当時と何ら変わらない姿が国の内外で展開されている。

　仕事の単純化は，その業務に通じていなくても就業機会が得られるという意味でプラス面の機能がある。しかしその一方で，人間の"部品化"により機能劣化が進めば，容易に取り換え対象となることが潜んでいることも忘れてはならない。これがマイナス面である。これを"対"概念 – 1 としよう（以降，対 – n と表記）。

　人間を機械にたとえた人間機械論の考えが浮上してくる (La Mettrie, J. O.)。

　人間にとって機械は，仕事の支援や推進，連携，など多面的な関わりをもっている。しかしその反面，現時点では人間の仕事を奪うことも厭わないものの，機械に人間と同様の意思や意志機能がないので，ライバルにはなり得ない。2013年に報告書が出版されたオックスフォード大学の「雇用の未来―コンピュータ化されやすい仕事は？」では，700種ある職業のなかで，10パーセントの職業がコンピュータ化されるという予想をたてている[1]。

　コンピュータ化される主な職業は，テレマーケティング，資格検査官，抄録作成・調査官，洋服仕立て業，数理統計業務担当者，保険業務担当者，時計修理業者，輸送代行業者，税務業務遂行者，会計処理担当者，図書業務担当者，データ入力作業者，などとなっている。

　単純作業中心ではあるものの，人工知能のおかげでその範囲は，次第に複雑な判断を要する業務分野まで拡大しつつある。その勢いは止まりそうにもない。

2．不遜な生きもの

　研究分野を超えて日常的に話題になる主題のひとつに環境，資源，などの自然科学分野がある。しかもその元凶の大きな部分が経済や経営を対象とする社会科学や技術を中心としたエンジニアリング分野など，人間の側にあることが指摘されてから久しい。この両者はこれまで同じ土俵の上で複合的，総合的に

議論することは，あまりなかったように思われる。社会の近代化は，結果として専門領域の限定化，深耕化，高度化，などを推し進めることになった。それらが相互関連化，連結化しているにもかかわらず，皮肉にも相互に排除してきた結果のできごとである。

　古くは1930年代の文献で，当時の大学が専門領域を特殊科学に特化して，専門教職者を作り上げている危険性が有機体哲学の泰斗であるホワイトヘッド（Whitehead, A. N.）によって指摘されている[2]。彼によれば，自然界の運動法則や生命の意味，心的活動の意味，物質と生命と心的活動の相互関係に関することが，明らかに問題になっているという。先に述べた人間機械論を例証する話題でもある。

　戦後，一部の国立大学中心に文理学部が創設された。まさしく文（humanities）と理（science）との同時実現である。しかしその勢いは次第に減衰し，分離してしまった。ここ数十年の中では，総合を冠する学部が登場している。理念としては十分理解できる。しかし，今度は，総合を専門とする研究者の存在が問題になる。ヒューマンウェアの供給が行き届かないという結果を一部で招いている。

　有機体哲学者のみならず経済新聞でも社会的病理現象が指摘されている[3]。過度に利便性を追求し私利私欲の充足を幸せの価値基準に設定してきた人間は，意識的であるかどうかを問わず，物的価値や経済価値に生活基盤の中心をおくようになった。生産者のみならず生活者や消費者も資源の専有を志向し，囲い込みを前提とした販売・購買行動をとるようになった。

　人間中心主義とか経済第一主義あるいは人間至上主義とかいわれている現象がこの一連の流れを端的に表している。消費ではなく購入が目的であるため，競って購入行動に走り，家の中は未使用の商品で溢れているという現象が見受けられるようになってきた。そこでは人間にとって自然や資源が共生ではなく支配の対象になっている。あたかもその様子は，酒池肉林の世界であり，消費者が裸の王様化に拍車をかけているようでもある。

　企業活動に特化しても，人間という生きもの自らの手で自分たちの棲み家で

もある生態系破壊を進めている。足立直樹によれば以下の5つがその元凶である[4]。

 ・生息地を破壊する土地開発
 ・気候変動でサンゴ礁全滅
 ・化学物質による大気，水質汚染
 ・生物資源の過度の利用，乱獲
 ・外来種による深刻な副作用

　生態系に及ぼす人間の"犯罪"は法人のみではない。私人も同罪である。ダリモント（Darimont, C. T.）らの調査によれば，人間による肉食動物や魚類の略奪（human predator）は，人間以外の動物の捕食に比べて14倍にも達するという[5]。まさに，持続不可能な生きものの世界を作りつつある。"超略奪者"（unsustainable "super predator"）は，近代武器を使い野生動物たちを趣味の世界で殺すことを地でいっている。地球的規模での変革が待たれる。

　生きものとしての人間は，日常の生活や仕事の関係で，何か生産や消費活動を営むときに，無駄をできるだけ少なくすることを考える。引き算（A－B＝X）であれば得られるXを大きくするためにBを小さくする。割り算であれば，（A÷B＝X）のBを小さくすることを無意識に考える。いわゆるコストパフォーマンスの基本がここにある。自然や環境との関係でいえば，Bを小さくするために組織内部で発生する部分を外部つまり環境や自然界にシフトすることが頭をよぎる。費用の外部化あるいは環境化である。この仕組みは経済や経営の世界では，内部経済の追求を外部不経済に巧妙に転化することを促す。

　費用の外部化は先進国のみならず，途上国や貧困国でも起こっている。エビ養殖のためのマングローブ伐採，ジャガイモやとうもろこし，コーヒーなどの生産のために森林伐採が進む。そればかりではない。森林そのものも木材としての商品価値があるため，伐採の対象となる。見えない環境コストがはねあがり，やがて，生態系を破壊の方向に向かわせる[6]。問題は直接の利害関係者を特定化できないことにある。近代化の"快適性"や"利便性"が時間の長短はあるものの，生態系破壊への道を舗装化している，ともいえよう。

このようなことの繰り返しが可能になったのは，技術の進歩発展と無関係ではないだろう。苦手な分野，込み入った領域の外部委託や短期間での過度の欲求充足，などは生活の基本を外部依存型にし，問題の本質を考える癖や創意工夫機会あるいは試行錯誤機会を減じてしまう。万物の霊長である人間が自然を搾取，圧殺，収奪することにより，額に汗しながら生きることの喜びを減殺している，という厳しい指摘もある[7]。ウィルソン（Wilson, E. O.）がいうように，生きものとしての人間のあり方が問われているともいえよう[8]。

第2節　生命体特性

組織を"いきている"系（living systems）すなわち生命体（organism）とみなすことは許されるであろう。以下では，生命体あるいは生命系に見られる一般特性を整理しておこう。

1．二重性の調和，均衡化

(1) 自然界との抑制，寛容の関係：自己の安全性や利便性，安楽性，欲望性追求のために外部世界を変えていく。逆に自然界によって自己適応の機会も生まれる[9]。自然界を抑制する心と自然界に対して寛容である心の両者の働きが生まれる（対－2）。

(2) 不幸と幸福との関係：全体生命としての社会に内在する不幸（evil）と家庭での暖かさや安寧がもつ幸福（happy）との意味（semantics）関係を生活世界（life-world）が提供する[10]（対－3）。

(3) 生命の二重性：複雑な構造をもつ生物体は生存と生殖を保証するように適応した器官を使って，長期的な自己変革のための維持に必要なエネルギー変換や必要な物質合成を行う。同様に生物体は遺伝特性をもつことにかんする情報すなわち遺伝物質情報をもつことによって，長期的な自己維持のための変革すなわち自然選択を伴う進化に必要な条件を準備する[11]。ある意味では伝承部分と変異部分との同居を可能にする（対－4）。

　　上で述べた，自己維持および自己変革は前者が保守のための遺伝物質情

報および後者が変革のための代謝システムを必要とする。それぞれ遺伝素と表現素という表現が用いられることもある[12]（対－5）。

(4) 単一と双性―遺伝素と表現素：上記3および4でふれた内容とも連動する。ここでは，それぞれが単一であり同時に双性しているパラドックスを用いて，以下のような整理を試みる[13]（対－6）。

・単一：起源，誕生，生成，再生産，情報記憶，不変性維持，複製，安定性，プログラム作成，複分割，反復
・双性：現出，生産活動，環境との相互作用，交換，新陳代謝，ホメオスタシス，反応，感受性，不安定性，結合・変換に対する適応能力，拡散，変動，折り返し，変容

2．同一であり変化している：生成

(1) パトス（pathos：英語 passion）的な生存／実存の様式：受動的であると同時に能動的である。同一であり，同時に変化を生み出す。パトスは，同一の安定を超えて変化という不安定さを生成する[14]（対－7）。

(2) 閉鎖性―開放性／平衡性―非平衡性／他触媒―自己触媒：新たな生命の生成現象にとって，自らを開放し，現状の均衡とは異なった新たな平衡を目指す非平衡性への挑戦を試み，そのためには未知のものとの遭遇機会を逃さない自己触媒機能が必要となる[15]。

しかしそのためには，自らを高めるための自助努力を前提とした閉鎖性，エネルギーの畜積や効率的使用を意識した平衡性，さらには自らを他と関係づける，あるいは他からの誘導を受容する能動的な他触媒性が有用となる。相反する対概念が共に必要となる[16]（対－8）。

(3) 自己維持系―自己変革系：これまでの議論と同様，一見すると"変わらない"と"変わる"ことが並んでおり，矛盾そのものである。しかし変わらないは変わるために，変わるは変わらないためにお互いに相手を必要としている，と考えることが肝要である。ひとつの現象が半永久的に続くことはありえない。

スコット（Scott, W. R.）の表現を借りれば，前者の自己維持系は環境に対して閉鎖的であり，現状維持をサイクリックに展開する。安定を好む。形態状態（morphostasis）過程ともよばれる。もう一方の自己変革系は組織機能や構造がその発生に伴って自己増殖的に形成される特性をもつ。外部環境とのつながりを創出し組織のもつ対処能力を高めることが要求される。形態生成（morphogenesis）過程ともいう[17]（対−9）。

第3節　生（きている）物とは

1．生命の理解

一般に生きているものつまり命のある生きものとは，①何らかの境をもち，周囲から独立した空間を保持する，②周囲の外界との間で物質やエネルギーを取り込んだり放出したりする代謝をおこなう，③自己複製をおこなう，の3つの特性を備えているもののことをいう，とされている。地球に限定して生命誕生のルーツをたどると，原始生命はおおよそ40億年前というのが定説になっている[18]。

しかしその40億年前の原始生命体は，どのようにしてつくられたのかは依然としてベールに包まれている部分がある。ここでは無理にベールを剥がすことをやめて，謙虚な生きものとしてのあるべき姿を模索することにしよう。他の生きものから学ぶことによって，生かされている部分が明らかになり，生かされていることを活かして他に生かしてもらうことを考えることにしたい。あらゆる生きものは少なくとも自分の意思や意志で生まれてきてはいない。

出発点は，他の何かによって何らかの作用が働き，他力によって生まれさせられる。英語でいう，I was born in……である。まず受動型から始まり，つぎに自分の意志で生きることを試行する。その場合も空気や水を初め，食料は母なる大地からの供給を受け続ける。自動型それも依存度の高い自動型になっている。自己の意志や意思が作用するようになり自動型から能動型が芽生える。この能動型は他への影響をも及ぼすようになるので，協働や協同，共同を伴いながら，他を活かすことになる。以下のような流れを描くことは許されるであ

ろう（対-10）。

　　　自分が"生かされて，生きる"→自分が"生きて，活きる"→
　　　　◀- -
"自分が活きて，相手を生かす"→"相手が生（活）きて，自分が生かされる"

2．生命アラカルト

"生きもの"に関して，しばし先達たちからのメッセージに目を向けてみよう。
- 人間は生きものであり，自然の一部である。
- すべての生きものは，38億年前に存在した共通の祖先から生まれた。その生きものは祖先を1つにする仲間であり，人間はその生きものの1つである（ここでは，38億も40億も，その時代を証明する生きものは存在していなかったので，1, 2億の違いは問わないこととする）。

　　　　　　　　　　　　　　　（出典：中村桂子『神奈川評論』[19]）
- 生きものにとって，日常が最も重要。
- 生きものにとって，自然エネルギーを活用する暮らし方が大切。
- 生きものは生きものであることを忘れずに，その力を生かすことが大切。
- 生きものとして生きることとは，常に自分で考え，自分の行動に責任をもち，自律的な暮らし方をすること。
- 人間は生きものであり他の生きものたちとのつながりの中にいるという感覚をもつこと。
- 生きものの基本は多様性，つまりさまざまな視点をもつこと。
- 速くできる，手が抜ける，思い通りにできる，便利さや豊かさを求めることは生きることの否定である。

　　　　　　　　　　　　　　　（出典：中村桂子『科学者が人間であること』[20]）
- 生きている現象：普遍性，多様性，独自性，全体，階層性，生命論的世界観　　　　　　　　　　（出典：中村桂子『「生きている」を考える』[21]）
- 生物は矛盾に満ち，その矛盾から生まれるダイナミズムがある（中村）。
- 新しいもの：ゼロからではなく，異質なものが結びつくことによって生ま

れる（中村）。
・新しいもの：ぶつかり合い格闘しながら折り合いをつけることによって生まれる（鶴見）。

（出典：中村桂子・鶴見和子『四十億年の私の「生命」―生命誌と内発的発展論―』[22]）

3．生きる智恵

上述［生命アラカルト］から導出されてくる生命あるいは生きることの智恵では，以下のような要素が求められている。

(1) 畏敬の念：人間は自然から生かされており，人間は自然の一部である。中村桂子によれば，「地球上のあらゆる場所で，あらゆる人がよく生きることのできる社会を思い描き，一人ひとりの生きる力を思う存分生かし，それぞれの社会を創っていく」ことが大切であり，「みえないものまでみて，自分以外の立場を理解し，行動する」寛容の精神をもつことが肝要である，と述べている[23]。生かされる（受動）と生きる（自動から能動）とが連鎖使用されている点，前ページで述べた論旨と同調する（既出対－10）。

(2) 専用と共用：放牧地でのできごと。複数の牧場主の所有するそれぞれの牛が共同保有の放牧地の牧草を共同で餌にしている。独り占めはできないしし ない。専有できないので不便ではあるけれども，ある程度の"ほどほどの"満足は得られる。牛の専有と飼料の共有・共用をとおした共存共栄の機会の確保，が可能となる。

ところが，牧場主のなかに自分の保有する牛のことだけを考えている保有者がいた。抜け駆けして自分の牛舎の牛に共有地の牧草を食べさせた。約束を破り私利私欲の行動にでた。それを察知した他の牧場主も"一人だけずる，するのは，許せない"ということで，それぞれが専用に走り，またくまに共用資源が枯渇したというコモンズの悲劇（the tragedy of the commons）の話しである[24]。私有化と共有化いずれにも特化できない"眠れない"いざこざである（対－11）。

ここでもほどよい寛容の精神が求められる。

(3) 発展（development）と成長（growth）：development の語源は，包む（envelop）の反対（de-）つまり開くことである。日本語では開発が一般的に当てはめられてきた。その端的な例は未開発（undeveloped），開発途上（developing）のように，国の進歩の流れ過程で使われている。

　　development の訳語としては発展の他に，生長も使用されている[25]。開発が経済との関連でまた生長が植物の進歩との関連で議論されることが多くみられるので，ここでは自らを外に向かって開いていくイメージのある発展に統一して考察を進めることにする。

　　生命個体の発展には自分の配偶子を事後に作りだすために，受精に参加する配偶子が別におかれる。つまり細胞分裂（cell division）が生物体（body）の成長（growth）を促す。その過程では，細胞1個の個体発生（ontogenesis）とそれが種の進化へつながる系統発生（phylogenesis）を生み出す[26]（対 – 12）。

(4) 細胞の生と死：細胞死は細胞生を支えているといわれる。具体的には，①細胞の発生，成熟過程で不要になった細胞を除去する生体制御的役割と，②突然変異や傷害を受けて異常をきたし有害となった細胞を積極的に排除する生体防御的役割の主に2つが細胞死の基本機能である。アポトーシス（apoptosis）といわれている。細胞自滅，自爆死，枯死，などの訳語が充てられている[27]。

　　「鬼平犯科帳」の中でも，平蔵が事件の解決をみたある日の午後，自宅縁側で茶を飲みながら，ひらひらと落ちてゆく紅葉を眺めそばにいる妻に語りかけるシーンが描かれている。紆余曲折の上，添い遂げた若い二人のことを話題にした後の会話である[28]。

　　　妻　「私たちも末はそのようになりとうございますね…」
　　　平蔵「…だな…枯れ葉としてただ散るのではない，来年，また花を咲かせて，実を成らせる肥やしとなるために……　ああして散るのだ　人も同じだ……歳を重ねるごとに，ふくよかに……　心豊かにならねば…な」

妻 「はい，……」
　ここでは，生の前提が死であり，逆に死は生の前提として描かれている[29]（対 – 13）。

(5) 無関係の関係づけ／関係の無関係づけ＝偶然の必然化／必然の偶然化：無関係の現象を関係づけること，あるいは偶然を必然化することが一定の時間内や所定の空間内で実現可能であれば，少数の特定量が不連続で"飛躍のような（jump-like）"変化を起こすきっかけになる。

　このような突然変異は，量子（quantum）論の世界で，ある意味，育種（breed）可能だとされる（対 – 14）（アル＝カリーリ，マクファデン（Al-Khalili, J., McFadden, J.））。

第4節　有機体を意識した生命

　これまで検討してきた内容を本書名副題にあるパラドックスに取り込むために，対概念でのリスト化を試みる。表2-1に示すように，対 – 1 から対 – 14 まで14項目ある。

　その成果を踏まえ有機体としての生命そのものである生命有機体特性を明らかにしてみよう。

1．生命体中心の"対"概念整理

　表2-1を概観すると，命や生命，生きることにとって対（つい）概念（versus）つまりパラドックスがいかに必須の要件であるかが浮かび上がってくる。苦労し，ときに"のたうちまわる"動作がいかに必要であるかがわかる。緩だけでも急だけでも，限界がくる。絶妙なタイミングで"緩急"が求められる。私利私欲だけでも公利公欲だけでも，生命体としては十分でないばかりか，"反"生命体行動を導くことになるので好ましくない。

2．生命体体系化の試み

　生命体は独立していてしかも相互につながっていることがこれまでの議論で

表2-1 生命体行動のパラドックス

番号	安定系／維持系	不安定系／変革系
1	職務単純化	職務複雑化
2	自然界制御	自然界寛容
3	家庭内幸福	社会内在不幸
4	遺伝子伝承	遺伝子変異
5	遺伝素	表現素
6	単一	双性
7	生存の受動的同一安定性	生存の能動的不安定性
8	閉鎖性／平衡性／他触媒	開放性／非平衡性／自己触媒
9	自己維持／形態状態	自己変革／形態生成
10	生かされる	活きる
11	私有化	共有化
12	個体発生	系統発生
13	細胞の死	細胞の生
14	関係の無関係化	無関係の関係化

見えてきた。有機体は，生きている個々の要素が相互に関連づけあい依存しあっている仕組みのこととすると，そこには上下関係や優劣関係は存在しない。

身近にあるタンポポを例にとると，花びらがあり，それを支える茎があり，葉があり，根がある。それぞれが，固有の役割を果たしている。どれが主でどれが従であるかは，問題にならない。むしろ問題にしてはいけない。なぜならば，いずれのひとつを欠いてもタンポポは形成されないからである。ある意味では，それぞれが全体でありかつ部分であるともいえる。言い換えれば，個々の機能は等価であり，全体なのである。ラグビーの精神，One for all，all for one. が当てはまる。

有機体内部および有機体同士の相互関連は，ミラー（Miller, J. G.）の living system によって体系化されている。階層は，次の7つからなっている[30]。

　　cell（細胞），organ（器官），organism（有機体），group（集団），organization（組織），society（社会），supernational society（超国家）

ミラーが発想した有機体の考えのルーツは，ホワイトヘッドである。そのホワイトヘッド（Whitehead, A. N.）は，being（在るということ），becoming（成るということ：生成），actual entities（現実的存在），など，数多くの独自の考え方を用いアリストテレスやデカルトらの伝統的な哲学を論破する[31]。この "流

れている，動きのある"現象は過程哲学または有機体哲学ともいわれ，後に触れるプリゴジンへ継がれていく。

3．パラドックスをパラドックスとして認め，ときにそれを超えるためには

　やや回り道になるけれども，ホワイトヘッドの「生きている細胞（living cell）」から，関係性，関連性，連結性を考えてみたい。ここでいう生きている細胞は，構造化された社会のなかの下部社会をつくっている。生きている細胞の例は，特別な特徴をもつ細胞内にある'空虚な'空間からなりたっているさまざまな生起（occasions）つまり「きっかけ」の機会づくりをする。生きている細胞内の空虚な空間は下位にある結合体（subordinate nexus）と呼ばれている[32)]。結合体とは，重要語間の関係のことや，結びつき，つながり，連結，結合，関係，などのことをいう。直接的な関係は薄いものの，空き部屋や空席，無駄な空間のような状態を想定してみてはどうであろう。

　安定指向の構造化された社会では，ある特定の観念に先導された社会があり，そこでは生きている社会が形作られている。つまり生命の営みがある。この考えをさらに進めていくと，ある特定の"生きている"社会では重要な結合体であっても，他の社会つまり"生きていない"社会では重要ではないことになる。生きている社会と生きていない社会との間は，見えない壁で遮断され，関係は断ち切られている。

　限定されたひとつの結合体である狭領域のみを社会生活の基盤に据えると，当初高度な複雑性を備えた構造であっても，次第に非専門化が浸透し，単純性に満ちた均一な社会が生まれてくる。複雑が増分的に変質し，次第に単純化が定着してくる。安心，安定，安全のいわゆる三安の世界が現実のものとなる。

　この状態が長期的に続くと，"心配ごと"がなくなり恒常的な安住の世界に入り込む。不や非の世界に飛び込むためにはかなりのエネルギーが必要となる。幾重にも重ねた"清水の舞台"を飛び降りるか，逆に地平から飛び越える勇気とエネルギーが求められよう。

　ひとつの結合体の実質的な平均的客体化を取り出してみると，"居心地の良

くない"細かな部分や当該結合体に本来ある多種多様な成員の多様性が取り除かれ，同質性や斉一性が細部に至るまで浸透する。異質性や多様性，新奇性（novelty）の排除であり，閉鎖的で無機的な結合体であるともいえる。

現実の世界を見渡しても，自分と異なった宗教や言語，文化，風土，歴史観，人類，肌の違いなどの存在を全否定することが毎日のように地球のどこかで繰り返されている。無機的な結合体を含む社会では，外部との接触を断つことになるので，"生きている"社会全体の保護を必要としない。閉鎖型人間や環境遮断型企業，国家などを想定してみると分かりやすいかもしれない。

逆に完全に生きている（entirely living）結合体では，生存にとって"生きている"社会全体の保護を必要とする。数多くの生きている結合体には，個々の細胞に少なくともひとつの生きている結合体を必要とする。生命には新奇性が含意されていて，自由確保のための努力の存在が望まれる。

環境多様性にあふれた高度に複雑な無機的な社会では安定性が低下するので，"生きていない（non-living）"，空虚な（empty）社会をも社会の枠に組み込む新たな自然秩序が求められている。結合体の世界では，生きている社会と生きていない社会との間では絶対的なギャップは存在していない[33]。

新奇性はむしろ，今日現在生きていない，いや生かしていない社会からの呼びかけやこちらから呼びかけることで生まれる可能性がある。均質性が削がれるという理由で"対"概念一方のみに焦点を当て，他方を排除するのではなく，両者を立体空間に併置することによって，新たな途が切り開かれてくることになろう。"対"概念という名のパラドックスは，排除するのではなく，逆に第三の道を考える生起（occasion）の場であり相補の場と考えるのが，有機体にとっては有用かもしれない。

4．生命有機体特性

細胞分裂時の個体発生（ontogeny）は，基本的に2つの過程をふむ。ひとつは細胞分化（cell differentiation）であり，他のひとつは形態を新しく生み出す形態生成（morphogenesis）である。人間の細胞に例をとると，受精卵は約50回

の分裂を経て，2^{50}個のさまざまな種類の細胞を作りだす[34]。さらにこれらの細胞が諸種の器官を形成する。前者の細胞腫増殖が細胞分化であり，後者の器官発生が形態生成である。

　シェルドレイク（Sheldrake, R.）は，個体発生の過程で生ずる役割を，以下の4種で簡潔明瞭に説明している[35]。

(1) 形生機能：形を後成的につくる過程をもつ。
(2) 調整機能：2つの細胞のうちひとつの細胞が欠落しても残りの細胞が再生機能を働かせ，欠落した細胞を生成する。
(3) 修復機能：損傷を受けた構造を修復する。
(4) 生殖機能：精子と卵子との接合によって数多くの小さな細胞を作る。

　本稿では以上の4つに加えて，ミクロ，マクロの相互浸透機能を提示したい。以下で述べるホログラムの原理とも符合する機能である[36]。

(5) ミクロ－マクロ相互浸透機能：

① 細胞の特別な役割：個々の細胞には全体に奉仕すべき特別な役割がある。単なる個体の集まりの他に，ひとつの共同体へと結晶化することも可能である。この場合，それぞれの個体のなかに集団の一員となる潜在能力の内在や，集団存在の内包が有効となる[37]。

② 生命のもつ相互作用性：生命は単一分子の性質で成り立つのではなく，分子同士の相互作用つまり集団的性質の上に成りたつ。生命は部分の上ではなく，部分が作りだす全体の集団的，創発的性質の上に成りたつ[38]。

③ ホログラム原理：部分しか見ない還元主義でもなく全体しか見ない全体論でもない，両者を超越した考え方にホログラム（hologram）の原理がある。この原理では部分が全体のなかにあることはもちろんのこと全体が部分のなかにもある。この場合，物理的ではなく論理的，精神的に考えることが重要となる。つまり，全体を全体のまま論理的に縮小をかければ，頭の中の回路では，部分のなかで全体を扱うことが可能となる。国や会社，地域のような大きな単位は全体でありまた部分でもある[39]。

　部分と全体との関係はワグナー（Wagner, A.）の『パラドックスだらけの生命』

に詳しい[40]。両者はコインの両面であり、相互的で切り離せない。安定、破壊、創造行動では対等のパートナーになる。全体を変えることは部分を変えることであり、部分を変えれば全体も変わる。いずれが主であるか、従であるかという発想は、動的均衡を基盤とする全体とは相容れない考え方になる。部分と全体は同格であるという命題が成り立つ。

第5節　生命有機体がもつ固有の特性

1. 生物の動的理解

外に向かって開放している生物は構成素材に付加を与えながら外部に絶えずモノなどを産出し、外部からモノなどを受け取る。無生物は他力が加わらない限り不動であるのに対して、生きた自然物には絶えることのない現象の動き、流れがある。つまり生物体は、環境との間で定常的に物質交代を行い、一瞬たりとも停止状態にはない。

生物共同体では、個々の個体が死に新しい個体が生まれる。いずれの有機体も不変的、定常的であると同時に下部のシステムが絶えず交代し、新しくできあがり、生長し、年をとり、死んでいくことで個体を支えている。多細胞生物では、細胞全体はそのままの状態で、細胞を組み立てる化合物の置き換えが恒常的に行われる[41]。細胞の死は新しい細胞によって補充される。「3. 生（きている）物とは」[生命の理解]でもすでに述べたように、代謝によって交換、補充が行われる。

生物体のエネルギー補充は維持の問題であり、代謝の基本は自己調整することにある。生物は絶えず続く過程を表現しており、それを支えているのは構造や組織化された形態である。換言すれば、変化対応能力ならびに攪乱調整能力を備えている。

一般に生物形態は、ある（being）となる（becoming）との組み合わせによって記述される。前者は存在で静的な動力学に、後者は発展で不可逆的な意識作用面に重きが置かれる[42]。この「ある」と「なる」は本書の共通のキーワード「パラドックス」でくくることが許されるかもしれない。

2．主観と客観との関係から導出される自然法則

　西田幾多郎の主客合一や自他合一の考え方は，物事の真相を知るときに必要となる考え方である。自分と相手とがあるとき，まず自分を捨てることから筋道をたてる。次に相手が人間であっても動物や植物，昆虫，あるいは絵画などであっても，自分をつまり主観を消去することによって，相手の純客観の世界に入り込むことができ，真相を知ることが可能となる。「親が自己の私を棄てて純客観的すなわち無私となればなるほど子への愛は大きく深くなる。」という[43]。無私になることなどできるはずもないかもしれない。しかしできないことをできることから始めることも人間に与えられた使命かもしれない。

　自分と友人との関係に例をとると，自分が友人になり友人が自分になる。そのためには，相互に相手を知ることとその友人に対して愛をもつことが必要となる。友人を知るために友人愛が必要であり，友人愛のために相手を知ることが必要となる。かくして"知ること"と"愛すること"つまり知と愛とは同一の精神作用となる。対象がモノでも自然でも変わらない。主観を交えず，自然法則に則った考究が求められる。

3．生命有機体から学べていない，自己中心型生きもの事例2つ

　有機体同士は大きさの違いを超えて，個々には独立していてかつ相互に連携，相互依存している。イメージは，おおよそ以下のようになる。

　2つの事例に入る前に，有機体同士の結合度の強さ・弱さの仕組みをみておこう。この連携例では，有機体A，B，Cのうち，Aの入口が2個，Bの入口および出口がそれぞれ1個，Cの出口が3個，となっている。全体的に相互の硬直化が進み自由度が少なくなっている。逆に個々の有機体の業績結果が直接相互に影響を及ぼす構造になっているので，太い絆でつながっている。

　ネットワーク構造特性からみると，フランチャイズチェインとボランタリチェインの特性比較で従来から分析されてきているように，フランチャイズチェインシステムでは各店舗が良きにつけ悪しきにつけ，本部の影響を強く受けることになる。智恵に優れた本部の指示に従うと生存可能性が増大してくること

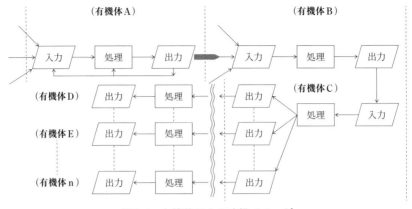

図2-1　有機体同士の連携イメージ

が期待できる。しかし自由度が次第になくなり，固有の判断能力も欠落してくることが懸念材料として存在する。

　逆にボランタリチェインの場合，自主性や固有の判断能力は保持できるものの，チェイン全体から生み出される付加価値の共有はできない，という問題点はある。いずれも西田のいう主客同一からほど遠く，周囲への影響範囲が最大，地球的規模で拡大することになるので，利害関係者は管理範囲について注視する必要がある。ネットワーク理論やパワー論の分野で研究が進められている（Westaby, J. D./Todeva, E.）。

　狭くて小さな世界に君臨しながら影響力の範囲が地球的規模という，"自己中心"の生きものの2例をみておこう。

事例1　影響範囲の限定特定化が困難であるケース

　近代農業：肥料や農薬の過剰投与[44]。

　　　　　　カビの病気を中心にした致命的な病害の国境を越えた侵入。

　　　　　　遺伝子組換え作物の過剰連作，除草剤連用。

　　　　　　薬剤飛散。

　これらは，土壌の劣化をもたらし，作物の収穫が減少，やがて不毛の土地になる。

事例2　社会性を欠落した"非"生命有機体組織のケース

　　無国籍企業：低率法人税の恩恵を受けるための登記先移転[45]。
　　　　　　　　自己都合で本社移転を繰り返す"ずる賢さ"。
　　　　　　　　人間味や信頼性が欠如した企業のイメージ。

　その結果，地球上での存在価値が減少，やがて無になる。グローバル企業のみならず思想の違いを越えた政治家もこの道をまっしぐらに進んでいる，という話題が地球上をかけめぐっている。さらなる有を手に入れるための行動が無に帰するというのは，あまりにも哀れである。

4．生命有機体特性試論

　これまでの議論を元にして，組織の生命有機体特性を備えていると思われる要素を試論として提示してみたい。

(1)　矛盾併置型自己形成性

　日常的に直面する諸種の矛盾は，解除したり排除したりするのではなく，矛盾を矛盾のまま，対立を対立のまま，全体として自己同一を保持しながら自己を形成する。時間を例にとると，連続していながら断絶している。この矛盾は解除や排除の対象ではなく，生まれては消え，消えては生まれるので，非連続の連続性と理解する[46]。

(2)　相違認知型棲み分け性

　個々の生命体は思考や行動を24時間均一や同質にするのではなく，それぞれ異なった社会を形成する。このことは思想や宗教，価値観，趣味などをみても明らかであろう。生活の場でもそれぞれの違いを認識して，異なった空間を尊重することが肝要となる。つまり棲分ける（habitat segregation）ことが必要となる[47]。

(3)　自力増強型他助性

　個々の生命体は相互に生起の機会を得ることによって，次第に相手への期待度や依存度が無意識に高まるようになる。他の生命体への共助を想定する前提としてここでは以下の3つを生命力養成の潜在性に富む力として提案したい。

① 影響力：相手も認めている自分自身の得意技が何かを限定しその技磨きをすること。それが自分の独自性を生み周囲への影響力（empowerment）を高めることになる。
② 跳躍力：弾む力つまり弾力性を自ら育むこと。具体的には飛び出す前の"位置について"やトランポリンでの弾む力が跳躍力（agility）を養う。
③ 回復力：周囲と連動しながら難しい問題処理を行う際の順応性，快活性および落ち込んだ時に自ら元気づける治癒性（resilience）を具備すること。生命力を高めるために必要となる。resilience については回復力という言葉が一般的に使われている[48]。グラットン（Gratton, L.）の日本語訳書では，英語の音読みでレジリエンスと表記されている。

(4) 自己中心型協調性

アボリジニの世界では，カントリーそれぞれが生命システムの独立した単位になっている。カントリーは自分の中心であるけれども，他のカントリー無しでは生活は成り立たない。相互支援や協調が必要となる。カントリー同士はそれぞれが中心であり，他のカントリーへ命令することはできない。突出したセンターではなく，"八ヶ岳型"のいわゆるマルチセンターになっている。他に干渉しないという意味では，一種の棲み分けが暗黙のうちに形作られているのかもしれない[49]。

(5) 公私一体型共助性

多様性を採り入れ生起の機会を失わず，しかも自己触媒機能などを保有している個体としての生命有機体は，い（生・活）きる術のノウハウがある。それはある意味で帆船の船乗りが，風，波，カモメ，雲などの動きを総合的に判断して帆を操作する一種のコツ（the ropes）のようなものであろう。このコツに公も私もない。むしろそれぞれの生命有機体に，個々の細胞のもつコツが公私混同の状態で採り込まれる。暗黙のうちに集団内で共有され，い（生・活）きる智恵として必要に応じて共用される。バーナードのいう組織のコツのみならず，コミック雑誌でも「鬼平犯科帳」の中にソバ打ちのコツが登場する[50]。個を高めることが結果として組織体全体を高めることになる。

(6) 断片克服型統合性

　複雑な諸現象を部分に分解しても，わかるのは部分であり，部分同士の相互関連や全体はわからない。分割や断片化，二分化を繰り返しても生命体全体を理解することは不可能であろう。ランダムに存在する多様な選択肢の中から，適時，有意と思われる情報や材料などを集め，目的達成行動に着手する。達成成功，失敗の連鎖が断片化を回避するきっかけをつくる。

　この一連の流れは"集まり散じて"そして"散じて集まる"連続した行動として過程を形作る。集合性（coherence）は断片化の克服に役立ち，そこには異質な要素の統合化が垣間見られる[51]。地球上で生を受けた生きものは，すべからく何らかの責務を負う。義務ではなく共同体あるいは協同体などで担う役割に近い考え方である。グラットンの言葉を借りれば，構成員全員がconviviality（共に元気を出し活きる：共元活）を模索することが望まれよう。

> 地球を棲み家にする生きものは，自らを律し，他者からの影響を享受しながら，他者へ影響を及ぼす相互作用の存在物である。他者とときに共鳴行動を意識した共時態を，ときに連続行動を意識した通時態を試行しながら…。

■注■
1) Frey, C. B. and M. A. Osborne, *The Future of Employment: How Susceptible Jobs to Computerisation?* University of Oxford, 2013, pp. 57-72.
2) Whitehead, A. N., *Modes of Thoughts: Six Lectures Delivered in Wellesley College, Massachusetts, and Two Lectures in the University of Chicago*, 1938.（藤川吉美・伊藤重行訳『ホワイトヘッド著作集第13巻　思考の諸様態』松籟社，1980年，163-164頁）
3)　「やさしい経済学―21世紀と文明―」『日本経済新聞』2008年3月26日，朝刊
4)　足立直樹『生物多様性経営―持続可能な資源戦略―』日本経済新聞社，2010年，57-74頁
5)　Darimont, C. T., Fox, C. H., Bryan, H. M., and T. E. Reimchen, "The Unique Ecology of Human Predators," *SCIENCE*, Vol. 349, Issue 6250, 21 August, 2015, pp. 858-859.

6) 枝廣淳子・小田理一郎『企業のためのやさしくわかる生物多様性』技術評論社，2009年，52-55，59，102頁
7) Krutch, J. W., *The Great Chain of Life*, University of Iowa Press, 1956.（大田芳三郎訳『みごとな生命の連鎖』みすず書房，1987年，335-347頁）
8) Wilson, E. O., *The Future of Life*, Alfred A. Knope, 2002, pp. 156-157.
9) 福井謙一・龍村仁編『いのちの響―生命交響楽』講談社，1997年，27-28頁
10) Alexander, J. C. "Micro-macro Link" in Alexander, J. C., Giesen, B., Munch, R., Smelser, N. J.（eds.）*The Micro-Macro Link*, University of California, 1987, p. 125.
11) Morin, E., *La Methode: 2. La vie de la vie*, Editions du Seuil, 1980, pp. 111-114.（大津真作訳『方法　2．生命の生命』法政大学出版局，1991年，165-166頁）
12) Morin, E., op. cit., pp. 114-116.（前掲書，169-170頁）
13) Morin, E., op. cit., pp. 112-114.（前掲書，166-168頁）
14) von Weizsacker, V., *Anonyma*, Francke, 1946.（木村敏訳『生命と主体―ゲシュタルトと時間／アノニューマー』人文書院，1995年，102-104頁）
15) スミス, J. M. 著，長野敬訳『生命進化８つの謎』朝日新聞社，2001年，10-28頁
16) Jantsch, E., *The Self-Organizing Universe*, Pergamon Press, 1980, pp. 42-54.（芹沢高志・内田美恵訳『自己組織化する宇宙』工作舎，1986年）
17) Scott, W. R., *Organizations: Rational, Natural, and Open Systems*, Prentice-Hall, 1981, p. 117, 119.
18) 丸山茂徳・磯﨑行雄『生命と地球の歴史』岩波新書，2005年，60-61頁
19) 中村桂子「豊かな想像力に支えられた『生きる力』」『神奈川大学評論』創刊80号，2015年３月，81-85頁
20) 中村桂子『科学者が人間であること』岩波新書，2014年，14，15，22，23，35，38頁
21) 中村桂子『「生きている」を考える』NTT出版，2010年，240-245頁
22) 中村桂子・鶴見和子『四十億年の私の「生命」―生命誌と内発的発展論―』藤原書房，2013年，59，167頁
23) 中村，2015，前掲書，85頁
24) Harden, G., "The Tragedy of the Commons," *Science*, No. 162, Dec. 13 1968, pp. 1243-1248.
25) Schrodinger, E., *What is Life: The Physical Aspect of the Living Cell*, Cambridge University Press, 2012, pp. 22-24.（岡小天・鎮目恭夫訳『生命とは何か』岩波書店，2014年，44，45頁）
26) Schrodinger, E., op. cit., p. 22.（岡小天・鎮目恭夫訳，前掲書，45頁）
27) 田沼靖一『アポトーシス―細胞の生と死―』東京大学出版会，1996年，４頁

28) さいとうたかお「平蔵 因果応報」『鬼平犯科帳』リイド社，2015年，103-172頁
29) Schrodinger, E. op. cit., p. 34, 35.（岡小天・鎮目恭夫訳，前掲書，72，73頁）
30) Miller, J. G., *Living Systems*, McGraw-Hill, 1978, p. 5.
31) Whitehead, A. N., *Process and Reality: An Essay in Cosmology*, The Free Press, 1978, pp. xii-13.（平林康之訳『過程と実在―コスモロジーへの試論―』みすず書房，1981年，xvi-xvii 頁）
32) Whitehead, A. N., op. cit., pp. 99-102.（平林康之訳，前掲書，152-157頁）
33) Whitehead, A. N., op. cit., p. 99, 105, 106.（平林康之訳，前掲書，82，147，149頁）
34) Kauffman, S., *At Home in the Universe: The Search for the Laws of Self-Organization and Complexity*, Oxford University Press, 1995, pp. 93-94.（米沢富美子訳『自己組織化と進化の論理』日本経済新聞社，1999年，176-177頁）
35) Sheldrake, R., *A New Science of Life: Hypothesis of Formation Causation*, Blond & White, 1981.（幾島幸子・武居光太郎訳『生命のニューサイエンス―形態形成場と行動の進化―』工作舎，1986年，25-28頁）
36) Peat, F. D., *The Philosopher's Stone: Chaos, Synchronicity, and the Hidden Order of the World*, Bantam Books, 1991.（鈴木克成・伊東香訳『賢者の石―カオス，シンクロニシティ，自然の隠れた秩序―』日本教文社，1995年，95-97頁）
37) ピート，F. D. 著，鈴木克成・伊東香訳，前掲書，97頁
38) Kauffman, S., op. cit., pp. 24-25.（米沢富美子訳，前掲書，51-52頁）
39) Morin, E., *Introdction: a la pensee complexe*, ESF editeur, 1990, p. 100, 117, 118.（古田幸男・中村典子訳『複雑性とは何か』国文社，1994年，111，126頁）
40) Wagner, A., *Paradoxical Life: Meaning, Matter and the Power of Human Choice*, Yale University Press, 2009, pp. 65-66.（松浦俊輔訳『パラドクスだらけの生命―DNA から人間社会まで―』青土社，2010年，104-108頁）
41) von Bertalanffy, L., *Problems of Life: An Evolution of Modern Biological Thought*, Watts & Co., 1952, p. 124.（長野敬・飯島衛訳『生命―有機体論の考察―』みすず書房，1988年，130-134頁）
42) Prigogine, I., *From Being to Becoming: Time and Complexity in the Physical Sciences*, W. H. Freeman and Company, 1984.（小出昭一郎・安孫子誠也訳『存在から発展へ―物理科学における時間と多様性―』みすず書房，1990年，24頁）
43) 西田幾多郎『善の研究』岩波書店，1996年，242，243頁
44) 横山和成「土壌は命の礎―生きる糧，微生物が育む―」『日本経済新聞』2014年10月4日夕刊
45) ガッパー，J.「無国籍企業が失う信用―税回避の登記移転　長期的代償は高く―」『日本経済新聞』2016年1月10日
46) 小坂国継『西田幾多郎の思想』講談社，2005年，223-228頁

47) 今西錦司『生物社会の論理』平凡社，1994年，87-90頁
48) Reivich, K. & A. Shatte, *The Resilience Factor*, Arthur Pine Associates, 2002/Siemieniuch, C. E., Sinclaire, M. A. & E.-M. Hubbard, "Designing Both Systems of Systems to Exhibit Resilience," in Bhamra, R. (ed.), *Organizational Resilience: Concepts, Integration, and Practice*, CRC Press, 2016, pp. 179-180, 195-196.（宇野カオリ訳『レジリエンスの教科書——逆境をはね返す世界最強トレーニング——』草思社，2015年）
49) Rose, D. B., *Nourishing Terrains: Australian Views of Landscape and Wilderness*, Commonwealth of Australia, 1996.（保苅実訳『生命の大地——アボリジニ文化とエコロジー——』平凡社，2003年，94-96頁）
50) Barnard, C. I., *The Functions of the Executive*, Harvard University Press, 1968, p. 121.（山本安次郎・田杉競・飯野春樹訳『経営者の役割』ダイヤモンド社，1973年，127頁）
　　斎藤プロダクション編「鬼平犯科帳」『乱　コミック』斎藤プロダクション，2014年6月号，33頁
51) 「プリゴジン，I.，講演録」日本総合研究所編『生命論パラダイムの時代』ダイヤモンド社，1993年，117，122-123頁

■ 参考文献 ■

Gratton, L., *The Key: How Corporations Succeed by Solving the World's Toughest Problems*, McGraw-Hill, 2014.（吉田晋治訳『未来企業——レジリエンスの経営とリーダーシップ』プレジデント社，2014年）

Todeva, E., *Business Networks: Strategy and Structure*, Routledge, 2006.

Westaby, J. D., *Dynamic Network Theory: How Social Networks Influence Goal Pursuit*, American Psychological Association, 2012.

アル＝カリーリ，マクファデン（Al-hKalili, J., McFadden, J.）著，水谷淳訳『量子力学で生命の謎を解く』SBクリエイティブ，2015年

ラ・メトリー著，杉捷夫訳『人間機械論』岩波書店，1932年

第3章 チーム力を活かす
　　　　バルーン型組織への展開

加 藤 茂 夫

第1節　ピラミッド組織の功罪

1．組織の基本的考え方

　組織の形成は，個人のさまざまな能力を活かしながら一人ではできないことを成し遂げるために存在する。人間は，誰一人として一人では生きていけない。太陽の恵みを受け，多くの自然・生物から生きる力をもらっている。組織は本来人の力を信頼し，幸せになるために存在する。このような組織になるためにはどのようなことを考えなければならないのであろうか。経営学はこの問題を対象としてきたといって過言ではないだろう。最近，著者は「経営学は人を幸せにする学問であると同時に実践の学」と思うようになってきた。少し遅すぎた気づきかもしれない。IPS細胞に見られるように医学の分野においてもしかりであろう。ただ，手段の使用を間違えば意図した結果とは真逆の様相を呈することが考えられる。たとえば，データーの改ざん等の企業不祥事は後を絶たない。「ブラック企業」「安易なリストラ」「低賃金での雇用」「コンプライアンスの無視」等雇用主の「モラルハザード」が横行している。

　企業は，組織目的の達成に向けてさまざまな事業活動を展開している。その事業活動は人びとの活動がうまくまとめられて初めて成果を生み出すことができる。ひとつの方向に向かって力が合成され，焦点が合わさって初めて大きな

パワーとなる（ベクトルとフォーカス）。その仕組みの良し悪しが企業の成果に大きく影響することとなる。その活動の仕組みが組織である。組織を動かすのはあくまでもそこに所属している人間であり、その活動である。組織は掲げたビジョン，目的，使命（ミッション）を果たすための手段であり、手段に合理性がなくなれば柔軟に組織の仕組みを変更しなければならない。激動するグローバルな経営環境に対処するために組織を経営環境に適応するように組織の革新を常に志向しなければならない。その革新の基になるのが組織のリーダーである。あらゆる組織が立派に存続するキーワードはリーダーシップにあるといってよいであろう。

　組織構造は効率性を重視し、情報の処理スピードとコストに関係してさまざまなタイプが考えられた。官僚的組織構造はピラミッド型組織とか機械的組織構造とタテ型組織とかいわれ、今日を代表するスタイルである。しかし、その効率重視型にも多くの機能障害が生じている。たとえば、意思決定の遅れ、縄張り意識の蔓延、モチベーションの低下、ルールと手続き重視、前例踏襲等「大企業病」[1]といわれるものである。それらの障害を乗り越え、打破する組織の仕組みが考えられている。たとえば構造的には事業部制、カンパニー制、マトリックス構造であるが基本的には官僚的組織構造を内包している。また、プロジェクトチームやタスクフォースの導入により組織の機能障害を除去しようと工夫している。

2．中小企業の良さを組織に組み込むこと

　ピラミッド型組織や官僚制の逆機能を改善する仕組みのひとつの方法は中小企業の良さを組織に組み込むということである。図3-1にあるように加藤茂夫の調査[2]によると中小企業の特徴は、①小回り性（意思決定の迅速性）、②顧客との密着（素早いコミュニケーションとクイックアクション）、③能力向上に対する充実感（ワクワクするような創意工夫や専門的能力の向上や成長しているという実感を得られる）、④経営者との夢の共有化（会社の夢・ビジョン・使命と自分の目標との重層性）、⑤個性的な経営（経営者の個性がそのまま経営に反映される）、

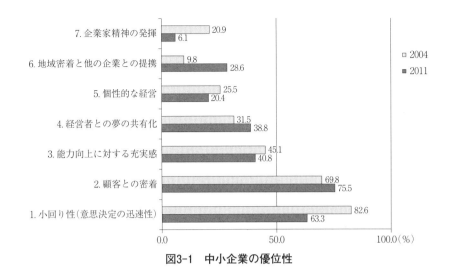

図3-1 中小企業の優位性

⑥地域密着と他の企業との提携（ニッチ市場への深耕とネットワーキングの推進），⑦企業家精神の発揮（後述のベンチャースピリットの涵養）と考えられている。このことは，2009年『中小企業白書』においても同様なことが指摘されている。大企業に比較して中小企業のイノベーションの特徴には，次の3つの特徴があるとしている。①経営者が，方針策定から現場での創意工夫まで，リーダーシップをとって取り組んでいること，②日常生活でひらめいたアイディアの商品化や，現場での創意工夫による生産工程の改善など，継続的な研究開発活動以外の創意工夫等の役割が大きいこと，③ニッチ市場におけるイノベーションの担い手となっていること，である。特に「経営者のチャレンジ精神」，「経営者と従業員の創意工夫」，「経営者の素早い意思決定」がイノベーションを引き起こす取り組みの上位項目となっている。

GEのウェルチ（Welch, Jack）前会長は，GEがグローバルな展開の中でいかに競争力をつけるかについて，次のように述べている[3]。「海外からの挑戦に対抗する唯一の道は，会社の体質を改善することである。それは内面的な挑戦である。大企業は力と資源，そして勢力範囲をもっている。それを中小企業のハングリー精神や機敏さ，活力そして情熱といったものと結合させる方法を見

つけなければならなかった。(中小企業のメリットは) 第一に, コミュニケーション。社員が少ない分だけお互いを理解し合える。第二に, 中小企業は行動が敏速だ。市場で躊躇することが不利だと知っている。第三に, 中小企業は層が薄くカモフラージュとなるものが少ないから, リーダーの姿が鮮明に見える。その行動や与える印象も社員すべてに明らか。最後に, 中小企業は無駄が少ない。果てしなく続く再検討と承認の繰り返しがあったり, 卓上の口論といったことに無駄な時間を費やさない。人が少なければ重要なことしかしない(少数にすれば精鋭になる)。」このようにウェルチは, 官僚化し, 硬直化した組織を如何に改革するかに腐心した。そのためには中小企業の良さを組織に組み込むことであると強調した。「私(ウェルチ)がGEを去る当時, GEにはガスタービンからクレジットカードに至るまで15の主要事業部門があり, 30万人以上の社員がいた。複雑でカバーする範囲の広い企業であることは確かだが, 街角にある小さな店みたいに, スピード重視, 形式ばらず, 自由なコミュニケーションの取れる会社でありたいと常に考えていた」[4]との思いを実践したということは多大な努力と仕組み作り, 優秀な人材の育成が背後にあったといえよう。

第2節　組織の構造と機能の関係性

　企業は「短期利益の追求」それとも「長期的な持続性」を重視するか, 「個人目標の満足度を高めること」か「組織の利益を優先」すべきか, といった古くして新しい企業課題にどのように取り組むかである。「効率追求」と「人間性重視」「社会性の深耕(地球環境問題や貧困問題等に配慮)」とのコンパウンドであり, 松本芳男がこの著書で強調しているパラドックス・マネジメントである。矛盾や対立を弁証法の止揚の知恵によって新たな価値や方向性を生み出すかが問われている時代となってきた。まさに, ポーター(Porter, M. E.)が提唱している共通価値の創造(Creating Shared Value)の推進である[5]。その考え方は時代の要請として真摯に受け止め, 実践してかなければならないであろう。CSVは「企業が事業を営む地域社会の経済条件や社会状況を改善しながら, みずからの競争力を高める方針とその実行」と定義している。ポーターは企業

が社会的価値を創造することで経済的価値を創造する3つの方法を示している。まず，既存の製品と市場を見直すこと（低所得で貧しい消費者に有益な製品の提供等），第2にバリューチェーンの生産性の再定義（製品の過剰包装削減による環境負荷の軽減等），第3は企業が拠点を置く地域を支援する産業クラスターをつくる（地域の多様な組織間ネットワークの構築と育成による生産性の向上等）である。

　上記のような社会ニーズの変化や価値観の多様性に対応するためには組織をどのように改革するかである。向かうべき方向性としては「ピラミッド型組織」から「チーム型組織」・「逆ピラミッド型組織」へ，「背の高い組織」から「背の低い（フラット）組織」，「職能部門別組織から事業部制・カンパニー制」，「持株会社による分社経営」，「組織資源の有効活用をするマトリックス組織」等へであった。しかし，多くの企業は未だその構造改革の果実を十分に手に入れていないといえるであろう。先に述べた中小企業は，その優位性や特徴を活かしながら経営しているかというと否といわざるを得ない。筆者が何百という中小企業を訪問し，社長へのインタビュー，工場視察を行ってきた印象である。非常にもったいないといわざるを得ない。組織のサイズとしては人を生かすのにピッタリサイズであるにもかかわらずである。

1．三輪車的志向による組織運営

　構造面の変革は機能面の改革と対をなしていると考えられる。かつて筆者は「三輪車的志向による組織運営」を提唱したことがある。前輪はトップ・マネジメントのビジョン，哲学，経営方針等の経営姿勢である。その前輪の目指すべき方向によって（舵取り），後輪の2つの車輪が制約されたり，逆の局面も出てくる。後輪のひとつは「構造（ハード）」でもうひとつは「機能（ソフト）」である。前輪と後輪の構造と機能が相互に連携しあいながら運転できればよいが前輪の機能が後輪を制約しまた後輪が前輪の機能を制約してしまうことも当然でてくる。これらの三要素間の関係に深く関係し，大きな影響力をもっている要因が企業の伝統・歴史・風土・雰囲気等の組織文化である。「構造は戦略に従う」「経営戦略・構造は組織文化の反映」「構造は機能に規定される」等の

立言はこれらの3者間の関係を表している。たとえば，今日の基本的組織構造である，ピラミッド型組織の特徴は職能によって部門化され，専門化し，階層構造でもって運営されている。しかし，激動する経営環境下にあつては，迅速で，的確な意思決定が要求されてくる。構造的工夫としてトール組織からフラット組織へと階層を短縮し，上下間のコミュニケーションがスムーズにできるような配慮が必要になってくる。しかし，このように構造を変革させたからといって組織が上手く機能するとの保障はない。その変革に伴う経営者のリーダーシップの変容や意識の変革，管理者の能力や役割革新，意思決定ポイントの移動，組織メンバーの責任感・職務遂行能力と意思決定のマッチング等が上手く機能しなければ組織の所期の目的・狙いは成就できない。基本的には中央集権型そしきから分権型組織への移行であるが十分にそのことを意識している経営者がどれほどいるかである。形だけ真似しても十分な機能を発揮できない理由である。「仏作って魂入れず」である。たとえば，事業部制を転換してカンパニー制に移行したとしてもその意図通りに成果が出ないのはなぜかである。

2．組織の実態と組織メンバーに期待される人間像

さて，加藤茂夫が行った中小企業の組織の構造面と機能的面での調査を概観することとする[6]。7項目について回答企業の実態と将来の理想像を尋ねてみた。まず組織の構造（背の高い組織か低い組織か）では現実も理想もほぼ8割を超える企業が背の低い組織との回答であった。すなわち小さな企業はもともと背が低いということの帰結であろう。②情報の流れ（トップダウンかボトムアップか）については現実がトップダウンで圧倒的であったが（73.9％），理想は逆にボトムアップが73.3％と7割を超えている。③権限の所在（管理職権限強化か一般職の権限強化か）については現実は管理者の権限が極めて高い状況であるが（91.3％），理想は一般社員の権限もある程度強化すべきとの意見が多かった（44.1）。④企業文化（統制・秩序の取れた組織か穏やかで柔軟な組織か）は現実も理想も穏やかで柔軟な組織が約65％とあまり変化がない。⑤業績評価の基準（個人業績重視か集団業績重視か）では現実は相半ばしているが理想は少し

意外ではあるが集団重視が良いとの回答が86.7％になっている。⑥これからの組織スタイル（ピラミッド型かチーム型か）はピラミッド型とチーム型の比率は現実では半々であるが理想は約8割近くがチーム型で運営すべきとの回答結果であった。⑦理念・ビジョンの浸透（大いにすべし，重要でない）は当然ながら現実も理想も大いにしているし，すべきとの回答が9割となっている。

　調査から見られる組織構造面と機能面の特徴を概観すると約8割の企業が背の低い，フラットな組織を構築しており，運営方式は情報の流れをトップダウン中心で実施している状況からボトムアップ型へ変更し，チーム型組織への転換を理想としている。また，権限も一般職に委譲すべきとの方向性を示している。また，理念やビジョンについては，大いに浸透させなければならないと考えており，規則については，ある程度きちんと守るべきとの見解が示された。興味深いのは，業績評価の基準をどこに置くかであるが，現在は個人重視型と集団重視型が半半であるが，今後は集団業績つまりチームの業績を重視する考え方が大半を占めている。個人にシフトしすぎた成果主義の反動とも考えられる。

　これから必要とされる組織メンバーの人間像の調査[7]（現在，あなたの会社では，下記のA，B，Cのうち，どちらの人材をより必要としていますか。Aは「1．組織に忠誠を尽くしてくれるような人」，「2．自分の仕事に責任を持って働いてくれる人」，Bは「1．組織を維持，安定させることのできる人」，「2．これまでの仕事の仕方を変え，組織を変化できるような人」，Cは「1．組織内部の人間関係を円滑に運営できるような人」，「2．自分ですべて何でも実行する人」）結果はAでは「2．自分の仕事に責任を持って働いてくれる人」が80.4％，Bでは「2．これまでの仕事の仕方を変え，組織を変化できるような人」が82.6％，Cは「1．組織内部の人間関係を円滑に運営できるような人」が89.1％と9割の高回答となっている。これから期待されるメンバーの在り方としては「仕事に責任を持ち，仕事や組織の在り方を常に変えようというイノベーターとしての役割を果たし，自分ですべて行うのではなく人間関係に注力しながら仕事を遂行できる人間像」が求められていることがわかる。後述する良いチームのメンバー像にきわめて近似しており，そのための組織的工夫について以下に論じることとする。

第3節　ベンチャー企業とベンチャースピリットの重要性

1．小さな組織を活用する狙い

　加藤は1981年から中小企業の実態調査を実施してきた。2011年まで8回のアンケート調査を行った。中小企業でも特に注目されている企業を対象に実施した。なぜ，中小企業に注力してきたのかであるが，それは①日本経済・産業を支えているのが中小企業（ベンチャー企業を含む）であること，②今日の大企業のほとんどが優良な中小企業ないしベンチャー企業としてスタート・創業したということ，③既存産業の成熟化にともなって大企業の成長が鈍化し，それに代わって中小企業・ベンチャー企業が新市場の開拓・新商品・新サービスの提供によって台頭し，成長性を高め，新たな産業を形成したということ（自動車産業，家電産業，IT産業，バイオ産業等多くの産業クラスターは名の知れない小さな企業から誕生している）が研究調査の理由・動機となっている。

　もうひとつの理由は，大企業の中に中小企業の良さを埋め込み，環境の変化に果敢に挑戦する経営姿勢が必要となることである。企業が競争力を維持していくためには常に柔軟な発想，素早いアクションを起こす必要がある。「成功の復讐」ではないが成功するほど組織は肥大化し，安定志向となり，内部の権限争いが巻き起こってしまう。ルールによって管理する体制が出来上がってしまう。先述したように大企業病は慢性病で痛みが伴わない。大企業になるとハングリーさがなくなり企業の寿命を縮めると立石一真は看破していた。同じことをGEの前CEOであるウェルチは，官僚化し，硬直化した組織を如何に改革するかに腐心した。そのためには，中小企業の良さを組織に組み込むことであると強調した。

2．ベンチャー企業とベンチャースピリット

　中小企業には，先に述べたように多くの優位性や特徴を内包している。経済の活性化や新産業の萌芽と成長に寄与していることが確認できる。図3-2は，ベンチャー企業を含む全企業のポジショニングを見える化した概念図である。

ベンチャー企業とは何か。ベンチャー企業（Venture Business）は和製英語であり，1970年頃から急速に使用され始めた。中村秀一郎らはベンチャーを「リスクを伴う新事業であり」「企業家精神を発揮して展開された新しいビジネス」であるという。そしてベンチャー・ビジネスは「単なるアイデア商売的な一発屋的あるいは一旗組といった泡沫企業ではなく，リスクを伴うイノベーター（革新者）である」「研究開発集約的，またはデザイン開発集約的な能力発揮型の創造的新規開業企業」とし，小企業として出発するが経営者の高度な専門能力と才能ある創造的な人びとをひきつける魅力ある事業を組織する企業家精神をもつ高収益企業として捉えている。欧米では New Venture, New Venture Company, New Business Venture, Small Business Venture 等と呼ばれている[8]。先行研究を踏まえ加藤茂夫はベンチャー企業を「新しい技術，新しい市場の開拓（新製品・新サービスの提供）を志向したベンチャースピリット（高い使命の

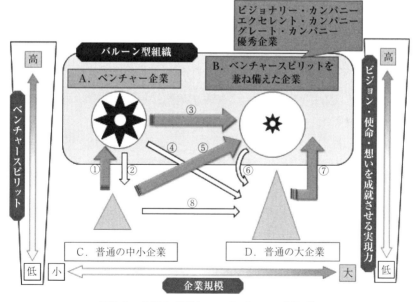

図3-2　企業のポジションとバルーン型組織

出所：加藤茂夫『心の見える企業―スモール＆ベンチャー時代―』泉文堂，1996年を修正

実現に向けて創造的で進取な心で，リスクに果敢に挑戦する意欲と責任感・倫理感を持つ心の様相—entrepreneurship—企業家精神）に富んだ経営者，メンバーにリードされる中小企業である」と考えた。創業ほやほやの企業だけではなく，たとえば30年，100年の伝統のある中小企業も元気で，新規性のあるサービス，商品で世の中に貢献している場合は，「ベンチャー企業」とした。ベンチャー企業の概念においてベンチャースピリットとしたのは，組織のリーダーだけではなく，組織メンバー全員が持たなければならない資質（育成可能）としたからである。高い志や夢をもち，それに向かって努力することは老若男女を問わない。

　さて図3-2は，ベンチャー企業の位置づけと今後の企業が進むべき方向性を示した概念図である。縦軸は，ベンチャー企業の概念の中にあるベンチャースピリットの高さの程度そして高い目標や世の中に貢献しようとするビジョン・使命を持って経営している状態を表し，新規な技術，サービス，商品を市場に常に提供している状況を表している。また，横軸は企業のサイズ・規模の大小を置き，極めてシンプルだが4つのセルを設けた。ベンチャースピリットが低く，企業の規模が小さい場合は「C. 普通の中小企業」，逆にベンチャースピリットが高い場合は「A. ベンチャー企業」と命名した。また，ベンチャースピリットは低いが大企業である場合は，「D. 普通の大企業」，また，大企業でベンチャースピリットを高く持っている企業を「B. ベンチャースピリットを兼ね備えた大企業」と捉えた。この「B. ベンチャースピリットを兼ね備えた大企業」が一般的にビジョナリーカンパニー[9]，エクセレント・カンパニー[10]，グレート・カンパニー[11]と呼ばれている。

　図3-2の①から⑧までの方向があるが，理想は奇数の①⑤⑦の矢印の方向である。経営者やリーダーは組織を奇数の方向に誘導してもらいたいと考えている。今日のほとんどの大企業は名の知れない小さな企業から出発し，栄枯盛衰，幾多の苦難を乗り越えて「B. ベンチャースピリットを兼ね備えた大企業」となっている企業も多く存在している。③の方向性を目指す企業も当然あるが，ベンチャー企業の位置にとどまり続ける企業も加藤茂夫の調査から多く存在することが分かった。たとえば将来の組織デザインとして①株式公開を目指すか，

それとも②現状を維持して収益基盤を確立するかであるが直近の調査では(2011)約5割の企業が②であり，①は1割にも満たない。調査時期における経済状況に依存はするが市場のサイズ等を勘案すると納得できよう。

「A．ベンチャー企業」のポジションに留まり，規模の拡大を狙うのではなく世の中にないものを生み出すオンリーワンとしての地位を盤石にしている企業がある。加藤調査[12]において企業の成長要因は何かを尋ねた回答結果によると1996a年調査，2004年調査，2011年調査のいずれにおいても「品質面で他社にはまねできない生産・加工技術を保有している」であった。2004年調査を除き7割を超える回答結果であり，中小企業・ベンチャー企業が成長するためには独自性やユニークさ等の他社がまねのできないオンリーワンの経営スタイルが重要との示唆である。たとえば，工場を拡大してその管理に四苦八苦している企業のようにはなりたくないという変わった人が東京にある岡野工業㈱代表社員岡野雅行である。彼は1933年東京生まれ，痛くない注射針，携帯電話の小型化に貢献した超小型のリチウムイオン電池ケースなど世界が驚く技術の開発している。1935年実父が創業した金型製作所の二代目である。従業員5名，売上約6億円の町工場で「深絞り」の金属プレス加工を得意技としており，その技術では誰にも負けないという。彼の経営哲学・鉄則は，①単価が安く誰もやりたがらない仕事，②むずかしくて誰も手が出せない仕事（60％確率）に挑戦し，成功するまで絶対諦めない，という高邁なベンチャースピリットを強く持ち続けていることである。多くの人が「自分だけ儲けようと思ったり，目先の利益に目が奪われる等コスト意識が強かったり，最初からできないと思う奴が多すぎる」と嘆いている。「世渡り力」としては自分だけがよい思いをしようと思ったら結局は損をする。相手の企業と手を携え，互いに得をすることが中小企業の生存哲学だという。大企業と連名で特許取得等である。また，見切る技も必要で，ソフト，ノウハウ，金型を値が下がる前に大企業に売却することが必要だという。岡野は，ベンチャースピリットについて，「男って言うものはいくつになっても冒険家なんだよな」「決して現状に満足しない」「仕事を請けるかどうかは担当者が人間として信用できるかである」「必ず出来ると信

じること」「挑戦しなければ失敗もないが成功はもっとない」だという[13]。

3．ベンチャー企業の成功要因―ベンチャースピリットの重要性

　ベンチャー企業の経営者は，企業を成功させる要因を何だと考えているのだろうか。2011年調査，2005年調査（ナスダックの製造業とサービス業），2004年調査，1996a 年調査を比較してみると図3-3にあるように大変興味深い結果と

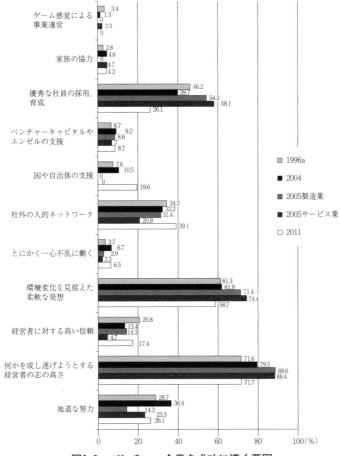

図3-3　ベンチャー企業を成功に導く要因

なった。質問は「ベンチャー企業を成功させる要因は何だと思われますか。特に重要と思われるものを3つまで選んで下さい」である。回答結果の上位3位までを見ると①「何かを成し遂げようとする経営者の志の高さ」，②「環境変化を見据えた柔軟な発想」，③「優秀な社員の採用，育成」であった。調査時期も対象企業も異なるにもかかわらず，多くのベンチャー企業経営者は同じような経営への思いを共有していることがわかった。他に重要な要因としては「社外の人的の人的ネットワーク」，「地道な努力」が挙げられる。

　そこでベンチャー企業の経営者をイメージするならば，「高い志を成就するために柔軟な発想を持って地道な努力を惜しまないという精神構造」が見て取れる。ベンチャースピリットがそれに当たる。そして，組織をうまく運営するために「優秀な社員の採用，育成」が重要であるとの認識を示している。

　加藤の「経営者に必要とされる要素」調査は，①誠実，②前向き，③独創性が3大要素となっている。リーダーシップの権威者であるベニス（Bennis, W.）は，経営者やリーダーに要求されるリーダーシップの基本的要素（basic ingredients）は①指針となるビジョン（guiding vision），②情熱（passion），③誠実さ（integrity），④信頼（trust），⑤好奇心と勇気（curiosity and daring）であると論じている[14]。このことは，筆者の言及している「ベンチャースピリット（創造的で進取な心をもち，リスクに果敢に挑戦する意欲と責任感・倫理感をもつ心の様相）」が経営者やメンバーに求められる資質であり，ベニスの基本要素と正に一致する。そこからイメージされる経営者の行動姿勢として言及できることは，「高い志を成し遂げるために自ら設定した高度な目標に向かって独創的に，前向きに行動し，そのアイデアが実現できるように優秀な社員（育成する観点が大事）とともに地道に努力する姿」が想起される。その精神こそベンチャー企業におけるベンチャースピリット（企業家精神）である[15]。

第4節　バルーン型組織への誘い

1．チームとは何か

　チームというとすぐ思い浮かぶのは，プロジェクトチームである。課題解決

のためにメンバーが集められ，期間が決められて解散する組織である。もちろんそれを含むがここではワーキングチーム（職場集団）を想定している。多くの企業が職能による分化と階層的に係，課，部と分化している。たとえばある会社の10名で構成される営業所とか人事部とか工場の各セクションとかである。チームも常識的に良いチームと悪いチームが存在する。野球のチーム等スポーツのチームを見ればわかる。同じ会社でもある工場は素晴らしい成果を上げているのに対して全く成果の出ない工場もある。この差はなんなのかである。マンツーマン型組織ではなくチーム型組織の優位性を論じたのはリッカート（Likert, R.）である[16]。後述するバルーン型組織はチーム力を大いに活用した組織から成立している。

　チームとは何かであるが，ヒルとラインバックは「共通の目的とそれに関連したやりがいのあるゴールを掲げ，その実現に向けて互いに約束を交わして共同で仕事をする人々の集まりである。」としている[17]。ビジョンや使命を理解し，目標を設定し，メンバー同士が相互に影響しあいながら目標を達成する存在であると理解できる。

　人は所属するチームでの仕事にプライドをもち，楽しく働きたいと願っている。チームの真の一員でありたいと欲しているし，そのような存在になりたいと努力する。お互いに影響しあいながら成長の実感を味わい，チームの目標設定や実行に影響力をもちたいと念願している。リッカートは事務，製造，販売，物流などを対象とした研究でメンバーが自分のチームに対してもっている忠誠心と能力に対するプライドとが生産性に大いに関連していることを発見した。また，チームの成果はコミュニケーションへの熱意，チーム全体への参加や関与，他チームのメンバーとのコミュニケーションにどれだけ繋がろうとしているかに依存するとの指摘もある[18]。

　以上述べたチームの諸様相は良いチーム，理想のチームになるためのチーム力アップの条件が備わっていることが必要である。それは，①名ばかりではなく「真のチームであること」，②「確固とした心に響く明確な目的が存在」，③「チーム活動に必要な知識，スキル，経験を持つメンバーで構成（自分のポスト

の責任と全社的視点をもつ責任）」，④「チーム力が高まる構造（メンバーの数，行動規範：和気あいあいではなく切磋琢磨等）」，⑤「会社からのしっかりした支援体制の存在（メンバーが納得できる「報酬制度の存在」）」，⑥「適時，適切なチーム・コーチング体制（お互いに進化し，学び，成長する）」が必要である。また，「真のチーム」とは①課せられた仕事が明確でメンバー全員で協力して遂行，②チームの境界が明確，③仕事に必要な権限があり，全員で責任を負う，④メンバーの顔ぶれが安定しているである[19]。

以上のことから良いチームを形成し，次に述べるバルーン型組織の各バルーン（チーム）がチーム力をつける9つの条件をまとめておくこととする。

①共通目的達成への情熱，②アイデアを形にする実行力，③マルチプルなコミュニケーション，④メンバー間の高い信頼関係，⑤メンバー同士の切磋琢磨と相互影響システム，⑥失敗から学習する雰囲気，⑦全員参加の意思決定プロセス，⑧個人よりチームへの報酬重視，⑨全員で責任を負う（リーダー，フォロアーの関係を超えて）

以上の条件が，チームに対しての心からの信頼とプライドを構築し，好成果を上げることにリンクするのである。

2．バルーン型組織への誘い

図3-2の上半分にある囲みのゾーンが「バルーン型組織」である。それはなにかについて言及する。最も重要なことはベンチャースピリットをもってトップが強いリーダーシップを発揮し，組織メンバーがそのトップの理念・ビジョン・哲学・使命・方針を理解し，ベンチャースピリットをもってそれぞれのセクション（工場，支店，部・課，営業所，プロジェクトチーム等）で高い目標を掲げ，自律的に活動している状況を作り出すことである。バルーン（風船）は経営者の思いや夢等を糸によって伝達され，それぞれの小さな組織がある程度自由に活動できる仕組みをイメージしている。バルーン型組織（the balloon-shaped organization—BSOと称する）は「組織の規模や組織の種類に関係なく，経営者やリーダーがベンチャースピリットを常に持ち続け，そのビジョン・使

命,思想や考え方が組織メンバーに浸透しているということ。そして業界や社会の多面的な課題(貧困からの脱却,地球環境問題の解決,省エネルギー対策,雇用の創出,高福祉社会の実現等)に貢献していることが広く認知され,常に高い目標に向かって業務遂行をしているシステム」である。企業組織の典型的スタイルとしてのピラミッド型構造からバルーン型組織への転換である。図3-4は企業組織の典型的スタイルとしてのピラミッド構造からバルーン型組織のイメージを表したものである。

これまで企業の組織構造については,効率性の観点からさまざまなタイプが考えられてきた。たとえば,大量生産大量販売方式を実行する組織としてはピラミッド型組織がその有利性をいかんなく発揮した典型であった。上から下への情報の流れや指示命令が上からくるというトップダウン型で中央集権型組織構造が基本となっている。しかし,いま最も論じたいのは「効率性の追求」と「人間性の重視」「社会性の深耕」との調和であり融合,止揚である。そこで着目したのが,先述したように中小企業の強みである。つまり,「小回りがきく」とか,「人を大切にする」という特性を備えた組織構造が,中小企業のなかにあるのではないかと考えている。企業経営では,ヒト,モノ,カネ,情報という経営資源を有効に活用しなければならない。とくに人材の活用・育成は,経

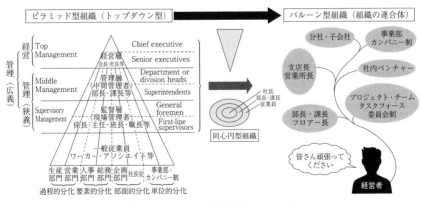

図3-4 バルーン型組織のイメージ

出所:加藤茂夫『バルーン型組織とベンチャー企業』泉文堂,2013年

営環境がめまぐるしく変化する中で大変重要になってくる。魅力的な中小企業では，「従業員を信頼し，大幅な権限委譲によって仕事を任せ，少々の失敗は寛容する」という経営者の態度が，人材の活用・育成につながってくる。大企業にも同様なことがいえよう。

　ルビンシュタイン（Rubinstein, M. F.）は，過去のしがらみや前例踏襲の経営風土を打破し，企業を革新するためにはカオス（混沌）の縁での経営（operating on the edge of chaos—安定と不安定，混沌と秩序，確実さと不確実さの狭間に置く経営スタイル）を強調する。組織のモデルを「鉄道タイプ」から「タクシータイプ」（「自転車」タイプも）へ変換することが不安定な不確実な経営環境に対処する方法であり，人を生かすことになると指摘している。カオスと向き合い，カオス，変化こそ組織の成長・発展，人材の育成に繋がるとする[20]。多くの企業が新入社員を海外の異文化に半ば強制的に触れさせるプログラムは，カオスの縁での立ち位置が如何に成長につながるかを表している。それは，経営環境に柔軟に適応する自己組織化の原理を経営者がどう築くことが出来るかである。

　自己組織化（self-organizing system）は，システムが環境との相互作用を営みつつ，みずからの手でみずからの構造をつくり変える性質を総称する概念であり，その本質は自己が自己の仕組みに依拠して自己を変化させることにある。環境からの影響がなくても自己を変化させることである。自分の中に変化の兆しを読み取り，これを契機に新しい構造や秩序を立ち上げてはじめて自己組織的となる。自己組織化とは，変革の原因を自己のうちにもつ変化，『内破による変化』をあらわす。つまり，環境決定的でも環境適応的でもなく，自己決定的ないし自己適応的である。組織が外圧によって変わるのは第2級の適応であり，組織の内なる力で変わるのが第1級の適応である。自分の中に変化の兆しを読み取り，これを契機に新しい構造や秩序を立ち上げてはじめて自己組織的となるのである。今田高俊は自己組織化を促す4つの条件として，①創造的な「個」の営みを優先させること（与えられた役割や地位を演ずるのでなくそれからはみ出た行為を尊重すること。リーダーの仕事は監視することではなく，役割からの新たな意味の問い直しを支援すること），②「ゆらぎ」を秩序の源泉とみなす（新

たな秩序を形成するのはゆらぎが欠かせない。ゆらぎは新たな構造や存在へとシステムを駆り立てる要因となる)，③不均衡ないし混沌を排除しない（カオスを排除するのではなく積極的に活用しようとする。カオスとはこの先どうなるか予測不可能状態をいう。カオスの縁とは自己組織化の力が活性化している状況である)，④コントロール・センターを認めない（自己組織化にとって最も大事なことはトップダウンの管理を強化しないことである。ゆらぎやカオスの縁が組織内に形成されるには上からの管理を緩めることである。一人ひとりの自発的な活動の結晶として組織は変わり活力が生まれる。一人ひとりの活動から全体へと向かうシナジーをもたらす風土を醸成することがリーダーの役割である）と論じている[21]。

　バルーン型組織の骨格を成すチームの自律性と創造性，そして全員で責任を担保するものと考えると自己組織化の考え方と軌を一にするし，先述した良いチームの条件と符合することが理解できよう。図3-4は，ピラミッド型組織から逆ピラミッド型組織，円型組織，そしてバルーン型組織へと変革すべきとのイメージ図である。経営者が会社のビジョン・方針・年間目標を各セクション（バルーン，チーム）に伝え，それぞれのバルーンが目標設定から実行まで責任をもって実行するというものである。いわゆる，マネジメント・サイクル，マネジメント・プロセスを現場に落とし込むというものである。糸を通じてダイレクトに経営者の思いが伝達できるし，それを受けて糸のブレの範囲で自由に活動できるということである。勝手にどこかに飛んでいくようなことはないというイメージである。

　バルーン型組織経営のメリットは，次のように整理できるだろう。①自由に発想し，行動できる少人数のチームがユニットなので，小回りがきく，②自律型組織の連合体であるため，全社的な理念やビジョン，価値観を共有できる，③チームのメンバーは創造的な活動を通して，自己実現の欲求を満たすことができる。では，なぜ，自律型組織でなければならないのか？

　従来，コンビニもスーパーも百貨店も，中央集権型で店舗運営はすべて本部でコントロールしようとしてきた。ところが，現場を知らない人が品揃えをしたため，客離れが起きた。そこで最近は，地域特性に合わせて品揃えをするよ

うになってきた。バイヤーの購買視点の転換である。コンビニにしても地域の特性に合わせて商品構成を変えるようになってきた。それぞれの店舗が自律的に動ける領域が少しずつ広がってきたのである。Ａ銀行で「自律型支店経営」を推進している。バルーン型組織経営と良く似た取り組みである。支店は80店舗。つまり，トップは80個の風船を束ね，それぞれの風船が自律的に動かないと，経営が立ち行かないというシステムである。営業区域は限定されているものの，西部は工業地帯，東南部は住宅街で地域によって客層がまったく異なる。したがって，各支店は全社的な営業方針に従いつつ，担当エリアの地域特性に合わせて営業戦略・戦術を工夫しなければならない。大企業の営業所，支店，工場もそれぞれが自律的に動ける組織の小単位，チームとならなければならない。現場に重要な情報が埋もれているからである。もちろん，トップダウンとボトムアップがぶつかり，衝突することによって新たな価値が生み出される組織文化が醸成されなければならないことはいうまでもない。風船の糸が針金になってはいけない。各バルーンの自律的な活動を妨げてはならない。21世紀に存続・成長する企業の条件は，大企業も中小企業もベンチャースピリットを組織や個人に浸透させることである。それには，企業を「小さな組織」に分割し，自律的に動ける組織の連合体にすることが不可欠であり，経営者やリーダーはこのことをしっかりと認識するべきだろう[22]。

　人間を信頼し，人間の知恵を生かせるバルーン型組織へと移行することによって，人間としての満足感を得ることができるし，またそのサービスを受ける者にとってもそこに価値を見出す。バルーン型組織へと駆り立てるものは，創造的で進取の心，リスクに果敢に挑戦する意欲と責任感・倫理感を持つ心の様相としてのベンチャースピリット（企業家精神）であり，それを経営者のみならず，すべての組織メンバーが持つことが重要となる。図3-4にあるように組織のトップ，部長，課長，工場長，フロアー長，店長，子会社のトップ，フランチャイズチェーンの店長，スポーツチームの監督，キャプテン，組合や商店街，地域社会のリーダーがベンチャースピリットをもつことである。組織の変革はまさに現場のリーダーの意識革新と行動革新によるところ大なるものがある。

日本人の特性として多くの若者が起業するという米国型に移行するとは考えられない。日本では組織に参加し，そこでキャリアアップを図り，その所属する身近な組織においてベンチャースピリットをもち，行動するというイメージがバルーン型組織である。ピラミッド型組織や官僚制組織の形状をこのバルーン型組織に置き換え，運営することができれば企業と組織メンバーとの間にウイン・ウインの関係を構築できると考えられるし，社会への貢献ということを踏まえれば3 WIN ということになる。過去のしがらみから脱却し，21世紀に存続する企業の条件は，大企業も中小企業もベンチャースピリットを組織や個人にどのように浸透させるかである。それには，「小さな組織」や「チーム型」の組織体制をもっと活用し，従業員が満足できる仕事の仕組みを構築することが人材育成の観点からも必要となろう。理想的には，このような中小組織・チームがネットワーキングによって自立的に動ける組織の連合体とすることが必要不可欠な条件となる。また，組織内の『小さな組織』『チーム型』の連合体としてだけではなく他の外部組織とのネットワーク（連結）も重視すべきであり，多くの事例が散見できる。

　バルーン型組織の例としては，次のケースが該当するであろう[23]。(1)セムコ—管理者なき経営（従業員は大人）（①民主主義（従業員の経営参加），②利益分与制（モチベーション管理），③情報（ガラス張り経営）），(2)前川製作所—支配・服従からの脱却（①独法経営（小さな会社を作る），②全員参加の経営（人間の成長・喜びを中心に考える人間尊重の経営）2008年組織変更独法解消），(3) W. L. ゴア—小規模な自己管理型チームでイノベーションの民主主義を築く（①階層のない会社（フラット型組織），②自由に会話できる会社，③自分のやりたいことが出来る会社)，(4) KOA のワークショップ，(5)フランチャイズ方式による経営——国一城の主（のれん分け経営），(6)京セラアメーバー組織・アメーバ経営が目指す3つの目的（①市場に直結した部門別採算制度の確立，②経営者意識を持つ人材の育成,③全員参加経営の実現)，(7)ミスミのチーム型組織（少人数のチームが「創って，作って，売る」という機能をワンセットもち，その中でリーダーや社員が自律的に計画を組んで意思決定にあたり，事業を推進。おのおののチームは独立した

企業のように組織を運営するため，経営リーダーの育成も加速できる。これらの組織は，事業規模が一定まで大きくなると，「スモール・イズ・ビューティフル」の概念の下に「セル分裂」を行い，組織を独立させる。ミスミグループの事業チームは，7年前の約20チームから現在は約60チームにまで拡大している）[24]。(8)イケヒコ・コーポレーションにおける事業部運営と50のグループ組織[25]

以上を要約すると，ビジョンや使命が従業員にきちんと伝わっているかどうか，コミュニケーションが十分に行われているか，従業員と同じ高さ，目線でもって共に話し合いが出来ているかどうかが成功の鍵である。経営の内容をオープンにガラス張りにして，納得と理解をして貰う組織，これが「バルーン型組織」であり，「心の見える企業」と私が提言している。

〔付記〕
　本稿は，2013年度専修大学研究助成による成果の一部であることを記しておく。

■注■
1）「企業が大きくなると，どうしても中央集権的になり，社内の許認可事項が増えてくる。この結果会議が多くなって意思決定が遅れがちになる」(1983/01/19日経産業新聞，立石一真『企業精神の復活』PHP，1985年）といったのが当時の立石電機会長（現オムロン）で創業者立石一真氏であった。加藤茂夫『心の見える企業─スモール＆ベンチャー時代─』泉文堂，1996年
2）加藤茂夫「日本におけるベンチャー企業の組織戦略」専修大学経営研究所報164号，2005年，専修大学経営研究所，加藤茂夫『バルーン型組織とベンチャー企業』泉文堂，2013年
3）　Slater, Robert，牧野昇監修『GEの奇跡』同文書院インターナショナル，1993年
4）　Welch, Jack，斎藤聖美訳『ウィニング　勝利の経営』日本経済新聞社，2005年
5）　Porter, M. E.「共通価値の戦略」『ダイヤモンド・ハーバード・ビジネス・レビュー』2011年6月号
6）　1996年b調査：加藤茂夫・永井裕久・馬場杉夫「日本におけるスモールビジネスの組織特性Ⅳ」『専修経営学論集』第66号，1998年，2004年調査：加藤茂夫前掲書，2005年，2011年調査：加藤茂夫「ベンチャー企業の経営と組織戦略─2011年企業アンケート調査を中心に─」『専修経営学論集』第94号，2012年

7) 加藤茂夫（2012，2013）前掲書
8) 清成忠男・中村秀一郎・平尾光司『ベンチャー・ビジネス―頭脳を売る小さな大企業―』日本経済新聞社，1971年
　　中村秀一郎『新中堅企業論』東洋経済新報社，1990年
9) Collins, J. C. & J. I. Porras. 著，山岡洋一訳『ビジョナリーカンパニー』日経BP出版センター，1995年
10) Peters, T. J. & R. H. Waterman 著，大前研一訳『エクセレントカンパニー』講談社，1983年
11) Kanter, R. M.「グレート・カンパニーの経営論」『ダイヤモンド・ハーバード・レビュー』2012年3月号
12) 1996年b調査他前掲書
13) 田原総一朗『逆風を追い風に変えた19人の底力』青春出版社，2009年，岡野正行『俺が，つくる！』中経出版，2003年
　　NHK Eテレ「仕事学のすすめ」2010年3月11日
14) Bennis, W. 著，伊東奈美子訳『リーダーになる』海と月社，2003年
15) 加藤茂夫編著『経営入門』学文社，2012年
16) Likert, R. 著，三隅二不二訳『経営の行動科学』ダイヤモンド社，1964年
17) リンダ・A・ヒル，ケント・ラインバック著，有賀裕子訳『ハーバード流ボス養成講座』日本経済新聞出版社，2012年
18) Alex "Sandy" Pentland「チームづくりの科学」『ダイヤモンド・ハーバード・ビジネス・レビュー』2012年9月号
19) Hackman. J. R. 著，田中滋訳『ハーバードで学ぶ「できるチーム」5つの条件』生産性出版，2005年
　　ワーグマン他著，ヘイグループ訳『成功する経営リーダーチーム』生産性出版，2010年
20) Rubinstein, M. F. 著，三枝匡監訳『「鈍」な会社を「俊敏」企業に蘇らせる！』日本経済新聞社，2000年
21) 今田高俊『自己組織性と社会』東京大学出版会，2005年
　　今田高俊「自己組織化の条件」『ダイヤモンド・ハーバード・ビジネス・レビュー』2003年3月号
　　武田計測先端知財団編『自己組織化で生まれる秩序』ネオブック，2012年
22) 加藤茂夫・行本明説『良い経営者　できる管理職　育つ社員』白桃書房，2011年
23) 加藤茂夫，2013年，前掲書
24) 『日経ビジネス』2014年11月3日号，「ミスミホームページ」2014年10月25日アクセス
25) 2016年2月13日にイケイコ訪問

第4章 戦略とは何であって，何でないのか？
—SaPによるGMの組織史の再検討—

宇　田　　　理

はじめに

　昨今「戦略（strategy）」という言葉が大衆化し，「今日はどんな戦略で行く？」といわれても，何ら違和感のない時代になっている。戦略という言葉は，スポーツの試合，株の売買，果ては大学生のキャリア・デザインを考える際にも使用されるようになり，一種の「日常語」となっている。まさに，人びとは，戦略とは何かを明確に定義・理解せずに，日常的に戦略を語り，戦略を行っている。当然ながら，日常語としての戦略の指し示す範囲は極めてあいまいになっており，戦略が何であって，何でないのかの線引きは容易ではない。

　一転してビジネス社会に目を転じると，そこは戦略という言葉がもっとも使われる場であり，その言葉の指し示す範囲も比較的明確なように思える。そのため，経済雑誌やテレビのビジネス番組でトップが語ると，それがそのまま企業の公式的な戦略として組織の内外に知れ渡る。とはいえ，トップの語る戦略が，企業の中で行われる戦略活動のすべてを言い表しているわけではない。現場では，時代の新しい流れを読み込んで，トップの語る公式の戦略とは異なる戦略が議論され，公式の戦略とは別の戦略が形成されることもある[1]。さらに近年，「掃除」といった一見，戦略とは関係なさそうに見えるものが，戦略形成プロセスに関与していることが指摘されている[2]。まさに，ビジネス社会で

は，個々のビジネスパーソンの頭の中では「戦略とは何か」が明確であるものの，全ビジネスパーソンに共通するような統一的な戦略の定義・理解は存在しないといえる。

　ここから窺い知ることができるのは「戦略とは何であって，何でないのか」，「どこからが戦略で，どこからが戦略でないのか」という戦略のデマケーション（線引き）の基準が，人びとの日常行為の中だけでなく，公式に戦略を掲げている企業の中でも「あいまい」になってきているということである。

　興味深いことに，組織内の各人が語る戦略の定義・理解がさまざまであるにもかかわらず，組織内で決定された「戦略の内容」は相手との対話の中できちんと伝達され，部分的な修正を経ながらも組織の中で着実に実行されていく。このように組織内で，つつがなく戦略の内容がシェアされ，実行されていく背景には，多くのビジネスパーソンが，いわゆる戦略論を学んでいることがある。具体的には，高等教育機関で普遍的な知識ともいえる「教養としての戦略（論）」を学んでおり，一部のビジネスパーソンは，ビジネススクールなどで，企業の命運を分ける戦略的意思決定を行うための「実学としての戦略（論）」を学んでいる[3]。ビジネススクールで学んだビジネスパーソンであれば，マイケル・ポーターの戦略立案の分析テクニックは自家薬籠中のもので，組織内における対話の共通言語として機能する。こうした戦略論は，現実に為される無数の戦略実践の肝になる部分を抽象化し，繰り返し認識されるパターンを理論化した「概念としての戦略」ともいうべきものである。

　しかし他方で，人びとが身に付けた「概念としての戦略」という知識を「社会的に意味のある実践」に変換するには，その知識を自分の頭や組織に格納（蓄積）しておくだけでは十分ではない。戦略に関する知識は，人びとの「実践活動を通じて」ある固有の文脈の中で展開されることで，ある種の成果が生じ，社会に還元されていく。そのため，昨今のビジネス社会における「人びとの実践活動に関する理解」は，戦略遂行上で，ますます重要なものになっている。

　より重要なのは，知識のレベルでは，戦略が意味するところも，ある程度，一元化されるが，実践活動の際には，いろいろな立場や考えを反映して，多様

な表現が用いられ，さまざまな意味が付与されていくことである。その点では，戦略という実践活動は「社会に埋め込まれた」もので，戦略という言葉を，社会から切り離したまま，抽象的な概念としてのみ利用し続けることは，ビジネス活動上有効ではない。

　こうした問題にいち早く気づき，「実践としての戦略（Strategy as Practice：SaP）」という研究潮流を導いてきたのが，英国の戦略研究家のリチャード・ウィッティントン（Richard Whittington）である。彼が1996年の論文で打ち出したSaP研究は戦略の「概念づくり」に長けた「研究者」と，戦略を特定の文脈で実践する「実務家」を結びつけることを意図して編まれたものである。まさに，戦略は役員室の中だけで議論され，立案されるものではなく，現場のマネジャーの戦略実践活動を通じて，社会の中で生成される（strategy as a social practice）ものであり，「優れた戦略の実践者（effective strategy practitioner）になるには，どうすればよいのか」という問いを中心に，組織内の人々の実践活動を研究するミクロ・アプローチを提起した[4]。さらに，ウィッティントンに触発された研究者らは，戦略に関わる「実践活動」をつぶさに見ることで，こうしたミクロ・アプローチを発展させ，今井希がいうところの「SaP研究の第一世代」を形成した[5]。

　ウィッティントンは，こうした流れを踏まえ，その10年後の2006年の論文でSaP研究の体系化を試みた。1996年の論文で，すでに「社会の中で生成される戦略」を意識していたが，2006年の論文では，戦略の実践活動自体を指す「プラクシス（praxis）」，戦略にまつわる社会通念・社会慣行たる「実践（practice）」，戦略実践活動の主体たる「実践者（practitioner）」という3要素を踏まえた「戦略実践活動の記述モデル」を提起した。このモデルを通じて，「実践者」が主導者（prime movers）となって，社会に埋め込まれた「実践」との狭間で生成される「プラクシス」が織りなす「出来事（episodes）」を描くことができる[6]。

　ウィッティントンは「社会の中で生成される」戦略イメージをSaP研究として提供する一方，『戦略とは何か？』という戦略論のテキストの中では，古今東西の戦略論のコンセプトを「戦略形成のパターン（計画的↔創発的）」と

「目標とする成果(利潤最大化↔複合的)」の2つの軸で4つのアプローチに切り分けている[7]。

その中で印象的なのは,「組織は戦略に従う」という命題風のフレーズで,マネジメントの世界では,つとに有名な経営史家のアルフレッド・チャンドラー (Alfred D. Chandler, Jr.) を,合理的分析を好み,構想と実行を分離し,利潤最大化を志向する「標準的な戦略論 (Classical)」者と位置付けていることである。その根拠として,ウィッティントンは,チャンドラーが『組織は戦略に従う (Strategy and Structure)』の中でGMのスローン (Alfred Sloan) の組織改革を重要な事例として取り上げたことを挙げている。また,スローンを取り上げた背景要因に触れながら,スローンの戦略立案への,トップダウンで,計画された合理的なアプローチへ優位性を置く考え方に,チャンドラーが同調していたからだと語っている[8]。

確かに,チャンドラーの『組織は戦略に従う』で取り上げられた4つの事例研究は,複数事業部の成立史を通じて,会社の命運を握るトップマネジメントたちを,現場のオペレーションから外し,中長期的な戦略計画に集中させる仕組みづくり(組織改革)を描いたものであった[9]。とりわけ,GMの事例研究に顕著であるが,チャンドラーの考察は,結果として,策定 (policy) と実行 (execution) を切り離し,戦略形成をトップダウンで行うための「ポリシー(全社戦略)の立案[10]」を正当化する際のひとつのモデルとなり,先に述べた「概念としての戦略」に先鞭をつけた。そのため,SaPの主導者であるウィッティントンも,GMの事例で見られるような「ポリシーの立案」がトップマネジメントの案件になったことが「標準的な戦略論」の基本的な特徴になったと述べている[11]。また,「標準的な戦略論」を採用する人々は,戦略計画の中に市場の変化を織り込み,そうした変化に適応できるので,ビジネス実戦の喧騒から一定の距離を置き,合理的な分析を行い得る戦略がベストだと考えていると語っている[12]。

しかしながら,GMでのポリシー(全社戦略)が誕生するまでの経緯を,ウィッティントンの実践者,実践,プラクシスの3要素からなる枠組みで改めて

見ていくと，また違った様相が見えてくる。第2節の「GMの組織史の再検討」で見るように，戦略形成をトップダウンで行うためのポリシー（全社戦略）は，最終的にはトップマネジメントが策定・制度化したが，そうしたポリシーが形成され，提案され，正当化されていくプロセスは，つとめてボトムアップ的であった。誤解を恐れずにいえば，トップに管理権限を集中させる仕組みを作る「きっかけ」をGMに与えた人物は，既存のトップマネジメントのメンバーからは出てこず，キャリア階層を下から上がってくるなかで「組織全体における気づき」を得られた者だけだったということである。

そこで本章では，「概念としての戦略」，あるいは，ウィッティントンがいう「標準的な戦略論」が世に定着する上で重要な素材となったチャンドラーによるGMの事例研究の再検討を通じて，戦略とはこういうものであるという規範的な理解をいったん離れ，「社会の中で生成される戦略（strategy as a social practice）」の一局面を拾い出してみようと思う。

第1節　分析枠組み—SaPによる既存事例の切り直し

GMの事例研究の再検討に入る前に，2つのことを確認しておくことにする。ひとつは，戦略が現場の文脈から切り離され，全社戦略の構築へと向かった契機を描いたチャンドラーの研究を簡単に定位する。いまひとつは，ウィッティントンが2006年の論文で提示した「戦略実践活動の記述モデル」を本章で利用する上での要点を整理する。これらによって，次に見ていくGMの事例の意味がより明確になるはずである。

経営史家のアルフレッド・チャンドラーJr.は，「もともと軍事用語であった戦略という用語を経営学の領域に明示的に導入し，はじめて経営学の戦略概念に明確な規定を与えた[13]」人物といわれている。チャンドラーの研究が「戦略論への戸口を拓いたもの」であるというと聞こえはいいけれども，戦略という実践活動を，現場の実践（あるいは実戦）や文脈の中から「切り離されたもの」として捉える考え方のモデルとなったということもできる。すなわち，チャンドラーの『組織は戦略に従う』の研究以降，戦略という用語は，より抽象

化され概念化され，客観性を帯びるようになった。同時に，戦略上の意思決定フィールドは，現場から役員室へと物理的に移動し，戦略が大局的に判断されるようになってきた。

　もちろん，ビジネス社会の中で，全社的な観点に基づく戦略の構想・策定のプロセスが一夜にして現場から切り離され，構築されたわけではない。そこには経営上，全社戦略として切り離したいという意図が存在し，その意図の実現に向けて，社内で膨大なやり取りがなされてきた。チャンドラーは，近代的な大規模組織（大企業）の生成・発展をつぶさに見ていく中で，トップと現場が分離していく様子を「管理権限のトップへの集中」という出来事の中に見出した。具体的には，戦略上の意思決定責任をトップマネジメントへ集中させる「マネジメントの仕組み（management structure）」が，いかに作られていったかを『組織は戦略に従う』で描いて見せた。チャンドラー以前のマネジメント研究の多くは，基本的にオペレーションに関する現場組織を扱ったものであったが，対照的にチャンドラーは，事業本部，中央本社，総合本社といった，いわゆる「全社戦略（corporate strategy）」に関わる「組織（仕組み）づくりのプロセス」を「組織史」として描いたのである[14]。

　こうしたGMの組織史を再検討する上で，ウィッティントンが2006年の論文で提示した「戦略実践活動の記述モデル」が役に立つ。ウィッティントンは，このモデルから，以下の4つ示唆が得られるとしている[15]。①実践がどれだけプラクシスに影響を与えているかがわかる。②プラクシスの束としてのエピソードがどのように実践（社会通念や社会慣行）になっていくのかがわかる。③実践を再生産したり，他の組織に移転させたり，全く新しいものに作り変えたりする実践者の役割が何かがわかる。④実践にアクセスし広く社会に浸透させていく実践者の能力が，優れたプラクシスを生み出していることがわかる。こうした4つの示唆からは，実践者を介した「プラクシスと実践の相互作用のあり様」を見ていくことで，戦略が生成される局面を描きだせることが分かる。

　ただし，ウィッティントンの論文では明示的には書かれていないけれども，プラクシスと実践の相互作用に見られる「関係性の変化」に注目することで，

新しい戦略が立ち現れる局面や背景要因を把握できるようになる。すなわち，エピソードを構成する各要素（プラクシス）の時間的移行のプロセス（行為の連鎖）だけでなく，あるエピソードと別のエピソードの複層的空間に，実践者のプラクシスが意図せず生み出す関係性（ここでは「意図せざる関係性」と呼ぶ）を炙り出すこともできるのである[16]。

そこで第2節では，チャンドラーが描いたGMの組織史，とりわけ，1904年のGMの設立前夜から，2度の経営危機を経て，同社が組織改革（本社と事業部の関係性のノーマライゼーション）をしていくまでの小史をウィッティントンのモデルを使い，考察する。具体的には，かかる小史をデュラント（William C. Durant）という実践者にまつわる5つの「エピソード」と，時間的に並行しているが異なる文脈をもつ，スローンという実践者にまつわる3つの「アナザー・エピソード」に選り分け，組織づくりという名の「トップと現場の分離」と，そこから見えてくる全社戦略の生成プロセスを見ていくことにする。こうしたプロセスからは，スローンのGMグループへの参加が「意図せざる関係性」を生じさせ，それがひとつのトリガーとなって，最終的に全社戦略の枠組みが構築されていったことがわかるであろう。

まずは，表のストーリーともいえる実践家，デュラントのエピソードから見ていくことにする。

第2節　GMの組織史の再検討—トップと現場の分離と全社戦略の誕生

1．デュラントのエピソード—規律なき戦略優先の時代とその終焉

【episode 1：デュラントによるGMの設立　1904～1908年】

　［プラクシス：馬車ビジネスの需要創造］

もともと保険のセールスマンをしていた24歳のウィリアム・デュラントは，馬車の製造特許の取得を皮切りに，1885年にデュラント・ドート・キャリッジ社を設立，馬車ビジネスに乗り出した。彼は都市部では販売店を設立し，地方では代理店ネットワークを組織しながら，マーケティング努力によって馬車の需要を創出した。同時に，自前の製造設備の構築に投資したり，馬車に使う木

材供給のための森林を購入したりと，40歳になる前に，原材料から調達，製造，販売までの一貫したビジネス・プロセスを有する統合企業を築いた[17]。

［プラクシス：自動車ビジネスの勃興と同ビジネスへの参入］

デュラントは，世紀転換期辺りから，馬車ビジネスの脅威になりつつあった自動車ビジネスに関心を持ち始めた。そして，1904年に経営危機に陥ったビュイック・モーター社への資本参加を皮切りに同ビジネスに本格参入し，1908年に持株会社であるGMを設立し，ビュイック，オールズ，キャデラックなどの自動車メーカー6社，トラックメーカー3社，部品メーカー10社の株式の大部分を取得し，傘下に収めた[18]。こうした合併戦略は，中価格帯の自動車を中心に，趣向や所得の違うさまざまな顧客に複数の車種を提供するというデュラントの考えに基づいており，同時に，部品製造から組み立てまでの一貫生産を企図したものだった[19]。

【episode 2：デュラントの失脚とGMの経営権譲渡　1908～1910年】

［プラクシス：無計画な拡大路線と資金繰りの悪化］

中価格帯の自動車組立メーカーを買収すると同時に，垂直統合を企図して部品メーカーも買収したデュラントの戦略は，1908年から2年足らずの間に売上高を約2倍に増大させた。その結果，GMは全米市場シェア（台数ベース）の20％を占有するまでになった。しかし，彼の成長見通しは非常に楽観的で，市況データに基づく生産調整計画などを立てず，キャッシュの備えを怠ったため，1910年の景気後退で一気に資金繰りが悪化し，事業が立ち行かなくなった。そのため，デュラントは1910年11月，5年間の議決権信託契約という形でGMの経営権を銀行団に譲り渡し，救済融資を受けることになった。デュラントは同社の大株主であったため，その後も副社長として取締役メンバーには名を連ねたが，GMでの実権をほとんど失った[20]。

［プラクシス：銀行団の介入と本社組織の変革］

銀行団がGMの経営権を握ったことで，中期的な成長よりも当座の利益を確保することが第一義とされた。そのため，デュラント時代に買収したまま，

マネジメント上,ほとんどテコ入れされていなかった GM 傘下の旧子会社(製品事業部)同士を統合した。また,統合した事業部を効率よく統括するために,本社機能が整備された。たとえば,銀行団の代表,ジェームス・ストロウは,独自色が強く独立した会社のようであった製品事業部を一元的なプラットフォームに乗せることを企図し,製品事業部で必要となる部材すべての調達を一元的に仕切る「購買部門」,事業部間の会計基準を統一する「会計部門」,生産現場の改善を狙った「生産部門」の3つの部門を新たに本社の中に設置したのであった[21]。

同時に,事業部間の調整を図るために,事業部横断的な購買委員会,マネジャー委員会も設置したが,事業部間の情報交換が行われた程度で,全社的な調整には至らなかった。なぜなら,製品事業部が自律性を奪われることを嫌がったからであった。そのため,銀行団による GM の組織改革では,戦略上の意思決定責任をトップマネジメントへ集中させる仕組みを構築できなかった[22]。

いずれにせよ,銀行団による財務効率重視の手堅い経営により,ビュイックとキャデラックの2つの車種に事業を絞り込み,1915年までの5年間に,生産台数を4万台から10万台へと伸ばすことに成功した。とはいえ,低価格帯の自動車に集中した競合フォード社の成長は目覚ましく,GM は全米市場シェアを20%から10%へと落とすことになった[23]。

【episode 3:デュラントの復帰 1915〜1916年】
[プラクシス:デュラントによる事実上の GM 買収]
一度は GM の実権を失ったデュラントであったが,1915年11月に銀行団による議決権信託契約が切れる前から,GM の経営権奪取へと動いた。デュラントは1911年に設立したシボレー・モーター社や相前後して買収した自動車関連メーカーを,1914年に新たに設立したデラウェア・シボレー社という持株会社の傘下に取りまとめた。デュポン家からの資金援助も受けながら,デュラントは,デラウェア・シボレー社の自社株5株と GM の普通株1株という交換比率で GM の普通株の半数近くを買占め,再び経営権を握ることになった[24]。

第4章 戦略とは何であって,何でないのか? 75

［プラクシス：デュラントによる戦略優先の経営へ］

デュラントは，1916年8月の取締役会議で，再び社長に返り咲いた。同時に，ピエール・デュポンが会長に就いたものの，ピエールが本業のデュポン社のマネジメントに多忙を極めたので，GMは事実上，デュラントの天下となった。チャンドラーが「デュラントが復帰すると，組織は忘れ去られ，戦略ばかりが優先された[25]」という印象的なフレーズを記しているように，デュラントは，経営権譲渡以前と同様に，生産量増大を目的とした拡大路線を推し進めるようになった。

［プラクシス：拡大路線と一部本社組織の廃止］

デュラントは1916年〜1920年の間に企業買収をいくつも行ったが，そのほとんどが部品メーカーで，完成車メーカーにはほとんど目もくれなかった。そのため，多様なニーズに応えられるような複数の製品ラインを構築する気配もなく，ストロウ率いる銀行団が監督していた時代に，全社を統括する目的で本社に設置された，購買部門，購買委員会，マネジャー委員会も廃止してしまった。そのため，一時は全社的な管理の起点となるはずであった本社も名ばかりの存在となってしまった[26]。

【episode 4：本社レベルの組織改革への着手と行き詰まり　1918年】

［プラクシス：見かけだけのデュラントの組織改革］

デュラントは組織改革に無頓着だったわけではない。自らも組織構造の改革に踏み切っている。たとえば，デュラントは1916年10月に新しくGM（ゼネラルモーターズ・コーポレーション）という事業会社を設立し，1917年8月にもともとの持株会社GM（ゼネラルモーターズ・カンパニー）を清算し，その傘下にあった子会社をすべて新しいGMに引き継がせた[27]。表向きは，傘下の子会社を緩やかに束ねる「持株会社」の形態から，より統一的な方針の下で管理するために「事業会社」へと変貌させた。しかし，実態としては，重要な投資案件ですら，デュラントが独断で，あるいは，事業部長との簡単な相談で決定する経営スタイルが継続され，事業会社への組織改革も見かけ倒しのものとなっ

た[28]）。

［プラクシス：デュポン側の監督体制の強化］

こうした事態に，さすがのデュポン側も投資回収を気にして，本社機能を充実させようとした。1918年2月に開催された取締役会の場で，デュポン側は，製品事業部長から構成される経営委員会の設置を提案し，承認された。もちろん，ストロウ時代の事業部間調整を意図しただけのマネジャー委員会とは異なり，経営委員会が全社的な方針や業績に対して権限を持ち，全面的な責任を負うことが確認された。同時に，財務委員会の設置も提案され，以前，銀行団が行ったような本社スタッフ機能の充実を企図して，デュポン社の財務管理スタッフをGMに送ることが決定された[29]）。

デュポン側によるGMの本社レベルの組織改革は，直接的にはデュラントの場当たり的な経営を半ば監督するためであった。しかしながら，実際には機能しなかった。そこにはデュラントの見かけ倒しの組織改革の他にも，いくつかの管理構造上の問題があった。

まず，財務委員会の管理権限が限定的であったことが挙げられる。予算承認後は，30万ドルを超える案件のみ報告義務が課せられただけで，各事業部が財務委員会に報告せずに予算執行できた[30]）。これが予算超過の元凶となった。次に，各事業部が資金の管理権限を持つ構造が継続され，本社の事実上の介入を阻んでいたことが挙げられる。後述する1920年のGMの危機到来にもかかわらず，各事業部が部品の仕入れや設備の導入に多額の資金を投入し続けた背景に，こうした事業部の管理権限の問題があった。そのため，実際には，本社レベルの各種委員会による在庫削減や支出抑制のコントロールがほとんど効かなかったのである[31]）。

［プラクシス：GMの財務コントロールの無機能化］

結局，デュポン側の介入にもかかわらず，GM自体が財務コントロールの効かない構造になっていた。チャンドラーは，1919年にGMの財務管理強化を狙ってデュポン社から派遣された若手スタッフ，ジョン・リー・プラットの言葉を引いて，当時の様子を説明している。GMでは「資金がどのように割り当

てられているかだれも知らず，野放図に支出が行われている[32]」。とりわけ，「自分（たちの事業部―筆者）のプロジェクトに賛成を引き出したい場合には，相手（事業部―筆者）のプロジェクトへの賛成を約束して，それと見返りに『票』を得るなど，駆け引きが横行していた。それだけではない。予算が足りないとなれば，デュラントは工場を視察に訪れた折に，『必要なだけ支出すればよい，特に記録は残さなくてもよい』というのだった[33]」。まさに，本社による現場への財務コントロールが全く効いていなかった様子が窺える。

このようにGMの本社組織に規律がもたらされなかったのは，組織に無頓着なデュラントの経営スタイルのみならず，デュポン社から派遣された人びとがGMの組織的な問題に関心を寄せ，全社的な改革，とりわけ，戦略上の意思決定権をトップマネジメントに集中させる仕組みづくりを行わなかったためでもあった[34]。もちろん，派遣されてきた人々が，出身母体のデュポン社における第１次大戦後の経営改革に多忙を極めていたこともあった。とはいえ，GMの財務管理にだけ専心させるため，デュポン社との兼務を解いて，GMの財務委員会に送り込まれたデュポン社のジョン・ラスコブですら，デュラントとともに事業拡大に邁進してしまい，GMの本社と事業部との間の管理権限に関わる仕組みづくりに本腰を入れることはなかった。こうしてデュポン側の組織改革の打ち手一つひとつが，結果的には，デュラントの野放図な戦略を容認することになってしまったのである[35]。

【episode 5：GMの危機と抜本的な組織改革へ　1920年】
［プラクシス：戦争特需の延長線でのGMの経営］
1920年を迎えての数ヵ月は，戦争特需の名残で景気は過熱気味であった。GMは増産体制を取っており，新工場建設計画も打ち出されていた。インフレと品不足の中で，各事業部は価格高騰前に部材を押さえておこうとしたため，GMの部材在庫は過剰状態にあった。同年８月，景気の先行きを睨んで，次年度生産台数計画値が下方修正された。そのため，経営委員会が在庫割当委員会を通じて，在庫割当ての上限を示し，在庫抑制に乗り出した。にもかかわらず，

どの製品事業部も強気の部材発注を行っていた[36]。上述したように，各事業部が資金の管理権限をもっていたからであった。

［プラクシス：景気後退と GM 経営の行き詰まり］

秋口には，自動車市場が停滞し始めた。フォード社は1920年9月末に製品価格を20～30％引き下げる措置を取った。GM の価格は据え置かれたが，10月末には，仕入れ代金や賃金支払いに困るようになった。11月の販売数も夏期の4分の1に落ち込み，生産台数も過去最低数に落ち込んだ。その結果，GM の株価は急落した。デュラントは GM の株価を買い支えようと個人的に信用買いを行ったため，自己破産寸前にまで追い込まれた。しかし，デュラントの債権者であるモルガン商会と GM の大株主のデュポン社による救済措置により自己破産はまぬかれた。そして，1920年11月20日，デュラントはとうとう社長の座を明け渡すことになる。代わりに，GM 会長とはいえ，事実上の隠居状態にあったピエール・デュポンが社長の座を引き継ぎ，本格的な組織改革へと踏み出すことになった[37]。

［プラクシス：GM の組織改革の議論］

ピエールは，1920年12月29日の取締役会議で『組織についての考察』（以下，『考察』）という GM の組織改革案を検討し，採用することにした。この改革案は，GM の傘下にあったユナイテッド・モーターズの社長を務めていたアルフレッド・スローンが1919年にまとめたものであった。その内容は，2つの基本原則からなっていた[38]。

第1原則　各事業部の最高責任者は，担当分野についてのあらゆる権限をもつ。各事業部は必要な職能をすべて有し，自主性を十分に発揮しながら道理に沿って発展を遂げていけばよい。

第2原則　全社を適切にコントロールしながら発展させていくためには，本社が一定の役割を果たすことが欠かせない。

スローン自身は，この『考察』について，デュラントに受け入れてもらうこ

とを念頭に書いたので多少の遠慮があったことを認めている。それ故，一方で事業部にすべての権利を認めながら，他方で本社の事業部に対する監督権限についても認めており，管理権限に関するパラドクスが生じているように見える。しかしながら，スローンの主張点は「権限の明確化」，「全体としてのバランス」，「分権化のメリット」をすべて活かすことであり，これまで適切にマネジメントされていなかった本社と事業部の相互関係，事業部同士の相互関係のノーマライゼーションが目的であった[39]。

　これらは，『考察』で書かれた2つの基本原則を施行するための5つの「目的」に顕著に見て取れる。たとえば，目的1には，各事業部の役割を明確にすることが謳われていて，とりわけ，事業部同士だけでなく，本社との関係も規定しなければならないと指摘されている。目的2では，本社の位置づけを規定すると同時に，本社が全社の調整機関として，合理的な役割を果たすことが期待されている。目的3には，経営の根幹にかかわる権限はCEOに集中させる旨が謳われており，目的4，5ではそのための具体的な仕組みに触れている。まさに，この「目的」は，戦略上の意思決定責任をトップマネジメントに集中させるマネジメントの仕組みを強く意識したものとなっている[40]。こうして，GMの「規律ある組織」の構築に向けた下地が形成されたのである。

　次に，実践家，スローンのエピソードを見ていくが，これによって，GMの「規律ある組織」が，どういったプロセスで形成されてきたのかがわかる。

2．スローンのエピソード—「規律ある組織」の生成

【another episode 3：スローンのGMグループへの参加　1916年】
　［プラクシス：スローンが自分の会社をGMに売却］
　スローンがなぜ，『考察』といった組織改革案をまとめることができたのかについては，彼のGMに加わってからのキャリアが物語ってくれる。ここからは，いままで見てきたepisode 3～5の裏面史としてのanother episode 3～5を見ていきたい。
　スローンがGMグループの一員になるきっかけは，自身がオーナーでもあり，

社長を務めていた部品メーカー，ハイアット・ローラー・ベアリング社を買いたいと1916年春にデュラントが申し出てきたことに始まる。当初，スローンは売却することに気が進まなかったが，熟慮の末，売却することにした。手続き上は，デュラントがユナイテッド・モーターズ社を設立し，株式交換によって，スローンの会社を含め5社の部品メーカーを買収した。結果，デュラントがGMに返り咲いた1916年にスローンの会社もGMの傘下に入ることになったのである[41)]。

［プラクシス：スローンの経営参加と会計手順の確立］

デュラントはまた，スローンの会社を買収すると同時に，スローンにユナイテッド・モーターズ社の社長職をあてがった。同社はGM傘下の部品メーカー各子会社を束ねるためにデュラントが設立した会社であった。そのため，スローンにとっては，これまでの一企業のマネジメントから，複数の子会社を適切にマネジメントし，子会社間の取引を調整する必要に迫られた。その意味では，大きなチャレンジであった。スローンは，まず，ユナイテッド・モーターズ社傘下の子会社間に統一的な会計手順を導入した。各子会社の自律性はそのままに，会計手順だけを共通化したことで，ユナイテッド・モーターズ社全体の収益性を正確に把握できるようになった。これは当時のGM本社よりも進んでいた[42)]。

【another episode 4：スローンの組織改革への関与　1918年】

［プラクシス：GMの管理体制に対するスローンの懸念の増幅］

さて，スローンのリーダーシップによって，ユナイテッド・モーターズ社傘下の子会社マネジメントは改善されていった。しかし，GMの全社的なマネジメントを顧みると，問題が山積していた。GMグループにおけるユナイテッド・モーターズ社の位置づけは明白ではなかったし，本社と各事業部がどう補い合っているのかも不明確な点が多かった。スローン自身，1918年の夏に，GMには全社的なマネジメントを行う体系的な組織や制度が欠けていることを懸念している旨を，本社の経営委員会や財務委員会の委員を兼務していたデュポン社

第4章　戦略とは何であって，何でないのか？　　*81*

のエイモリー・ハスケルに伝えた。そして，こうした懸念が払しょくされなければ，自らもGMを辞する構えを打ち出していた[43]。

［プラクシス：全社的マネジメント手法の萌芽］

　その折，1918年末にデュラントより「社内取引ルール策定委員会」の議長を命じられた。まさに，スローンが懸念していた全社的なマネジメントのルールを考えるチャンスが巡ってきた。1919年夏に同委員会がまとめたレポートは，同年末に経営委員会で報告された。そのレポートは，まさに，複数の事業部を統一的基準でマネジメントする「全社戦略」を志向したものだった。具体的には，各事業が上げる利益の絶対額よりも，投下された資本からどのくらいの利益を上げているかの比率が重要であることを指摘した。そして，満足のいく利益が上がらない事業は，改善を施し，難しければ撤退も辞さない構えを打ち出した。こうした全社的な視点からのマネジメント・コントロールは，自身が責任を負っていたユナイテッド・モーターズ社ではすでに施行されていたが，こうした視点が初めてGMの全社的マネジメントを考える場である経営委員会に提起されたのだった[44]。

【another episode 5：全社的マネジメントの視点の確立　1920年】

［プラクシス：全社的マネジメント手法の採用］

　こうしたスローンのGM内でのキャリアの積み重ねが，episode 5で触れた『組織についての考察』を生み出したといえる。スローンが『考察』の草稿を書き終えたのが，1919年末から20年に暦が替わる頃であったが，まさに，上で見た全社的マネジメントの萌芽といえる「社内取引ルール策定委員会」のレポートが経営委員会で報告された直後であった[45]。この間もスローンはデュラントに組織改革の進言をし続けたが，危機対応のさなか体よく無視され続けた[46]。

　そして『考察』の草稿出来から1年後の1920年末，ついにGMの取締役会議に組織改革案としてスローンの『考察』が提出され，多少の修正はされたものの「全社的なポリシー」として採用された。スローンの『考察』を取締役会議の議論の俎上に載せたのは，GMの危機に際して社長を務めることになった

ピエール・デュポンであった。しかし,『考察』を書いたのはスローンであった点が重要である。なぜなら,スローンが『考察』としてまとめるまでは,どのような卓見,優れたマネジメント・スキルをもった人物ですら,GMに「全社的なポリシー」や「規律ある組織」をもたらすことができなかったからである。

[プラクシス:全社的マネジメントの構築に向けての取り組み]

1920年末の取締役会議で,スローンの『考察』に基づき,全社戦略の立案と実行の区分を前提とし,本社スタッフ組織と事業部との調和が取れた分権制に向けての方向性が打ち出された。全社的なマネジメントを方向付ける経営委員会の布陣は,社長のピエール・デュポンをリーダーに,スローンが補佐役となった。また,スローンが述べているように「私たちは経験こそ足りなかったが,情熱でそれを補えた。経営委員会は1921年の暮れまで休みなく走り続けた[47]」。

スローンは現場(各事業部や各地の工場)を視察する中で,GMが事業部を跨いだ統合的な製品市場戦略を欠いていることを認識した。それを受けて,GMは「製品ポリシー」の構築に着手した。それまでは価格帯ごとにばらばらの製品開発が行われ,事業部間の製品ラインの計画的な調整は行われていなかった。経営委員会は1921年4月に,トップマネジメント数名と中心的な事業部長から構成された特別諮問委員会を新設し,「製品ポリシー」を検討させた。その詳細はスローンの『GMとともに』に譲るが,従来,各事業部に任されていた「セグメントごとの製品開発」が全社的な視点からマネジメントされるようになった。そのため,GMはすべての価格セグメントに参入するとともに,各セグメントの価格幅を工夫し,利益の最大化を図るようになっていったのである[48]。

むすび

本章では,チャンドラーのGMの組織史をデュラントとスローンの2人のエピソードを選り分けて辿ることで,再検討してきた。そこから,いくつかの示唆を得ることができる。

第1に,GMのトップマネジメントは,経営危機を経験し,外部から経営陣

を招きながらも，全社的な視点に基づくマネジメントの仕組みを成功裏に構築しえなかったことである。それを可能にしたのは，複数の部品メーカーを束ねる持株会社のトップとはいえ，GM全体からすると一事業部に過ぎないユナイテッド・モーターズ社のトップのスローンであったことは興味深い事実である。まさに，GM内の戦略上の意思決定責任をトップマネジメントに集中させる仕組みを提起した『考察』というレポートを作ったのは，創業者のデュラントでもGMのガバナンスを支えたデュポン側の幹部メンバーでもなかった。むしろ，一企業の共同経営者を皮切りに，GM内の部品メーカー統括会社の社長およびGMの事業部長としてのキャリアを積んできたスローンが，その時々のマネジメントに関する気づきの積み重ねの末に提起したものであった。

　第2に，スローンのGMグループへの参加が「意図せざる関係性」を生じさせたことが重要である。デュラントがハイアット・ローラー・ベアリング社を買収したことで，スローンは「意図せず」GMグループに参加することになった。しかし，デュラントは買収と同時に，被買収企業を束ねるユナイテッド・モーターズ社を設立し，そのトップにスローンを据えたことで，これまた「意図せず」GMグループ内に局所的ではあるが，子会社同士を統一基準で束ねる全社的マネジメントの視点が生成された。そして，ユナイテッド・モーターズ社での全社的視点によるマネジメント体制の確立が，後にGMの全社的マネジメントの視点の生成と規律ある組織の構築につながっていった。スローンという実践者を介してGM内の組織同士がつながっていったという意味で，スローンのひとつひとつの行為が，組織と組織をつなぐ連結ピンとして作用した。こうしたありようは，まさに「意図せざる関係性」の生成と言えそうである。

　第3に，ウィッティントンの「戦略実践活動の記述モデル」のエピソードの部分を複層的に，つまり，時間的に並行しているが異なる文脈を持つデュラントとスローンを別々のキャリア・ストーリーとして描き，その対照的なエピソードを重ね合わせると，興味深い事実が浮かび上がってくることである。

　たとえば，GMの経営を支援することになったデュポンの幹部メンバーを除くと，GM内で複数の子会社を擁する持株会社を取り仕切る経験をもち，それ

故に全社的な視点でマネジメントを考える場や機会をもちえたのはデュラントとスローンの2人だけであった[49]。ところが，キャリアパス故に，GMという野放図な組織を下から見ていくことになったスローンのみが，GMの全社的なマネジメントの問題に気づき，「ボトムアップ的なイニシアティブ」をもって，同社の組織改革の起点となりえたのである。つまり，構想と実行を分離し，「戦略上の意思決定責任をトップマネジメントへ集中させる」アイディアは，必ずしもトップマネジメントの中から出てきたわけではなかった。また，銀行団やデュポンが介入し，トップマネジメントから出てきた場合にも，そのアイディアを実現させるためには，現場での経験と知恵が不可欠であった。

第2と第3の示唆は，相互に関連している。GMグループでのスローンの固有のキャリアが，本人に全社的なマネジメントの視点に関する気づきを与える一方，GM内の組織に「意図せざる関係性」と言うべき連結ピン的作用をもたらしたのである。その意味では，全社戦略という「概念としての戦略」を理解するためには，その戦略が形成されてくる過程の一局面，すなわち「社会の中で生成される戦略」の理解も欠かせないのである。

われわれは，戦略にまつわるある概念をいったん理解すると，その行動原理の下で未来永劫，その戦略が展開していくと考えがちである。しかし実際には，ある特定の文脈の中で，戦略の意味づけが少しずつ，着実に変わっていく。すなわち，戦略というのは，企業の役員室の中で，合理的根拠に基づいて一元的に立案されるクローズなものだけではなく，時勢や社会通念・社会慣行を踏まえて，社会との暗黙裡の対話の中で形成されてくる「息の長いコト（物語・出来事）」なのである。

■注■

1) ロバート・バーゲルマン著，石橋善一郎・宇田理監訳『インテルの戦略』ダイヤモンド社，2006年，第3章
2) 大森信「第7章　実践の習慣化と戦略化の関係性」（大森信編著『戦略は実践に従う』同文舘出版，2015年所収）
3) 教養としての戦略（論）と実学としての戦略（論）の区分は，三品和広「役

員室からの展望：時機読解の戦略論」（『組織科学』Vol. 42 No. 3，2009年）を参照のこと。
4) Whittington, R., "Strategy as Practice," *Long Range Planning*, Vol. 29, No. 5, 1996, p. 731.
5) 今井希「『実践としての戦略』の課題に関する一考察」『近畿大学短大論集』第47巻 第1号，2014年，14頁
6) Whittington, R., "Completing the Practice Turn in Strategy Research", *Organization Studies*, Vol. 27, No. 5, 2006, pp. 620-623.
7) リチャード・ウィッティントン著，須田敏子・原田順子訳『戦略とは何か？』慶應義塾大学出版会，2008年，2-7頁
8) ウィッティントン，前掲訳書，18-21頁
9) アルフレッド・チャンドラー Jr. 著，有賀裕子訳『組織は戦略に従う』ダイヤモンド社，2004年，391頁
10) 本稿では，「ポリシー」，「全社戦略」，「全社的視点のマネジメント」という言葉をあらかた同じ意味で使用している。
11) ウィッティントン，前掲訳書，20頁（コラム）
12) ウィッティントン，前掲訳書，17頁
13) 吉村康志「第5章 組織は戦略に従う＞チャンドラー，Jr.」（坪井順一・間嶋崇編著『経営戦略理論史』学文社，2008年所収），27頁
14) チャンドラー，前掲訳書，361頁
15) Whittington, R., *op. cit.*, pp. 623-627.
16) ここでの視点は，沼上幹『行為の経営学』（白桃書房，2000年）で議論されている「行為のシステム」という環境記述に依拠している。ただし，本稿では，行為（あるいはプラクシス）と行為の相互作用のみならず，複数の行為のからなるエピソード（出来事）とエピソードの間から湧き上がる「意図せざる関係性」に注目している。行為の相互作用といえば，楠木建『ストーリーとしての競争戦略』（東洋経済新報社，2010年）における戦略の打ち手の時間展開に注目する「戦略ストーリー」の考え方も想起されるが，本稿では，複数の戦略の打ち手がかみ合い連動する相互作用の論理自体というよりも，かみ合っていくプロセスをもたらす「きっかけ」に注目している。
17) チャンドラー，前掲訳書，144-145頁
18) チャンドラー，前掲訳書，145-146頁
19) アルフレッド・スローン Jr. 著，有賀裕子訳『GMとともに』ダイヤモンド社，2003年，11頁
20) チャンドラー，前掲訳書，149-150頁，スローン，前掲訳書，11頁
21) チャンドラー，前掲訳書，150-151頁
22) チャンドラー，前掲訳書，151-152頁

23）スローン，前掲訳書，11-12頁
24）安部悦生・壽永欣三郎・山口一臣『ケースブック アメリカ経営史』有斐閣，2002年，case8; Wright, Richard A., *The Auto Channel—Industry History*, Chapter 4（http://www.theautochannel.com/mania/industry.orig/history/chap4.html 2016年4月30日アクセス）
25）チャンドラー，前掲訳書，153頁
26）チャンドラー，前掲訳書，153-154頁
27）スローン，前掲訳書，15，20-21頁
28）チャンドラー，前掲訳書，156頁
29）チャンドラー，前掲訳書，157-158頁
30）チャンドラー，前掲訳書，157頁
31）アルフレッド・チャンドラー Jr. 著，内田忠夫・風間禎三郎訳『競争の戦略』ダイヤモンド社，1970年，112頁
32）チャンドラー著，有賀訳『組織は戦略に従う』159頁
33）チャンドラー，前掲訳書，159頁
34）チャンドラー，前掲訳書，159-160頁
35）チャンドラー，前掲訳書，158，160頁
36）チャンドラー，前掲訳書，160-161頁
37）チャンドラー，前掲訳書，162頁
38）下記の2つの原則は，スローン，前掲訳書，62-63頁より。
39）スローン，前掲訳書，62-63頁
40）スローン，前掲訳書，63-64頁
41）買収の経緯は，チャンドラー，前掲訳書，164-165頁。スローン，前掲訳書，30-32頁，Sloan, Alfred Jr., *Adventures of a white-collar man*（Doubleday, 1941）part IV を参照のこと。
42）チャンドラー，前掲訳書，165頁
43）チャンドラー，前掲訳書，166頁
44）スローン，前掲訳書，58-59頁
45）スローン，前掲訳書，3章原注2，67頁
46）スローン，前掲訳書，40頁
47）スローン，前掲訳書，66頁
48）スローン，前掲訳書，69-77頁
49）全社戦略に連なる全社的なマネジメントの視点は，もともと，現場のマネジャーが執り行っていたオペレーション（活動）から分離されるなかで形成されてきたものである。その意味では，全社戦略を考えることは，日常的なものというよりも，会社の中長期的なあり方を構想する非日常的な作業でもある。そのため，具体的な現場の活動からすると，かなり抽象的かつ概念的に思考する場や機会が

必要となる。

■ 参考文献 ■

安部悦生・壽永欣三郎・山口一臣『ケースブック　アメリカ経営史』有斐閣，2002年
今井希「戦略化と主体化―戦略の実践的理解に向けた理論的考察」『経営戦略研究』No. 9，2010年
今井希「「実践としての戦略」の課題に関する一考察」『近畿大学短大論集』第47巻第1号，2014年
宇田川元一「生成する組織の研究―流転・連鎖・媒介する組織パースペクティヴの可能性」『組織科学』第49巻第2号，2015年
大森信「企業の戦略，組織，実践の関係性」『組織科学』第48巻第3号，2015年
大森信『毎日の掃除で，会社はみるみる強くなる』日本実業出版社，2015年
大森信編著『戦略は実践に従う』同文館出版，2015年
楠木建『ストーリーとしての競争戦略』東洋経済新報社，2010年
ジョンソン，ゲリー・ラングレィ，アン・メリン，レイフ・ウィッティントン，リチャード著，高橋正泰監訳，宇田川元一・高井俊次・間嶋崇・歌代豊訳『実践としての戦略』文眞堂，2012年
チャンドラー，アルフレッド Jr. 著，有賀裕子訳『組織は戦略に従う』ダイヤモンド社，2004年
チャンドラー，アルフレッド Jr. 著，内田忠夫・風間禎三郎訳『競争の戦略』ダイヤモンド社，1970年
坪井順一・間嶋崇編著『経営戦略理論史』学文社，2008年
デール，アーネスト著，岡本康雄訳『大企業を組織した人々』ダイヤモンド社，1968年
沼上幹『行為の経営学』白桃書房，2000年
バーゲルマン，ロバート著，石橋善一郎・宇田理監訳『インテルの戦略』ダイヤモンド社，2006年
Farber, David, *Sloan Rules*, The University of Chicago Press, 2002.
Freeland, Robert, *The Struggle for Control of the Modern Corporation*, Cambridge University Press, 2001.
三品和広「役員室からの展望：時機読解の戦略論」『組織科学』Vol. 42 No. 3，2009年
リッカート，レンシス著，三隅二不二訳『経営の行動科学』ダイヤモンド社，1964年
リーブス，マーティン・ハーネス，クヌート・シンハ，ジャンメジャヤ著，御立尚資・木村亮示監訳『戦略にこそ「戦略」が必要だ』日本経済新聞社，2016年
Sloan, Alfred Jr., *Adventures of a white-collar man*, Doubleday, 1941.
スローン，アルフレッド Jr. 著，有賀裕子訳『GMとともに』ダイヤモンド社，2003年

Whittington, Richard, "Strategy as Practice," *Long Range Planning*, Vol. 29, No. 5, 1996.

Whittington, Richard, "Completing the Practice Turn in Strategy Research," *Organization Studies*, Vol. 27, No. 5, 2006.

ウィッティントン, リチャード著, 須田敏子・原田順子訳『戦略とは何か?』慶應義塾大学出版会, 2008年

Wright, Richard A., *The Auto Channel―Industry History*, Chapter 4 (http://www.theautochannel.com/mania/industry.orig/history/chap4.html 2016年4月30日アクセス)

第5章　M&A戦略のパラドックス
―シナジー創造のマネジメント―

中　村　公　一

はじめに

1．経営戦略におけるパラドックス

「マネジメント実践の鍵はパラドックスにある」(松本, 2009) といわれているように, 組織を運営するにあたって, そのパラドックスを上手くコントロールしていくのが経営戦略の役割として考えられる。しかし, 経営戦略自体にもパラドックスは存在する。Raynor (2007) は, 企業が事業の価値を創造するためには, 競合企業に模倣されにくい方法を保有することが必要となり, 独自の資源や能力を実現するための戦略コミットメントの重要性を指摘する。そして, コミットした戦略によって成功の見込みを高めようとする企業の行動や特性が, 同時に失敗の見込みを高めるという戦略のパラドックスが生じる。予測が間違っているということが判明しても, 企業は状況に合わせてコミットメントをその修正したものに適応させることは難しく, 予測は信頼できるという前提に成り立っているので, 検証も行われないということに起因している。つまり, 今までは十分に効果を発揮していた戦略が, 環境の変化に対応できずに成果が出なくなったとしても, 新しい環境に戦略を適応させることはなかなかできることではない。

経営戦略には, 一度決めた戦略に固執するのか, もしくは環境変化に合わせ

て変えていくのかということについて，分析型戦略とプロセス型戦略という2つのとらえ方がある。分析型戦略は Ansoff（1965）に代表される経営戦略論の初期段階で研究されてきたテーマである。PPM（Product Portfolio Management）分析，経験曲線など，データを使用した緻密な分析を行うことによって，環境の正確な把握や不確実性の低減を目指す戦略の策定を重視し，戦略を論理的かつ合理的なものとして考えている。プロセス型戦略では，代表的な研究として Mintzberg（1978）があり，近年の資源ベース戦略論（RBV：Resource Based View）の基盤ともなっている考え方である。これは，組織は必ずしも合理的な行動をとるとは限らないという前提のもとで，組織内のパワーの問題などにも焦点を当て，組織の非合理的な側面や創造的な側面を対象としている。

このように，2つの考え方では経営戦略の本質を異なる視点からとらえているが，どちらかが誤った考え方というわけではなく，補完的な関係にあると考えられる。つまり，戦略の策定段階では，可能な限り不確実要素を減らして合理的に考える必要がある。アイデアベースで戦略を策定するような場合は，当事者の主観に基づくものであり，論理的でなかったり，一貫性をもたないことも多く，組織として効率的に実行していくことが困難になるであろう。しかし，あまりにも詳細な分析をし過ぎて，戦略策定に時間とコストをかけることは，分析麻痺症候群として批判されたように，必ずしも高い成果につながるわけではない。意図した計画はそのままの形で実現するとは限らずに，実現されなかった戦略や，その過程で新しい環境変化の機会をとらえるような創発的な側面も登場し，その結果が実現された戦略となっていくのである（Mintzberg & Waters, 1985）。経営戦略の策定と実行において，計画的側面と創発的側面というパラドックス的な特徴を有する視点をいかにマネジメントしていくのかが課題となる。

2．経営戦略における M&A

経営戦略の中でも，特に，利害対立やパラドックスが内在しているのが M&A（Mergers & Acquisitions：合併・買収）である。M&A は，企業同士の結

合関係でもあるので，その実行に際してさまざまな利害対立が存在する。たとえば，自社と他社という関係であり，もともとは異なった歴史や企業文化をもつ企業同士が，M&Aを境に一緒になることから，自社意識が強くなる傾向があり，他社との調整作業が必要な場合でも余計な妥協はしたくはないというような意識を持ち，衝突する場面も発生する。

　また，組織と個人の関係も考える必要がある。M&Aは企業の命運を左右するほどの重大な影響を及ぼす。しかし，株価への影響や第三者の予期しない介入を防ぐために，その交渉過程においては高い秘密性が要求され，経営者層や関連事業の責任者というような企業のごく一部の人物しか関与しない傾向がある。一般従業員は，M&Aを行うという事実をある日突然知らされ，そのことが自分たちは意思決定の過程から外されたという不信感や，将来の待遇への不安感につながる恐れもある。日々の企業経営をしていくうえでは，従業員の存在は不可欠であるが，M&Aの意思決定に関しては参画することがむずかしいために，経営者層と従業員の間で情報の非対称性が存在するといえよう。

　このような利害対立をうまく解消できない場合には，M&Aから成果を上げることがむずかしくなる。旧来の方法への固執というような過去を美化する傾向が強くなり，新会社としての変革という未来への反発が生じることを回避していくためにも，経営者には当事者同士が共有できるメリットを明示するなどの施策が求められる。

　そもそもパラドックス的な要素をもっているM&Aであるが，M&Aの戦略としての複雑さがこうした傾向を強めている。分析型戦略とプロセス型戦略という視点からM&Aを考えていくと，M&Aにはこの2つの視点が内在していることが分かる。M&Aは取引が完結して終わるのではなく，候補企業の探索から実際の成果を生み出していく組織統合までの一連のプロセスとして考えられる（中村，2003）。買収候補企業の絞り込みのために財務評価・戦略評価・組織評価などを行う買収監査（デュー・デリジェンス）やそれに基づく買収価格の算定，買収候補企業の戦略的選択の有効性の分析は，分析型戦略の考え方が基盤となっている。客観的な基準に立たなければ，分析者や評価者の主観が入

ってしまい，買収プレミアムを過剰に支払うことにもつながる。つまり，M&Aの関係者は，できる限り最適な意思決定に近づくように合理的な行動をとるとみており，関係者間で発生するコンフリクトなどは議論から除いている。しかし，実際には買収前の分析だけでは相手企業のすべてを把握することはできず，情報の非対称性によって予期しない問題がある恐れもあり，買収後に失望する結果に終わる場合もある。その分析水準に関しても，意思決定者は相手企業の業績や専門知識の潜在性を過大に評価する傾向にあると指摘され，それが買収プレミアムの支払いにつながるとしている（Duhaime & Schwenk, 1985）。

次に，相手企業との交渉を行っていく段階であるが，ここでは各利害関係者の利益の向上が課題となり，当事者間で信頼関係を構築していくことなどWin-Winの関係を築けるのかどうかが，その後の組織統合にも影響する。交渉は，相手がいることなので必ずしも思い通りに進むわけではなく，相手企業の動向を見ながら対応を変えていく必要もある。実際には交渉手順などは方法論として確立することがむずかしく，ケースバイケースで行われる傾向が強い。このように場合によっては臨機応変なプロセスを経て，取引は締結され，その後に企業間の組織統合が行われる。

組織統合は，企業間の共通の目標を達成するために，組織構造や経営資源を調整し，シナジーの創出を目指していく。異質なもの同士を結合する作業を伴うので，調整のためのコストがかかり，必ずしも合理的ではない意思決定をしなければならない場合もある。また，統合プロセスは両企業の人間の交流が必要不可欠となるために，当初は予期しなかったような出来事も生じる可能性がある。つまり，組織統合では共通目標の達成を課題としながらも，計画通りに遂行できないことや創発的な出来事も生じ，プロセス型戦略のテーマとしていたことが基盤となっている。組織統合に関する研究は，組織論的なアプローチから検討されており，組織構造面に限らず，M&Aは組織にトラウマを作るとも指摘され従業員の心理面に関する研究も行われる（Cartwright & Cooper, 1996）。

第1節　M&A 戦略におけるパラドックス―シナジーをめぐる概念

1．経営戦略論におけるシナジーの概念

　M&A は，組織変革を伴う経営戦略である。組織変革とは，組織の持続的な存続と成長を実現するために，組織の内部統合と外部適応および両者の相互作用パターンを変革することを意味している（山岡，2015）。つまり，業務が複雑化する組織は，職能別や製品別に専門化が進んでいくという分化がなされるが，分化が進めば組織としての統一性も失われていくので，それを統合することが必要となる。また，組織は外部環境から経営資源を調達し，それらを活用して独自の付加価値を創造して外部環境にアウトプットする。しかし，外部環境は時間の経過とともに変化していくので，内部プロセスも変化させることが必要になる。そして，こうした矛盾した要素を同時に追求していくことが企業変革の課題となっている。

　M&A においても矛盾を抱える要素のマネジメントが必要となり，さまざまな研究や実務では，その成果として，シナジーを創造していくことが課題であるとしている。シナジーは，Ansoff（1965）が提唱した概念で，個別企業が他企業と結合した場合に，単独で経営する以上の効果が生じるということであり，多角化先を選ぶ際の基準として考えられた。つまり，シナジーとは，2つの企業が別個に達成すると期待される水準を上回る競争力とキャッシュフローの増大であるといえる（Sirower, 1997）。シナジーは経営戦略論において重要な概念として活発に議論されてきた経緯をもつ。

　米国企業では1960年代から70年代に，シナジーの概念が提唱され始め，多角化戦略による成長が活発化していた。その中で，多角化戦略の種類と業績の関係を Rumelt（1974）は分析し，多角化戦略をとっている企業の業績は，事業数や事業規模よりも事業間の関連性が大きく影響すると結論付けた。既存事業と何らかの共通関連性がある事業への多角化である関連型多角化の方が，関連のない事業へ展開していく非関連型多角化よりも，業績の面で優れた結果を得ることができるとしている。この結論の背景には，事業間に関連性があった方

が，経営資源の共通利用や相互補完をすることができ，シナジーを創出することができるからであるとする。

M&Aにおいても企業間の結合であるために，シナジーが創出されるという特徴がある。ただし，シナジーは実際に経営をしてみないと創出されるのかどうかは分からずに，多角化やM&Aの動機として考えられたシナジーは事前予測に過ぎない。経営者が自分たちの意思決定を正当化するためのもっともらしい理由として使う傾向もある。また，M&Aに関する経営戦略論的な研究では，暗黙的な仮定として，シナジーは少なくとも買収プレミアムで期待される額で実現可能であろうと考えている（Haspeslagh & Jemison, 1991）。以上のように，どのような多角化で，どのようなシナジーが生まれるのか，シナジーを生みやすい多角化はどのような形態なのか，ということが分析型戦略的な考え方のもとで議論されてきた。しかし，その後，プロセス型戦略が登場したように，シナジーを創出するための方法や組織の役割，創出の障壁というようなシナジー創出のプロセスを検討していくことが課題となる。

2．シナジー創出の課題

M&Aによって創出されるシナジーは，企業のバリューチェーン全般に渡ってみることができる。そして，コスト削減のみならず付加価値を生み出すことができる。たとえば，調達（原材料の安定的な確保，大量購入による価格交渉力の向上など），開発（開発スピードの向上，共同開発の促進による優れた製品開発など），生産（規模の経済による生産コストの削減，品質管理の向上など），マーケティング（広告宣伝の効率化，ブランドイメージの向上など），販売（販売拠点の増加，きめ細かい営業の実現など），物流（販売エリアの広範囲化，迅速な配送など），サービス（アフターサービス体制の充実など）というように，その効果の発生する活動は多岐に渡る。

シナジーのコンセプトが導入された当初は，M&Aにおいては事前に想定した潜在的シナジーがM&Aの後に具現化しないために，シナジーは有効なコンセプトではないという主張が生じた。しかし，その後の調査などによって，

シナジーそのもののコンセプトが原因なのではなく，SBU（Strategic Business Unit：戦略事業単位）マネジャーは他部門への依存を回避する傾向があり，自部門中心のマネジメントを行うために，シナジー創出のための権限を行使しないことにあるということが分かった。また，他のSBUとの経営資源や能力の共有は，自部門の特徴を失わせる恐れもあるために，自部門の実績が低下しない程度の共有水準であるシナジーの最大許容水準を下回る必要がある（Ansoff & McDonnell, 1990）。

　さらに，シナジーの存在を客観的に把握できず，コントロールがむずかしいという特徴がある。そこで，シナジーの把握にBSC（Balanced Score Card：バランスト・スコアカード）を使う研究が進んできた。西山（2007）は，BSC戦略マネジメントシステムを活用して，日本企業のM&Aにおける課題を解消しようとするモデルを提示する。この考え方は，M&Aにおけるシナジーの創出を具体的に考える上では有益な方法である。プレM&A段階での日本企業のM&Aの課題として，戦略との整合性がなくてもM&Aを実行する場合があり，この点については戦略マップをM&A案件の戦略との整合性を確認するためのフレームワークとして活用することによって，戦略的M&Aの実行につなげていく。ターゲット企業の選択基準が明確になっていないということに関しては，外部公表資料や外部情報から評価指標を入手し，同業他社との比較分析によるターゲット企業の評価と選別の必要性を指摘する。つまり，シナジーの創出に関して，プレM&A段階でその可能性をできる限り把握していくための仕組みを組織内に構築することが課題となる。

3．バランスト・スコアカード（BSC）の活用によるシナジー創出のプロセス

　従来の経営戦略論では，PDCAサイクル的に考えると，その評価やフィードバックに関しては，議論の中心からは外れている傾向が強かった。そうした問題点を補うひとつの概念としてBSCの存在がある。Kaplan & Norton（2006）は，全社的にシナジーによる価値を創造していくためのモデルをBSCを活用して考えている。つまり，質的に異なるビジネスユニットとサポートユニット

を連携させるときに発生する全社シナジー価値（enterprise derived value）と呼ぶ企業価値の追加的な源泉を提示する。企業価値創造は，顧客から得られる価値と全社シナジー価値の総和である。まず顧客から得られる価値に関しては，SBU のスコアカードの 4 つの視点からなるフレームワークによって，内部プロセスの卓越性に依存して顧客関係性が向上することによる株主価値の創造によってもたらされる。4 つの視点とは，財務（株主は財務業績に何を期待するのか），顧客（財務目標を達成するには，顧客価値をいかに構築すべきか），内部プロセス（顧客と株主が満足するためにはどのプロセスを卓越しなければならないか），学習と成長（重要なプロセスを改善するために無形資産：従業員・情報システム・組織文化をいかに戦略へと方向付けるのか）である。この 4 つの視点は因果関係の連鎖で結ばれており，これをベースに全社的な BSC を構築することでシナジーの創出が目指される。

そして，全社的スコアカードの 4 つの視点の目標は，以下のように考えられる。財務シナジーは，SBU ポートフォリオの株主価値をいかに増加させるのかを目標とし，内部資本の効率的な管理やコーポレートブランドの課題が戦略テーマとなる。顧客シナジーは，総顧客価値を増加するために顧客インターフェースをいかに共有できるのかということを目標にする。異なる事業単位からの広範囲の製品とサービスのクロスセルや，多様な販売店において本社の指針を共有していく共通の価値提案が戦略テーマとなる。内部プロセスシナジーは，規模の経済やバリューチェーン統合を達成するために SBU のプロセスをいかに管理できるのかということを目標とする。重要な支援プロセスであるシステム，設備，人員を共有することで規模の経済を得るシェアードサービスの充実や，バリューチェーンの統合が課題となる。学習と成長のシナジーは，無形資産をいかに構築していけるのかということを目標に，無形資産の構築にかかわる能力の共有が課題となる。

つまり，全社シナジー価値を創造するためのプロセスは，企業の本部が，SBU，サポートユニット，外部パートナーとの間でシナジーを創出する全社価値提案を明確にすることから始まる。このことを計画設定プロセスにおけるア

ラインメント（Alignment）の構築として，その手順を整理する。アラインメントとは，シナジー創出のための戦略の方向付け，整合性，展開，連携という意味を総合的に含む用語として使用する。最初は各 SBU レベルで個別に BSC が作成され，それぞれの SBU を持ち寄ることによって全社レベルから SBU 間のシナジーが発揮できないかということが 4 つの視点から検討される。SBU 間のシナジーの検討の次は，人的資源，情報通信システム，財務，企画というようなサポートユニットにおけるシナジーが課題となり，その後に，顧客，サプライヤー，合弁相手というような外部パートナーとの連携が検討される。このように段階的にシナジーの創出を考えていくことで，シナジーの程度を測定し管理することが可能となる。

第 2 節　組織統合のマネジメント（PMI）—パラドックス・マネジメント

1．組織間関係のマネジメント—組織間協働の構築

　そもそも M&A によってシナジーを創出することは，自律的な組織を統合するということで，両社の良さを残しつつも一緒になるというパラドックス的な問題に直面する。そして，シナジーの創出を目指すには，組織統合段階をいかにマネジメントしていくのかが重要となる。組織統合は，企業間の共通の目標を達成するために，組織構造や経営資源を調整し，M&A から成果を生み出していく段階である。ただし，両企業で完全に同質化を目指すような高いレベルでの統合は，組織間の調整作業が多大になり，コンフリクトが増大する恐れがある。相手企業に自分のやり方を押し付けるようなことだと，逆に反発を招いてしまう。いかに成果を生み出すのかに重点を置くべきであり，業務のすべてを対象とはしないことである。

　具体的にはバリューチェーンの各価値活動での調整が課題となる。そして，組織構造や組織システムというハード的側面とともに人的資源や組織文化というようなソフト的側面における統合作業が必要となる。組織のハード的側面とは，事業部制や職能性というような組織形態，分権や集権というような権限責任体制・従業員の行動に影響を与える報酬システムという組織システムを統合

することである。つまり，組織の制度面における統合といえよう。多くの場合は，買収企業側の制度に合わせていき，重複した機能に関してはその統廃合が行われて効率的な経営が目指される。

　しかし，企業間の組織構造や組織システムがあまりにも異なる場合には，その調整作業が大きな負担になる恐れもある。また，従業員の反発を招くかもしれない。そこで，組織のソフト面における統合を考える必要が出てくる。M&Aとは本質的には組織文化の融合も含む人的な活動であるととらえ，Cartwright & Cooper（1996）はHuman Synergyとして示す。

　そして，組織統合でどのようなことを実行して，シナジーを創出していくのかが次の課題となる。Haspeslagh & Jemison（1991）は，M&Aにおける価値創造は，統合プロセスで実行される買収企業と被買収企業間の戦略的ケイパビリティ（strategic capability）の移転に依存すると指摘する。戦略的ケイパビリティは企業の競争上の成功における中心的概念であり，それは，①経営的スキルと技術的スキルの統合された状態，②経験による獲得，③顧客利益への貢献，④企業の事業ドメインの中で広く適用することが可能であるという特徴を有する。他の研究では，コア・コンピタンスといわれている概念と同類である。

　戦略的ケイパビリティを相手企業に移転する場合，そのタイプは3つに分類される。第1に，業務的資源共有（operational resource sharing）で，販売員・製造工場・トレードマーク・ブランドネーム・流通チャネル・オフィスを共有化することである。この対象は，日常業務遂行上で必要不可欠な経営資源であり，直接的に把握できるものであるので，効果を得るのは比較的容易である。

　第2に，機能的スキルの移転（functional skill transfer）である。たとえば，製品開発・生産技術・品質管理・パッケージング・マーケティング・プロモーションなどにおいて，優れたスキルを有する方が他方に移転し，移転された方はそれを事業の展開に際して活用する。それは，買収企業と被買収企業の間を双方的に移転される。したがって，その対象は見えざる資産であるために，管理の困難さを伴うが，企業の強みとして形成されていくために競争上において有効なものとなりうる。RBVで議論されてきた対象でもある。

第3に，全般管理スキルの移転（general management skill transfer）である。これは，トップマネジメントの戦略的方向性・リーダーシップ・ビジョン・資源配分・財務計画と管理・人的資源管理・スタッフを動機づける経営スタイルなどを指す。つまり，買収企業がプレM&A段階において設定した戦略的目標を達成するために，どのようにして被買収企業を管理・運営していくのかということである。これに関連する概念として，当該事業における目標の遂行や意思決定に対する世界観や価値観であるドミナント・ロジックを移転しやすい事業を買収した方が，その後の事業運営が円滑に行えるというものがある（Prahalad & Bettis, 1986）。事業間の経営資源レベルでの関連性のみならず，相手企業をコントロールしやすいのかどうかも組織統合段階では重要となる。

　このような組織間での戦略的ケイパビリティの移転をしていくうえでは，組織間協働を実現していくことが課題である（山倉，1993）。組織間協働とは，複数の多様な組織が結合して協働目標を達成することであり，相互作用を通じてさまざまな問題の共通理解を形成していく過程である。ただし，組織間協働を実現していくためには，組織内にそれを推進していくための仕組みづくりや対境担当者の存在が大きな影響を及ぼす。

2．組織的問題の発生

　組織間協働を実現するうえで，異質な組織と協働していくという一連の行為がさまざまな問題を引き起こす。まず，組織のハード的側面に対する組織構造的要因である。被買収企業が買収後にひとつの事業部として位置づけられるような場合，事業間競争が生じ，組織としての一貫性をもつのがむずかしくなる。事業部制組織は経営者層の負担軽減と意思決定の迅速化を目指して，それぞれの部門が利益責任を負う自己充足的組織である。分権制を特徴とし，各事業部はプロフィットセンターとして位置づけられるので，事業部の管理者や従業員は自部門の利益のみを追求する傾向が高くなる。事業間競争は，各事業部を発展させるというメリットがあるが，それが限度を超えると，全社的統一性を阻害する。事業部を横断するようなマネジメントやプロジェクトが必要になる場

合，円滑に進めることができない。したがって，組織間協働の実現のためには，各管理者や従業員は自己の専門技能を発揮して職務を遂行することと同時に，他の部門のスタッフと協力して働くという面にも配慮して仕事を進めることが必要になる。

次に，組織のソフト的側面にかかわる人的要因である。M&Aが従業員に与える心理的衝撃や経営スタイル・価値観・企業文化の相違などから発生する従業員のコンフリクトによるものである。統合プロセスは被買収企業に何らかの変化を要求するものであるので，このような状況に置かれた従業員は，自分の現在の環境を維持することを目的として行動する傾向が強くなる。したがって，他部門と協力することは，自分の環境を積極的に変化させることに繋がるために抵抗するのである。しかし，買収企業と被買収企業の間での組織間協働体制を構築することと，被買収企業の組織行動を買収企業のものに同質化・支配することとは意味が異なることを認識する必要がある。

このような組織統合段階で発生する組織的問題を解消していくためには，組織内にM&A推進体制を構築することである。次に，M&Aマネジメントの実践に対して組織的なアプローチから検討する。

第3節　M&Aマネジメントの実践
―専門組織の設置からM&Aプロセスのシステム化へ

1．専門担当者・専門組織の設置

一連のM&Aプロセスは，M&Aを行うことによって初めて発生する通常の経営活動の中では経験しない複雑かつ困難なプロセスである。M&Aの経験のない企業には，このプロセスを効率的に運営していくノウハウや知識は存在しない。したがって，過去の経験は，経営者層や担当者に対して価値ある教訓の提供という意味をもつ。たとえば，プレM&Aの企業選択や交渉等に関わる専門的スキルは，属人的な要素が強いために経験によって向上する。ポストM&Aの変革活動においても，経験のある企業は急激かつ大規模な変革を避け，管理を柔軟に，意思決定を委任し，従業員などに対する最初の印象を良くする

ように心掛ける。そうすることにより組織的問題の発生を軽減でき，効果的な組織統合が可能になる。

M&Aの実務は専門性の高い業務であり，特にプレM&A段階では外部専門家（法律事務所，会計事務所，コンサルティング会社など）の積極的な活用が行われる。また，企業内部のスタッフも戦略策定との関係でかかわることは多い。しかし，外部専門家の多くは高度な財務的・法務的スキルを必要とする業務に携わっていたために，人材マネジメントが重要になる組織統合プロセスに関わる経験をもつ人は少ない。

ポストM&Aの統合マネジメント（Post Merger Acquisition：PMI）がシナジーの創出には直接的に影響するので，統合段階においても専門の担当者を設置することが求められる（Ashkenas & Francis, 2000）。統合担当者は，専門知識を身に付けているというよりは，対人スキルや組織文化の違いを的確に認識できる能力をもっている人物が選ばれる。そして，企業文化や行動規範，価値観・倫理観などを幹部から末端の社員に至るまで浸透させることから，両企業間の結び付きを強め，企業全体の利益に対する立場から意思決定の質を向上させるために仕事を進めていく組織間を調整していく役割を担う。つまり，他の組織についての情報を探索・収集・処理する組織間コミュニケーションの重要な担い手であるので対境担当者としても捉えられる。

統合担当者は，統合段階から業務に着手するのではなく，買収監査からプロセスに参加して，統合化をできるだけ迅速に行うことを目標とし，全社的な方針のもとで一貫性のある対応をしていく。ただ，担当者個人のスキルや能力が，統合達成水準にも影響し，担当者が当該業務を離れるような場合には，M&A関連のノウハウを別の人が形成していくことになってしまう。そこで，M&A関連ノウハウを組織的に形成していくために，担当者を集結させることによるチーム化や，部門化などの取り組みが行われる。専門チームや専門部門化は，担当者はM&A関連の業務を専門的に遂行していくために，多くの経験を蓄積していくことが可能になる（中村, 2010）。

2．M&Aプロセスのシステム化

　担当者に業務を任せている限り，M&A関連の知識やスキルは属人的なものとなるが，それを組織的に活用していくために専門チーム化や専門部門化が行われる。M&A関連の知識やスキルは組織内に蓄積される。そして，組織的なアプローチをとることにより，M&Aの意思決定から統合というM&Aプロセスを効果的にマネジメントしていく企業特殊的な組織能力であるM&Aコンピタンスを形成していくことにもつながる（中村，2003）。

　環境変化の激しい今日では，個々のM&Aを成功的に実行していくとともに，その実行速度も重要視されている。M&Aには時間を買うというメリットがありながら，実際には期待した効果を獲得するまでには長い時間がかかってしまい，メリットが低減しているということも指摘されている。つまり，M&Aプロセス全体をいかに迅速に実行できるかどうかを考えることが次の課題である。

　近年，企業の蓄積した情報や社員の知識・ノウハウをシステム化して，企業経営に活用していく動きが盛んに議論されている。これはナレッジマネジメントとして指摘され，競争優位を獲得していくためのひとつの方法としても捉えられている。ナレッジマネジメントで使われている方法は，M&Aプロセスを効果的にマネジメントしていく上でも活用できることである。つまり，M&Aプロセスを素早く短期間で実行し，M&Aコンピタンスをさらに組織の中に伝播させコア・コンピタンスとして確立させていくには，そのプロセスを体系化しシステム化していくことが有効な方法のひとつとして考えられる。これはいわば暗黙知であったM&A関連の知識やスキルを形式知化していくという作業であり，それにより当事者以外でも認識でき，反復可能なものとなる。

　さらに，統合プロセスにおいては，それが体系化されているだけでなく，統合達成までの期間を計画化することも課題とされている。欧米企業の多くでは，100日統合プランというものが策定されており，契約後から100日間で統合を達成することが目標にされている。そして，その間に従業員や企業文化の統合に関しては，特別のプログラムが設定されてその実現が図られている。一般的に統合マネジメントは買収企業側からの一方向的なものであったが，トレーニン

図5-1 M&Aに対する組織的推進体制の発展

自然発生的な効果 (未整備)	専門家の活用 (専門化)	M&A推進体制の確立 (体系化)	M&Aプロセスのシステム化 (形式化)
・M&Aコンピタンスの形成を考えていない ・M&Aは特別な戦略として認識 ・場当たり的対応 ・臨時的な担当者 ・ゼロからの関連知識の蓄積	・プレM&Aに対するコンピタンス(財務的・法務的スキル) ・外部専門家のリクルーティング ・専門家の専門知識を活用 ・経験などの蓄積が不十分 ・ポストM&Aの統合アプローチが不十分	・M&Aコンピタンス形成への組織的取り組みの確立 ・ポストM&Aに統合担当者の設置 ・プレとポストM&Aの担当者間の活発なコミュニケーション ・担当者のチーム化,部門化(知識・スキルの共有)	・M&Aコンピタンスのデータベース化 ・各プロセスのベストプラクティス抽出 ・体系的なM&Aプロセスの確立 ・M&Aコンピタンスをコアコンピタンスとして認識 ・M&Aコンピタンスの全社的活用 ・関連スキル向上のトレーニング

M&Aコンピタンスの強化 →

出所:中村公一『M&Aマネジメントと競争優位』白桃書房,2003年,120頁

グプログラムなどを設置することにより,相手企業の従業員の能動的な行動を通して統合を促進することができる。このプログラムも,過去の経験や外部専門家のサポート,他社のベストプラクティスを導入することによって形成されたものである。

つまり,M&Aプロセスのシステム化は,M&Aを複数回行って成長を目指していくようなマルチプルM&Aを実行していくうえでは,体系的なM&Aプロセスを実践していくことができるという利点がある。M&Aコンピタンスをコア・コンピタンスとしても位置づけており,全社的な視点からその活用が考えられている。

むすび

本章では,経営戦略における2つの視点である分析型戦略とプロセス型戦略からM&Aを検討し,一連のM&Aプロセスにはパラドックス的な特徴があることを述べてきた。特に,プレM&AとポストM&Aでは,企業が抱える課題は異なり,期待した成果であるシナジーを創出するためには組織統合におけるマネジメントがその成否を分ける。しかし,多角化戦略の論拠ともなって

いるシナジーは，事前での想定に過ぎずに，実際には組織構造的な要因や人的要因によって，創出のためには障壁が存在する。たとえば，同じ企業グループに属しているとしても，それぞれの企業は自社の立場を優先し，外部環境の変化に適応していくために自律性が高くなってくる。M&A は，企業の融合という単独経営以上の効果を目指して行われるハイブリッド戦略という特徴もある。そこでは，自律性を重視しつつも，統合という作業が課題になってくる。ただし，相手企業を自社の経営に一体化させることは，相手企業の強みを失うことにもなりかねない。技術を目的とした買収をしたとしても，経営方針を強制することによって，それに反発して技術者が離職したのでは，十分な技術を獲得することは難しくなる。つまり，統合作業を阻害しないレベルで，自律性も確保していくという両社のバランスが必要となる。

　こうした統合作業は，M&A を初めて行った企業には，経験がないために厳しい課題に直面することになる。そこで最初は外部の専門家のサポート受けることや，企業内に専門担当者を設置することによって，企業間の調整作業が行われる。さらに，M&A を成長戦略の重要な手段として位置づけるような場合には，専門部署化や M&A プロセスのシステム化ということへ展開していく。

　また，とらえどころのないシナジーを客観的に把握し，そのコントロールをしていくために，BSC の有効性が提唱されている。実際に，M&A に関わるコンサルティング・アドバイザリー企業では，企業の M&A 戦略策定力，企業評価力，条件交渉力，統合準備力，統合推進力という M&A の実施プロセスにかかる「M&A 力」をスコアカード化して把握していく試みもされている（岡・西川・渡辺，2013）。このような自社の M&A に関する能力を数値化して把握することは，強みと弱みも分かり，M&A コンピタンスを強化していくうえでは有効な取り組みである。

　以上のように，M&A では組織統合段階において自律と統合というパラドックスのマネジメントが課題となり，そのための施策がさまざま検討されてきた。シナジーという概念も経営戦略論の初期研究から提示されてきたが，その具現化に際してのアプローチは従来からの大きなテーマでもあり，組織間協働の実

践という側面とともに，BSC の活用など実践ツールを用いた把握が現在では行われている。M&A から成果を出していくためには，パラドックスが存在するということを認識したうえで，それをいかにマネジメントしてシナジーの創出につなげるのかということが求められる。

■ 参考文献 ■

岡俊子・西川裕一朗・渡辺敬次「M&A 力を鍛える」『経理情報』No.1351, 2013年7月号, 9-25頁

中村公一『M&A マネジメントと競争優位』白桃書房, 2003年

中村公一「専門組織と経営戦略—戦略策定能力から戦略実行能力の向上へ—」『経営力創成研究』第6号, 2010年, 73-85頁

中村公一「M&A 戦略の焦点—シナジー創出からコンピタンスの形成へ—」『駒大経営研究』第44巻, 第3・4号, 2013年, 23-46頁

西山茂『M&A を成功に導く BSC 活用モデル』白桃書房, 2007年

松本芳男「マネジメントの経営実践論」日本経営教育学会編『講座／経営教育1 実践経営学』中央経済社, 2009年, 161-173頁

山岡徹『変革とパラドックスの組織論』中央経済社, 2015年

山倉健嗣『組織間関係』有斐閣, 1993年

Ansoff, H. I., *Corporate Strategy*, McGraw-Hill, 1965.（広田寿亮訳『企業戦略論』産能大学出版部, 1969年）

Ansoff, H. I. & E. J. McDonnell, *Implanting Strategic Management, 2ed*, Prentice-Hall, 1990.（中村元一・黒田哲彦・崔大龍監訳『戦略経営の実践原理』ダイヤモンド社, 1994年）

Ashkenas, R. N. & S. C. Francis, Integration Managers, *Harvard Business Review*, Nov.-Dec., 2000, pp. 108-116.（「インテグレーション・マネジャーの要件」『ダイヤモンド・ハーバード・ビジネス・レビュー』2001年2月, 70-83頁）

Cartwright, S. & C. L. Cooper, *Managing Mergers, Acquisitions and Strategic Alliances*, 2nd edition, Butterworth-Heinemann, 1996.

Duhaime, I. M. & C. R. Schwenk, Conjectures on Cognitive Simplification in Acquisition and Divestment Decision Making, *Academy of Management Review*, Vol. 10, No. 2, 1985, pp. 287-295.

Haspeslagh, P. C. & D. B. Jemison, *Managing Acquisitions*, Free Press, 1991.

Kaplan, R. S. & D. P. Norton, *Alignment*, Harvard Business School Press, 2006.（櫻井通晴・伊藤和憲監訳『BSC によるシナジー戦略』ランダムハウス講談社, 2007年）

Mintzberg, H., Patterns in Strategy Formation, *Management Science*, Vol. 24, No. 9., 1978, pp. 934-948.
Mintzberg, H. & J. A. Waters, Of Starategies, Deliberate and Emergent, *Strategic Management Journal*, Vol. 6, 1985, pp. 257-272.
Raynor, M. E., *The Strategy Paradox*, Doubleday, 2007.（松下芳生・高橋淳一監修『戦略のパラドックス』翔泳社，2008年）
Prahalad, C. K. & R. A. Bettis, The Dominant Logic, *Strategic Management Journal*, Vol. 7, 1986, pp. 485-501.
Rumelt, R. P., *Strategy, Structure,and Economic Performance*, Harvard University Press, 1974.（鳥羽欽一郎・山田正喜子・川辺信雄・熊沢孝訳『多角化戦略と経済成果』東洋経済新報社，1977年）
Sirower, M. L., *The Synergy Trap*, The Free Press, 1997.（宮腰秀一『シナジー・トラップ』プレンティスホール出版，1998年）

第6章 脱コモディティ化の
マネジメント

髙 井　　透

はじめに

　現地適応化とグローバル化，低価格化と差別化，伝統と革新。これらの概念以外にも，経営にはトレードオフとなる概念が数多くある。どちらか一方を達成すれば，他方が実現できないというのは，経営においては課題であると同時に，ビジネスチャンスでもある。事実，持続的に成長している企業というのは，まさにこの相反する課題に挑み，創造的に解決するという戦略の本質を追究してきている。

　本章では差別化の効力が失われ，低価格競争に陥る成熟事業分野に着目する。この分野は，まさに差別化と低価格の両方を実現することが困難な分野である。とくに，本章では成熟分野で必ず起こりうるコモディティ化の現象にフォーカスし，企業が低収益の罠から脱却する方法を探ってみよう。

第1節　コモディティ化とは何か

　日本の多くの産業においてコモディティ化が進んでいる。成熟化といえば，ある程度の事業展開の歴史を有する産業が直面する現象であるというのが常識であった。しかし，今日では競争・市場環境が短期間で変化し，しかも，革新的な技術の普及速度が早まっていることから，ハイテク関係の分野ですら成熟

化を迎える時期が早まっている。しかも，そのコモディティ化がグローバルレベルで進展している。事実，デジタル化やモジュール化の進展によって技術開発や生産能力が国際的に標準化してきているため，新興国企業が多くの分野において，比較的短期間に技術面で先進国企業にキャッチアップしてきている。コモディティ化は国内だけではなく，今や世界的にも多様な産業で進んでいる現象といえるのである。

　このコモディティ化に関しては，さまざまな定義が存在するが，それらの定義に共通しているのは，製品・ブランド間の同質化という現象と，それによる弊害である（鈴木，2012a）。つまり，価格競争による収益の圧迫である。それでは，なぜコモディティ化が多くの産業で生じてくるのか。コモディティ化が発生する要因については，既存研究からもさまざま要因が指摘されているが，本章ではコモディティ化の発生要因を市場・競争環境の変化から生じる外部環境要因と，企業の組織内部から発生する内部環境要因の2つに分類する。それでは，次節で外部環境要因から議論してみよう。

1．外部環境要因——市場と競争環境の変化

　消費者も市場の成熟化とともに，企業が市場に送り出してくる多様な差別化製品に対して知識を蓄積してくる。企業と消費者との間の情報間格差は時間の経過とともに，なくなっていく。つまり，購買経験・使用経験の蓄積は，製品に対する判断力とその判断に対する確信を強化することになる。そのため，市場に溢れる多様な製品に対しても，製品間の特性やパフォーマンスに対する適確な判断が可能になり，消費者は以前よりも価格を重視した意思決定が行えるようになる。たとえば，パソコンに熟知した顧客は，自分でさまざまなパーツを小売店から購入して，自らカスタマイズしてパソコンを組み立てる。この例などは，まさに市場の成熟化とともに顧客が知識を蓄積し，賢くなる例である。

　確かに消費者は時間の経過とともに知識を蓄積して賢くなっていくが，潜在的なニーズを自ら語れるわけではない。そのため，顧客の声を聞くように努力すればするほど，目に見える機能の高度化，つまり価値次元の高い競争へと企

業を向かわせることになる（楠木,2011）。

もうひとつの外部環境要因は，企業間の激しい製品開発競争から生み出されるオーバーシュートという現象である（Christensen and Raynor, 2003）。オーバーシュートとは，技術開発競争によって，製品の性能が消費者の求める水準を追い越こし，平均的な消費者の情報処理能力を超えてしまうことで，企業間の製品の差異を認識できなくなるケースである。

とくに家電分野の製品でいえることであるが，日本の消費者は，たとえ，すべての製品機能を認識できなかったり，利用できなくても，少しでも既存の製品に対して新しい機能が付加されている製品を選択する傾向がある。それがよけいに企業間のオーバーシュートな製品開発を加速化させることになる。たとえば，洗濯機の開発では，機能競争が激化して最終的にはエアコンまでついている製品が開発された（髙井, 2008b）。

このようなオーバーシュートな製品開発は，もちろん産業財についても発生する。たとえば，GEと東芝はかつてCTスキャンの日本市場への導入で激しい開発競争を展開した。両企業ともいかに画像の精度を上げるかということに開発競争のポイントを置いていた。しかし，GEは画像の精度を高める開発競争がすでにオーバーシュートに陥っていることに気づき，他の機能の精度の向上に取り組み，東芝より半年早く市場に製品を送り出した[1]。

それでは，なぜ企業はこのようなオーバーシュートな状況から脱却することができないのであろうか。それが，企業組織の内部要因にある。

2．内部環境要因―組織内部の意思決定

オーバーシュートな製品開発というのは，前述したように，確かに顧客の情報処理能力を超えてしまうことにはなるが，製品機能を付加していくという差別化は，結局，顧客にとってはわかりやすい。というのも，製品機能が見えるからである。換言するならば，製品の価値次元の可視性の高度化ともいえる。価値次元の可視性を，より具体的にいうならば，その製品（サービス）にユニークな価値を普遍的かつ客観的に測定可能な特定少数次元に基づいて把握でき

る程度である（楠木，2011）。

　実は企業としても，価値次元を明確化した方が消費者に機能をアピールすることが容易なだけではなく，企業として開発の承認を得やすいこともある。そもそもイノベーションとは不確実性が高い活動である。企業はできる限り不確実性を排除して，確実な成果を得る開発に投資をする傾向がある。そのため，イノベーションの価値次元が高ければ，組織における資源投入の意思決定の正当性を確保しやすいということになる（Christensen and Raynor, 2003）。つまり，組織内部の意思決定プロセスそれ自体から生まれる圧力ともいえる。

　事実，価値次元の高い差別化で競合他社が新製品やサービスを開発してきた場合，模倣することが可能なものとわかっていても，一時的には企業にとって大きな圧力となる。しかも，競合他社の差別化に追従することの方が，前述したように，社内のコンセンサスも得やすくなることになる。それゆえ，競合企業をベンチマークして製品やサービスを開発すればするほど，価値次元の高い開発競争が繰り広げられることになる。その結果，多くの企業が製品機能を多少付加することで大きな差別化にならないとわかっていても，機能競争に走り最後には激しい価格競争に陥ることになる（楠木，2011）。

　しかも，激しい機能競争の弊害は価格競争に陥るだけではない。機能競争が激化すれば，逆に顧客層を狭めてしまうという結果にもなる。たとえばゲーム機業界では，各企業がゲーム機能の高度化競争を激しく展開したため，顧客層をより一層，限定するという結果になった。そこに目を付けたのが任天堂である。ゲーム機を誰もが一緒に楽しめるものと位置づけ，Wiiによって今までの顧客層とは違う市場を開拓して成功した。

　それでは，どのような手法でコモディティ化から脱却を図ることが可能なのであろうか。既存研究を通じて，脱コモディティ化のポイントを探ってみよう。

第2節　コモディティ化からの脱却

1．機能的価値と感性的価値

　経営学の分野では技術経営やイノベーションの視点から，脱コモディティ化

の方法が議論されている。当然のことながら機能を付加していく競争は，今日でも競争戦略の要諦であろう。たとえば，独自性の高い製品を開発すれば，短期間には競争相手は追いつくことはできない。とりわけ，顧客の潜在ニーズにターゲットを絞った製品開発は競争優位性が持続することになる。

たとえば，冷蔵庫は長い間，省エネと冷凍性能で差別化競争を各社は展開していた。しかし，三菱電機（以下，三菱）では，省エネと冷凍性能ということが本当に消費者利益と合致しているのかということを改めて問い直し，今までの開発競争とは異なる新機軸を打ち出すことに成功した。三菱が着目したのは，野菜冷蔵の方法であった。今までの発想は，「保存している食物の栄養素をいかに逃さないか」ということであった。三菱は，このような受け身の発想から脱却し，保存している間に野菜のビタミンを増やすにはどうしたら良いかを考えた。そこで，抗菌化力が高く動脈硬化やガンの予防に効果があるとされるポリフェノールを増量する紫外線発光ダイオード（LED）を野菜室に新たに搭載し，野菜のビタミンを増やすことに成功した。

しかし，新しい機能を付加していくだけが差別化ではない，逆に機能を引くことで差別化を創り出すことが可能である。たとえば，古い事例ではあるが，人気を博したツーカーSは既存の携帯機能を大幅に削り，通話機能に特化することで，今まで携帯とは縁遠いと思われていた高齢者層を取り込み大きなヒット商品となった。

このような機能を付加したり，引いたりしても，結局，機能競争は早晩，競争相手から追いつかれることになる。差別化の可視性が高ければ，競争企業はかならず似たような機能の製品を市場に投入してくるからである。そこで，コモディティ化から脱却する方法として製品の持つ多面的な価値が注目されることになる。

たとえば，技術経営では，まずは製品の価値を機能的価値と意味的価値に分類している。機能的価値とは，客観的な評価基準の定まった技術や機能を中心とした価値のことである。それに対して，意味的価値とは機能を超えて顧客が主観的に意味づける価値である（延岡，2006）。実は製品を顧客が選択する時は，

日用品や買い回り品においても機能的価値ですべてを意思決定しているわけではない。

　顧客は購買にあたって，それぞれが持つ感性やこだわりという要素を購入の意思決定基準にする。つまり，目に見えない要素である。見えないからこそ模倣が困難になる。機能的価値は必ず，時間の経過とともに競合他社が模倣してくるが，製品の意味は顧客の深層的な好みや，顧客が置かれている特別な状況から生み出されるため，多義性が高く競合企業の模倣は難しくなる（陰山，2014）。

　誰でもわかる製品の性能属性という差別化軸から，消費者の選好によって多様な反応が分かれる属性の方へ差別化の比重を高めることが，コモディティ化を脱却する上で有効だといわれている。つまり，機能的価値よりも感性的価値を重視すべきということである（青木，2010）。

　それでは，企業が持続的競争優位性を構築するには感性的価値を前面的に押し出すことが万能なのかというと，必ずしもそうではない。機能戦略もある程度の時間軸では依然として有効であるし，感性的価値も永久に持続するものではない。

2．差別化軸の転換

　コモディティ化から脱却するためには単に機能を付加するだけではなく，競争・市場環境の変化とともに差別化の軸が変わる潮目をきちっと見極めることが鍵になる。一般的に各業界の競争というのは，機能や価格をベースに競争を展開するか，または，感性やイメージをベースに競争するかに分かれる傾向がある。しかし，実際には，製品やサービスの魅力が，機能と感性のどちらか一方にきれいに割り切れる例はまれではあるが，時間の経過とともに，また，競争・市場環境の変化とともに，機能志向の戦略あるいは感性志向の戦略のどちらかに振れる傾向があるのも事実である（Kim&Mauborgne, 2015）。この機能軸と感性軸の戦略を時間の経過とともに，使い分けることが重要になる。

　たとえば，鼻の「あぶらとり紙」の業界を考えてみよう。この「あぶらとり

紙」のトップブランドといえば，京都の老舗企業である．この店の商品を購入するために長蛇の列ができることは有名である．しかし，紙というのはフィルムと比べれば，皮脂の吸収率や，肌を傷つけないという点において劣っていた．実際，卵を8時間程度，紙とフィルムのあぶらとり紙で包むと，紙の方で包んだ卵の表面には傷がつくが，フィルムの方には傷がつくことがない．フィルムの方がはるかに機能的には優れているが，感性軸が支配しているあぶらとり紙の市場では簡単に市場シェアを覆すことはできない．

　この感性市場に科学的知識をベースに切り込んでフィルム市場を開拓したのが住友スリーエム（現スリーエムジャパン．以下，スリーエム）である．スリーエムはフィルムの持つ吸収力を科学的データで裏付けることで，この分野に参入した．しかし，紙で顔を拭く時代にフィルムというのは簡単に顧客に受け入れられることはむずかしい．製品が革新的過ぎるからである．そのため，顧客だけではなく，販売する大手化粧品メーカーも取り扱うことに二の足を踏むことになる．そこで，スリーエムは顧客層を変え，新しい製品に抵抗感が少なく，しかも，マザーグッズを否定する傾向にある女子高生にターゲットを絞り込んだ．販売も大手化粧品メーカーに売り込むのではなく，この分野へ新規参入を意図していたニッチメーカーと連携することでプロモーションを行った．その結果，見事に日本市場においてフィルム市場の開拓に成功するのである．

　もちろん逆の事例も散見される．機能志向の軸が差別化の中核を占めている業界に，感性志向の軸を持ち込むことである．スウォッチは機能志向の強かった腕時計業界に，感性志向のファッション性を持ち込んで成功した．しかし，前述したように，感性軸も絶対的なものではない．感性軸の差別化が成熟化してきたなら，今度はまた機能軸に差別化の軸を戻さなくてはならない．

　たとえば，コモディティ市場で絶えずユニークな新製品開発をすることで有名な小林製薬（以下，小林）の戦略は，まさに機能軸と感性軸をうまく使い分けることで持続的競争優位性を構築している．小林の看板製品のひとつであるトイレの芳香剤，ブルーレットの製品開発をみてみよう．この製品の競争優位性をみると，まさに感性軸と機能軸をうまく市場環境の変化とともに使い分

けている。ブルーレットの開発当初は、いかに簡単に水洗トイレに取り付けて洗浄効果を高めるかということが開発のポイントであった。しかし、この差別化では当然、競合他社が追随してくるため激しい価格競争、つまりコモディティ化に陥ることになる。

そこで、コモディティ化を抜け出すために開発したのが、デザインを重視した陶器のブルーレットであった。機能軸の競争から感性軸の競争に転換したのである。陶器のブルーレットはデザインも市場で高評を得て大きなヒット商品となる。さらに、小林は感性軸に製品開発機能を振った後に、今度はまた洗浄アップの高度化を狙って、固形から液体にし、泡で洗浄するブルーレットを開発した。つまり、感性軸から機能軸へ差別化の軸を振り戻したといっても過言ではない。小林は機能と感性を競争・市場環境の変化に合わせながら変えることで、この市場でのトップポジションを維持しているのである。

しかし、機能軸と感性軸を使い分けても持続的競争優位性を構築することができるとは限らない。たとえば、機能軸の支配している市場に感性軸を持ち込むことである程度の成功を収めることができても、それ以上のシェアを獲得できないというケースもよくある。スリーエムのあぶらとりフィルムが大きなヒット商品になったのは、感性軸に機能軸を持ち込んだだけではなく、顧客層を大きく転換していたからである。つまり、機能志向や感性志向の軸のどちらかに差別化の軸を振る時や、機能を大幅に向上させたり、削減する時に重要なのは、既存のコアな顧客層の周辺にいる顧客を考えるということである。換言するならば、既存の物の見方、考え方にとらわれずに、顧客層を大きくとらえてみるということである。

たとえば、紡績事業からラジコンヘリ分野に事業転換し、世界一になったヒロボーの事例を考えてみよう。ヒロボーは、紡績事業からラジコンヘリ事業に参入する時に、既存の先発メーカーが機能競争をベースに競争していることを認識し、デザインを重視したラジコンヘリを開発して市場に参入した。つまり、感性軸をベースに市場参入した。ヒロボーの製品は、「世界一美しいヘリ」として業界の有力雑誌に紹介されることになる。しかし、世界3位まではなっ

ても，世界のトップを取ることはできなかった。

　ラジコン業界はかなり特殊な市場で，「飛ばしにくい」，「作りにくい」，「値段が高い」という製品特性があった。事実，当時の先発メーカーは，ラジコンをいかに高度に飛行させるかという機能競争に終始していた。しかし，新しい顧客がラジコンヘリを趣味として継続できるかどうかは，離陸してからのホバリング[2]の技術を習得できるかどうかにかかっていた。競合他社は，離陸からホバリングするプロセスを無視して高度な機能競争に走っていた。そのため，既存のマーケットのニーズは満たしていても，他の潜在マーケットを取り込めずにいた。ヒロボーは，この離陸からホバリングに至るプロセスを，より簡単にすることで，ラジコン製品を一般の人でも操作が可能な身近なものにしたのである。

　しかも，当時はエンジニアプラスチック[3]が開発された時期でもあった。ヒロボーはこのエンジニアプラスチックをラジコンの素材に利用することで，組み立てを簡単にし，コストも通常の3分の1にすることで，この業界の「飛ばしにくい」，「作りにくい」，「値段が高い」という製品特性とはまったく正反対の，「飛ばしやすく」，「作りやすく」，「コストも安い」という製品特性を作り出すことに成功する。この新しい製品特性によってラジコンには興味はあるが，高価格や操作性などの問題で購入にしり込みしていた周辺の顧客層を取り込むことに成功する。

　今までの議論からわかるように，製品レベルの差別化だけに終始していては，必ず競合企業のキャッチアップにあう。コモディティ化から脱却するためには，まずは製品レベルに目を向けるだけではなく，製品を提供している中核となる顧客層を改めて問い直すことが必要だということである。つまり，市場がコモディティ化した時に，機能志向と感性志向の軸を使い分けるだけではなく，改めて現在の中核顧客の周辺に

図6-1　差別化軸の転換と顧客層の拡大

いる顧客に目を向け、その周辺顧客層のニーズを取り込むには、どのような条件を創り出すことが必要かを考えるということである（図6-1）。

第3節　コンテクスト戦略の競争優位性

1．価値共創のコンテクスト

　今までの議論からコモディティ化から抜け出すためには、機能志向と感性志向を使い分けたり、顧客層を拡大することなどが戦略的に有効であるということが理解できた。しかし、差別化でより重要なポイントは、どれだけ製品に対して顧客価値を高められるかということである。

　この顧客価値の作り方が、近年、変化してきている。従来の価値創造プロセスは、企業は生産、消費者は消費というように役割が明確に分れていた。価値は製品やサービスに宿り、市場を通して生産者と消費者との間で交換される。価値は市場に届く前に決まっていたのである。しかし、現実のビジネスでは企業が一方的に価値を創るという考え方は修正を余儀なくされている。

　たとえば、イケアのビジネスモデルを考えてみよう。イケアの戦略は、高価格で高品質な北欧の家具を低価格で提供するというモデルである。このモデルを実現する鍵は、顧客に配送と組み立てを委ねるというものである。ある意味、企業の事業の仕組みに顧客を取り込んだモデルともいえるし、価値をお互いに共創しているともいえる。

　また、半導体切断装置の分野で世界的企業であるディスコの強みは、半導体をミクロン単位にカットしていく技術だと思われているが、ディスコの本当の強さはそのアプリケーション力にある。顧客は切って欲しい材料を、ディスコのアプリケーションルームに持ち込む。そして、どのタイミングで水をかけたり、切断するのがいちばん良いかを顧客との対話の中から見つけ出していくのである。切断のニーズは各顧客ごとに異なるため、膨大なノウハウがディスコに蓄積されることになる。このノウハウが大きな差別化を生み出す。まさに、ハードを活かすソフト資産といっても過言ではない。

　この戦略は一見、ハードという製品にアプリケーションサービスというソフ

トをプラスして差別化しているように見えるが，イケアの事例と同じように，顧客が新たに価値を付加する差別化ともいえる。というのも，ディスコの製品戦略は，顧客が製品に自らの価値を付加する可能性が残されていると解釈することも可能だからである。というのも，顧客もディスコとの対話を通じて新たなニーズを見つけ出すことが可能だからである。つまり，企業と顧客の価値の共創である。

このことは，生産財だけではなく消費財にでもいえることである。たとえば，古い事例であるが爆発的にヒットしたiPodを考えてみよう。この製品自体は，既存の競合製品と比較すると，記録できるデータの容量，連続して再生できる時間の長さなどの点で劣位の側面もあった。換言するならば，可視的な差別化の軸では競合製品に負けていたということである。しかし，顧客がこの製品を購入した理由は，自分でプレイリストを編集し，それを継続的に組み替えながら自分にあったスタイルで音楽を楽しむことができたからである。つまり，この製品も顧客自らが製品に価値を付加することを可能にしたことが，大きな差別化を生み出しているともいえる。

これら一連の事例からもわかるように，価値を企業が一方的に創るという旧来の戦略思考は，間違いなく時代遅れのものになりつつある。価値を顧客とともに創ったり，または商品を購入後も，顧客が製品に新しい価値を付加できる可能性を持つことが重要であるということである。このような新しい顧客との価値共創において重要になる概念がコンテクストである。

コンテンツが製品の内容とすると，コンテクストとはその製品が使用される状況・関係性のことをいう。つまり，製品の内容であるコンテンツだけで差別化するのではなく，その製品が使用されるコンテクストを考えるということである。事実，一連の価値共創の事例も製品のコンテクストをベースに差別化されていることが理解できる（図6-2）。

図6-2　製品プラスコンテクストの図表

それでは，製品のコンテンツにコンテクストを連動させた戦略は，どのようなメリットを生み出すかを，実際の

企業の事例を引用しながら議論することにしよう。

2．コンテクスト戦略の有効性

　コンテクストを取り入れた戦略の第1のメリットは，顧客の購買行動をより多角的な視点から捉えることを可能にするということである。今までの戦略は，顧客が製品を使用するシーンをスナップショットで捉える傾向があったが，コンテクストをベースに思考することで，顧客の購買プロセスを多角的な側面から捉えることを可能にする。たとえば，顧客の購買プロセスでも，顧客が製品を使用する前，実際に使用する段階，そして使用後という捉え方である。このような段階別に購買プロセスを捉えるという見方は，顧客の各使用段階のコンテクストを考え，そこで生じる因果関係を広く社会のトレンドから再度捉え直すことも可能にする。

　たとえば，ペットボトルの水を考えてみよう。水の差別化はきわめてむずかしい。使用前，使用中，使用後というプロセスで考えると，使用前のブランドでかなり購入が決定されることが多い。使用中のプロセスの差別化で言えば味や飲みやすさになるが，せいぜい顧客が差別化として認識できるのは軟水か硬水かということになる。

　しかし，使用後のコンテクストを考えると，新たな差別化の方法を見い出すことができる。というのも，顧客は以前から水を飲んだ後のペットボトルの処理が面倒だと感じていたからである。この不満に着目して商品開発したのが，日本コカコーラの「いろはす」である。しかし，これは単に使用後のコンテクストの因果関係だけを考えてヒット商品になったわけではない。社会が非常に環境への意識を高めてきたから，顧客は簡単につぶせる容器に価値を見いだし，ヒット商品につながったのである。「いろはす」がヒットしたのは，顧客の購買プロセスだけではなく，そのプロセスを広く社会的なコンテクストの因果関係から捉え直すことでヒットした商品とも考えられる。換言するならば，事業環境と社会環境のコンテクストの因果関係を読み解いたことが成功の要因ともいえる。

コンテクストを取り入れた戦略の第2のメリットは，製品コンテンツの背後にあるコンテクストの関係性を考慮することで，また新たな戦略を創りだすことができるということである。そのため，たとえ当初，製品のコンテンツが市場で受け入れられなくても，その製品を使用する背後のコンテクストの関係性を戦略的に取り入れることでヒット商品に仕上げることが可能である。換言するならば，関係性を利用したコンテクスト転換ということもできる。

　たとえば，松下電池（現パナソニックエナジー社，以下，パナソニック）のアイスクリーマーが良い例である。既存の製品でアイスクリームを作る場合，顧客はアイスクリームを何度も冷蔵庫に入れては，出してかき混ぜるというプロセスを繰り返し，8時間ほどで完成する。それに対して，パナソニックの新製品は，最初に手でかき混ぜて，後は冷蔵庫に入れておけば，製品に内蔵されているマイコンがタイミングよく自動的にアイスクリームをかき混ぜ，3時間で完成することが可能になる。

　他社製品と比べても，高度な技術が取り入れられているわけではないが，差別化の度合いは高い。しかし，当初，この製品は思ったより市場で受け入れられなかった。その原因は，アイスクリームづくりのコンテクストを考えていなかったからである。製品というのは，必ずしもターゲットにした人だけが使用するわけではない。家族の関係性の中で製品使用のコンテクストを捉え直すと，また別の側面が見えてくる。

　パナソニックは，新商品の展示会で言われたパナソニックショップのある女性のオーナーの言葉から新しいプロモーションのきっかけを掴むことになる。そのオーナーは「3時間でアイスクリームが完成することがいいね」という意見であった。しかし，3時間というのは完成するスピードの早さを評価したのではなく，午後0時にアイスクリームを作り，午後3時に子供と一緒に「おやつ」として食べられることが良いといったのである。この意見を参考にパナソニックは，「親子でアイスクリームづくり」という製品プロモーションに変えてから，製品は爆発的に売れ出したという。

　コンテクストの関係性を視野に入れた差別化は，ひとつの差別化がまた別の

差別化を生み出すという連鎖を作り出す。アイスクリーマーの事例で言えば,「親子でアイスクリームづくり」から,「パーティでアイスクリームづくり」などのように新たなプロモーション戦略が連鎖として出てくる。コンテクストの関係性という見えない軸の視点を取り入れることで,新たな製品差別化が生み出されるのである。

コンテクスト戦略の第3のメリットは,異なった製品のコンテクストを利用可能にすることである。つまり,一見,関連性のないと思われる製品のコンテクストを利用することで,新たな戦略を生み出すことができる。異なったコンテクストの関係づけ戦略ともいえる。

たとえば,衛生陶器の業界は節水の歴史でもある。業界ではじめて洗浄を4リットルで可能にしたのはINAXである。しかし,現在はライバルメーカーであり,この業界のリーダーであるTOTOが4リットルを切る製品を開発してきている。この両企業は今まで節水機能の競争を激しく展開してきたが,そろそろ節水には限界が見えてきている。そのため,両企業とも新たな差別化の方法として製品だけではなく,トイレを居間やダイニングなどとの関係性を考慮しながら開発する差別化を実施している。

製品コンテクストの関係性を利用した戦略は,まったく違った業種,業界にも応用することが可能である。たとえば,ベンチャー企業のイデアインターナショナル（以下,イデア）は,コモディティ化が進む時計市場で高い収益を上げてきた。イデアの製品戦略は,時計を既存の販売チャネルで売るというものではない。既存の販売チャネルに時計を買いに来る客の多くは,安いものを選択する傾向がある。しかし,家具を買いに来た客は,家具と調和したデザイン時計には金を出し惜しみない。インテリアの一部と考えるからである。そこで,イデアは,どんな機能の時計を作るかではなく,ターゲットになる店にどんな時計を置けば売れるかという製品戦略に転換したのである。つまり,時計という製品を,まったく関係性のないように見える家具製品と組み合わせることで,新しい市場を創り出したのである。

このように製品のコンテンツだけではなく,その製品が使用される背後のコ

ンテクストを多角的に捉えたり，またコンテクストの関係性を考慮することで，製品そのものに新たな意味がもたらされ，さらには，新たな製品戦略が連鎖として生み出される可能性をもっているのである。

むすび―周辺視野の拡大と企業家精神

　コンテクストを戦略に取り入れることで，コモディティ化から抜け出し持続的競争優位性を構築する可能性が大きくなることが理解できた。しかし，コンテクストを戦略的に活用するためには，前述した成功事例からもわかるように，因果関係のコンテクストを読み解く能力が要求されるであろう。

　因果関係性のコンテクストとは，モノゴトの関係の背後に存在する原因と結果の関係性のことである。因果の関係性を理解すると，モノゴトがどのようにつながっているのかを構造として理解し，原因となる要因を的確に把握することができる（内藤・杉野，2009）。そして，原因となる要因をコントロールすることによって，クリエイティブな戦略を創発することが可能になる。

　しかし，現実のビジネスは複雑である。さまざまな関係が入り組み，時間の経過とともに変化する。そのため，これが原因だと思っても，実はそれほど大きな影響力を持たない場合もあり，気づいていない他の原因によって結果が引き起こされていることも少なくない。

　また，現実のビジネスの世界では，結果に影響を与えると考えられる多様な要因を並列に列挙する思考法が取られることが多い。しかし，要因を列挙する単純な思考方法ではコンテクストの因果関係を捉えることはできない。複眼的に因果関係を捉える必要がある。つまり，単に要因を並列的に列挙するだけでは，コンテクストの因果関係を捉えることはできない。

　要因を並列的に列挙し，真の因果関係を捉えるためには，各要因間の時間的な展開や，各要因間の結びつきの強さなどを考慮することが必要である。この意味は，人びとの意図や行為・相互作用を視野に入れ，各要因間の関係を考えるということが重要である（沼上，2009）。つまり，コンテクストの因果関係を読み解き，戦略をうまく活用するには周辺視野の広さが要求されるであろう。

ここでの周辺視野の拡大という意味は，自社のコアな製品や事業にだけフォーカスするのではなく，ビジネス全体の関係性に目配せし，新しいビジネスチャンスを見つけ出す能力のことである。しかし，ビジネスの世界で張り巡らされているタンジブル，インタンジブルなコンテクストの関係性を捉えることは簡単なことではない。とくに，競争，市場環境がダイナミックに変化する業界では，コンテクストの関係性を読み解くことはかなり困難な作業になる。

　ものを見るというのは知覚と解釈の相互作用である。したがって，私たちが見るものはしばしば「見たいもの」に左右される。個人も組織も目の前のタスクに集中するあまり，環境の重要な変化を見逃すことがある。そのため，競争・市場環境が変化し，既存のビジネスモデルの競争優位性が失われてきているにもかかわらず，変革することができずに衰退していく企業が多い。

　事実，人間の目には中心視野を担う錐体細胞と周辺視野を担う桿体細胞の二つがあるが，圧倒的に桿体細胞が20対1の割合で多い。しかし，人間の目と異なり，組織の目ではこれが逆になる傾向が強い。つまり，中心視野に圧倒的に資源が与えられ，視野狭窄に陥り，周辺視野に目が向けられない傾向がある（Day, G. & P. Schoemaker　2006）。

　周辺視野を広げるには，まずは製品の背後にあるコンテクストの因果関係全体像を捉えることが重要である。というのも，ビジネスの世界の関係では，関係のないように思われているところまで，相互につながって影響を与えている場合が多いからである。前述したように，意図せずに一つの製品が他の製品と補完関係になっていたり，また，新製品開発や新規事業の創造をみても，他の新技術や新産業が同じ時期に生まれたからこそ，成功したという事例は枚挙にいとまがない。

　チェスの世界などでは，大局観という言葉が用いられているように，全体像を捉える視点を持つことが勝敗を左右するといわれている。ここで提起した周辺視野の広さと相通じるものがある。環境変化に応じてコンテクストを活かした戦略を転換するには，まさに，コンテクスト間を関係づけるメタ能力が要求される。

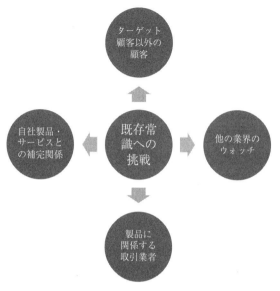

図6-3　周辺視野拡大の要因

　コンテクスト間を関係づけるメタ能力を高めるためには，微弱な市場環境の変化はもちろんのこと，一見すると関係性のないと思われる他の業界や製品との関係，ターゲット顧客以外の顧客，提供する製品やサービスとの補完関係，製品に関係する取引業者などまで幅広くウォッチする必要がある。事実，本章で提示した多様な事例が，まさにそのことを示しているといえる（図6-3）。

　また，本章で提示した事例の多くが，業界の常識となっている競争の軸に敢えて疑問の目を向けることで，コンテクストを活かした新たな戦略を生み出している。つまり，業界の常識に挑み，業界の常識を越えるという企業家精神が周辺視野の背後にあってこそ，創造性あふれるコンテクストを活かした戦略が生み出されるということであろう。

■注■
1）「世界ビッグパワーの戦略」1999年4月18日，第1集　企業革命（ゼネラル・

エレクトリック）NHK
2） ヘリコプタが空中の一時点で停止することである。離陸し，一時停止してから飛行を開始する。しかし，初心者は，この離陸からホバリングのプロセスの習得に時間を要する。
3） 特に強度に優れ，耐熱性などを強化してあるプラスチックの一群を指す分類上の名称である。

■参考文献■

Christensen, C. M. & M. E. Raynor, *The Innovator's Solution: Creating and Sustaining Successful Growth*, Boston, MA: Harvard Business School Press, 2003.（玉田俊平太監修，櫻井祐子訳『イノベーションへの解』翔泳社，2003年）
Day, George S. & Paul J. H. Schoemaker, *Peripheral Vision*, Harvard Business School Press, 2006.（三木俊哉訳『強い会社は「周辺視野」が広い』ランダムハウス講談社，2007年）
Kim, W. Chan & Renee Mauborgne, *Blue Ocean Strategy*, Harvard Business School Press, 2005.（入山章栄監訳，有賀裕子訳『新版ブルー・オーシャン戦略』ダイヤモンド社，2015年）
Markides, Constantinos C., *ALL THE RIGHT MOVES*, Boston: Harvard Business School Press, 2000.（有賀裕子訳『戦略の原理』ダイヤモンド社，2000年）
Moon, Y., *Different: Escaping the Competitive Herd*, Crown Business, 2010.（北川知子訳『ビジネスで一番，大切なこと―消費者のこころを学ぶ授業―』ダイヤモンド社，2010年）
Prahalad, C. K. & Venkat Ramaswamy, *the Future of Competition*, Harvard Business School Press, 2004.（有賀裕子訳『価値共創の未来へ』武田ランダムハウスジャパン，2004年）
Stalk, George, "Breaking Compromises, Breakaway Growth," *Strategies for Growth*, Harvard Business School Press, 2001.（DIAMONDハーバードビジネスレビュー編集部訳「妥協の排除が成長を生み出す」『成長戦略論』ダイヤモンド社，2001年）
青木幸弘「マーケティングの『いま』をみつめて―脱コモディティ化と顧客価値のデザイン」『書斎の窓』有斐閣，No. 599，2010年，48-51頁
井上孝之「成熟に勝つ1」『日経産業新聞』 2005年7月6日
小川長「コモディティ化と経営戦略」『尾道大学経済情報論集』尾道大学経済情報学部，Vol. 11, No. 1, 2011年，177-209頁
恩蔵直人『コモディティ化市場のマーケティング論理』有斐閣，2007年
陰山孔貴「脱コモディティ化にむけた鍵概念の模索」『独協経済』獨協大学経済学部，95号，2014年，113-124頁

楠木建「次元の見えない差別化」『一橋ビジネスレビュー』東洋経済新報社，Vol. 53, No. 4, 2006年, 6-24頁
楠木建「イノベーションとマーケティング：価値次元の可視性と価値創造の論理」『マーケティングジャーナル』日本マーケティング協会，Vol. 30, No. 3, 2011年, 50-66頁
杉野幹人・内藤純『コンテキスト思考』東洋経済新報社，2009年
鈴木和宏「コモディティ化と経験価値の研究動向」『繊維製品消費科学』日本繊維製品消費科学会，Vol. 53, No. 7, 2012年 a, 516-523頁
鈴木和宏「消費財市場におけるコモディティ化の一考察」『関西学院商学研究』66号，2012年 b, 159-187頁
髙井透「コンテクスト転換と新規事業創造」『OA 学会論集』日本情報経営学会，Vol. 26, No. 2, 2005年, 49-58頁
髙井透「コンテクスト志向が製品開発をブレークする」『化学経済』化学工業日報社，Vol. 55, No. 1, 2008年 a, 69-74頁
髙井透「環境要因を戦略的に活用する」『化学経済』化学工業日報社，Vol. 55, No. 3, 2008年 b, 78-83頁
髙井透・斉藤泰宏「常識を覆し，トレンドを創る」『化学経済』化学工業日報社，Vol. 57, No. 9, 2010年, 77-85頁
髙井透・原田保・山田俊之『コア事業転換のマネジメント』同文館出版，2011年6月
髙井透「第5章　第1節　事例から学ぶ異業種参入の成功要因」『新規事業テーマの選び方，探し方，そして決定の条件』2015年6月, 285-292頁　技術情報協会
高嶋克義「マーケティング戦略転換の組織的制約―脱コモディティ化戦略の実行可能性に基づいて―」『流通研究』日本商業学会，Vol. 16, No. 1, 2013年, 61-76頁
竹内弘高・楠木建『BBT ビジネス・セレクト4　イノベーションを生み出す力』ゴマブックス，2006年
延岡健太郎「意味的価値の創造―コモディティ化を回避するものづくり―」『国民経済雑誌』神戸大学，Vol. 194, No. 6, 2006年, 1-14頁
原田保・三浦俊彦・髙井透編著『コンテクストデザイン戦略』芙蓉書房，2012年

第7章 転換期のコーポレート・ガバナンス

佐久間　信　夫

はじめに

　1990年代以降，世界各国でコーポレート・ガバナンス改革が進められ，アメリカ型の取締役会内委員会やイギリス型のプリンシプル・ベースのコーポレート・ガバナンス体制が世界に普及した。各国では法律改正や証券取引所規則改正に加え機関投資家による改革圧力を背景に急速にコーポレート・ガバナンスの体制が整備された。その一方で，日本におけるコーポレート・ガバナンス改革は遅々として進まず，コーポレート・ガバナンス体制の整備は途上国を含めた諸国の中で最低水準にとどまっている。特に社外取締役の選任は，取締役会の過半数が国際標準となっている中で，全く選任していない企業の比率が半数以上という状況であった。日本監査役協会が毎年実施している『役員等の構成の変化などに関するインターネット・アンケート集計結果』によれば，上場している監査役設置会社において社外取締役を1人でも選任している企業の割合が50％を超えたのは，2011年以降のことである。

　日本においても1990年代以降，コーポレート・ガバナンス改革に関わる法律の改正は数回に渡って実施されたものの，経済界の強行な反対により，抜本的な法改正が阻止され続けてきたことは，マスコミが繰り返し報道してきたところである。このような従来の日本のコーポレート・ガバナンス改革は，法律の

改正，すなわち，ルール・ベースのコーポレート・ガバナンス改革と呼ばれるものであった。

しかし，2015年は，改正会社法の施行，スチュワードシップ・コードとコーポレートガバナンス・コードの2つのコードの適用開始など，日本のコーポレート・ガバナンスに画期的な改革を求める制度改革の年になった。これまで，社外監査役の選任義務づけや委員会設置会社の導入など，コーポレート・ガバナンス改革に向けた法改正が何度もあったものの，これによって日本のコーポレート・ガバナンス改革が大きく進んだということは決してできない[1]。

しかし，2015年のコーポレート・ガバナンス改革は，日本のこれまでのコーポレート・ガバナンス改革の延長線上に位置づけることができない画期的なものである。それは，①プリンシプル・ベース・アプローチという経営者や機関投資家に自発的な改革を促すという方法を用いている点で，また，②日本においてコーポレート・ガバナンス改革を主導してきた機関投資家の活動に強力な制度的な足がかりを与えたという点で，すなわち，従来のルール・ベースの改革にプリンシプル・ベースの視点を加えたという点で，これまでのコーポレート・ガバナンス改革とは大きく異なる環境を提供したということである。これは，従来の改革方法にパラドキシカルな改革方法を加味した新しいコーポレート・ガバナンス改革の展開と考えることができる。

現に，2015年を境に独立社外取締役の選任，株式相互所有の解消など日本企業は大きく，しかも急速にコーポレート・ガバナンスを改善しつつあるが，コーポレートガバナンス・コードと改正会社法は経営者に対して，スチュワードシップ・コードは機関投資家に対して，持続的にこの改善を促すものである。本章は，コーポレート・ガバナンス改革のパラドキシカルな展開と捉えることができる，改正会社法と2つのコードの意義を検討するとともに，これらの法制度改革が日本のコーポレート・ガバナンス改革においていかなる意味をもつものか考察する。あわせて，2015年に急速に進展した日本のコーポレート・ガバナンス改革の状況について確認することとしたい。

第1節　ルール・ベースの企業統治改革の歴史

　日本においてコーポレート・ガバナンスの改革が始まったのは，1990年代末からである。1990年代のコーポレート・ガバナンス改革として最初に掲げることができるのは，1993年の商法改正である。90年代初頭の金融・証券不祥事を受けて，監査役の機能強化と株主の権利強化を目的として商法が改正された。監査役の機能強化に関しては，監査役の任期を従来の2年から3年に延長すること，大会社に監査役会を設置すること，大会社に社外監査役を少なくとも1人選任することなどの改正が行われた。日本の株式会社においては，監査役がほとんど機能していないことが指摘されてきたが，特に社外監査役の導入は監視機能の強化にある程度の効果が期待された。しかし，導入後の日本監査役協会のアンケート調査によれば，社外監査役の多くが，その会社や経営者と利害関係をもつものであり[2]，したがって独立性が低く，監視機能の強化という目的の達成にはほど遠いものであった。

　これに対し，株主の権利強化の目的で行われた，1993年の商法改正における株主代表訴訟についての法律改正は，経営者の賠償責任を厳格化するものであり，経営者の違法行為に対するきわめて大きな牽制効果をもつものであった。会社に損害をもたらした経営者に対して，株主が損害賠償を提起する制度である株主代表訴訟の訴訟手数料は，従来は賠償請求額に応じて決められていた。巨額の賠償請求をするには株主の訴訟手数料の負担は大きなものであったため，一般株主を訴訟提起から遠ざけていた。法律の改正により，訴訟手数料が一律8,200円となったことにより，一般株主にも株主代表訴訟の提起が容易となり，次々と訴訟が提起され，経営者の行為に対する大きな牽制効果をもつことになった。

　2002年の商法改正では，日本企業のコーポレート・ガバナンスを改善するために委員会設置会社の制度が導入されたほか，監査役のさらなる機能強化も行われた。委員会設置会社は，取締役会の中に社外取締役を過半数とする監査委員会，報酬委員会，指名委員会を設置することを特徴とする，企業統治機能を

強化するための会社機関を備えた株式会社である。しかし，委員会設置会社を採用するか否かは任意とされたため，委員会設置会社に移行した企業は100社前後と，極めてわずかな会社数にとどまった。委員会設置会社は最低でも2名の社外取締役を選任しなければならないため，多くの日本企業が委員会設置会社に移行したのであれば，日本のコーポレート・ガバナンスは飛躍的に改善されることになったのであるが，現実はそのようにはならなかった。

　また，2002年の商法改正においては大会社の監査役の半数以上に社外監査役を選任することを義務づけた。大会社の監査役会は3名以上の監査役で構成されるため，最低2名の社外監査役の選任が求められることになった。しかし，93年の商法改正後の社外監査役の実情と同様，社外監査役の独立性が低い事，社外監査役の選任を事実上経営者が行っていることなどの理由により，これらの社外監査役の機能には限界があるといわざるを得ない。

　とはいえ，後述するように，機関投資家は独立性の低い社外監査役の選任議案に，株主総会で反対する姿勢を強めており，しかも株主総会での賛否の比率を公表しなければならないことになったため，経営者も次第に独立性の高い社外監査役を選任するように姿勢を変化させつつある。近年の日本のコーポレート・ガバナンス改革は，コーポレート・ガバナンス改革の法律や制度の改正を足掛かりに機関投資家が圧力を強め，経営者が次第に機関投資家の要求を受け入れるという形でコーポレート・ガバナンスがゆっくりとした速度で改善されているのが現状である。

　2005年には会社法が制定され，2006年から施行された。会社法は，定款自治の理念の下，定款に規定を設けることにより，会社機関の設計や組織運営についての自由度が大幅に高まった。たとえば，定款を変更することにより，利益処分の権限を株主総会から取締役会に移すことが可能になるなど，取締役会の権限を大きくすることもできるようになった。さらに，会社法は株式会社に内部統制システムの構築を義務づけた。

　会社法では，外国企業による日本企業の買収を容易にするといわれた「三角合併」が導入され，2007年から施行された。買収の対価として親会社の株式を

用いる「三角合併」の解禁により，外国企業による敵対的買収を恐れる日本企業は相次いで買収防衛策を導入することになり，2007年の法律の施行に先立って株主総会では買収防衛策の導入に伴う定款変更の議案が多数の企業で提出された。経済産業省と法務省は，2006年に「企業価値・株主協働の利益の確保又は向上のための買収防衛策に関する指針」を策定，また活動的な機関投資家である企業年金連合会は「企業買収防衛策に関する株主議決権行使基準」を策定するなど買収防衛に関する議論が盛んになった。しかし，実際には外国企業による日本企業への敵対的買収はこれまでほとんど例がなく，多くの日本企業経営者の懸念は杞憂に終わった。

とはいえ，村上ファンドやスティール・パートナーズ等の内外のファンド，日本の事業会社（王子製紙の北越製紙に対する敵対的買収など）による敵対的買収が見られるようになった。敵対的企業買収の脅威は，「三角合併」の解禁よりも株式相互所有の解消傾向とそれに伴う安定株主の減少による要因の方が大きいが，日本においても市場の規律がある程度効力をもつようになってきたように思われる。2007年には金融商品取引法が施行され，企業買収防衛策に関してのTOBルールについての法律の改正などが行われた。

東京証券取引所（以下東証）は，2009年12月30日に有価証券上場規程等の一部改正を行い，独立役員を1名以上確保しなければならない旨を，企業行動規範の「遵守すべき事項」として規定した[3]。この規定は多くの企業で，2010年6月の定時株主総会の翌日から，順次，適用されている。独立役員とは，一般株主と利益相反が生じる恐れのない社外取締役または社外監査役のことであり，独立役員の確保状況は「独立役員届出書」に記載し，東証に提出することが義務付けられている。届出を怠った場合には，「公表措置，上場契約違約金の徴求，改善報告書・改善状況報告書の徴求，特設注意市場銘柄への指定などの措置を講ずる[4]」ことがあるとされている。

「経営陣から著しいコントロールを受け得る者」や「経営陣に対して著しいコントロールを及ぼし得る者」は，一般株主との利益相反が生じる恐れがあるため，独立役員に選任することは不適当である。東証は独立性の判断基準を具

体的に列挙しており，以下のa～eに相当する者は原則として独立役員にはなれない[5]。

 a．当該会社の親会社または兄弟会社の業務執行者
 b．当該会社を主要な取引先とする者もしくはその業務執行者または当該会社の主要な取引先もしくはその業務執行者
 c．当該会社から役員報酬以外に多額の金銭その他の財産を得ているコンサルタント，会計専門家または法律専門家（当該財産を得ている者が法人，組合等の団体である場合は，当該団体に所属する者をいう。）
 d．最近においてaからcまでに該当していた者
 e．次の(a)から(c)までのいずれかに掲げる者（重要でない者を除く）の近親者（2親等内の親族）
  (a) aからdまでに掲げる者
  (b) 当該会社またはその子会社の業務執行者（社外監査役を独立役員として指定する場合にあっては，業務執行者でない取締役または会計参与（当該会計参与が法人である場合は，その職務を行うべき社員を含む）を含む）
  (c) 最近において前(b)に該当していた者

　東証は2010年9月10日までに提出された独立役員の確保状況を集計，分析している[6]。同白書によると調査時点において独立役員が確保されている上場企業は2,146社（93.5％）であり，社外取締役のみを届け出ている企業は214社（上場会社の10.0％），社外監査役のみを届け出ている企業は1,514社（同70.5％），社外取締役及び社外監査役ともに1名以上届け出ている企業は418社（同19.5％）であった。また，独立役員のうち社外取締役は1,026名（24.5％），社外監査役は3,165名（75.5％）であった。

　独立役員の属性は，1社当たり平均1.83人のうち，他の会社出身が0.95人（52.2％），弁護士0.38人（20.8％），公認会計士0.21人（11.8％），税理士0.10人（5.3％），学者0.10人（5.2％），その他0.09人（4.7％）であった[7]。

　また，全社外役員（社外取締役及び社外監査役）の属性は，1社当たり平均3.38人のうち，他の会社出身が2.15人（63.6％），弁護士0.53人（15.8％），公認会

計士0.28人（8.4％），税理士0.15人（4.6％），学者0.11人（3.4％），その他0.14人（4.2％）であった。

　東証は「上場管理などに関するガイドライン」において，独立役員として届出を行おうとする者が，一般株主と利益相反の可能性がある場合には，企業に対して事前相談をするよう求めている。しかし，この調査においては，これに該当する独立役員は皆無であった[8]。

　役員報酬開示制度は，「企業内容等の開示に関する内閣府令等の一部を改正する内閣府令」（2010年3月31日施行）によって本格的に導入された。

　この内閣府令は，「企業内容等の開示に関する内閣府令」として1973年に大蔵省によって発令されたものの一部を改正するものであり，現在は金融庁によって所管されている。役員の受け取る報酬が適切なものであるかどうかは，コーポレート・ガバナンスの観点から重要な問題であるが，従来は役員の受け取る報酬総額が公表されるだけで，役員の個別報酬額や，報酬額の決定プロセス，報酬額の評価基準などは公表されてこなかった。この改正によって企業業績への貢献度を基準に適切な役員報酬が支払われているか否かを判断するための情報が得られることになり，日本のコーポレート・ガバナンス改革が一歩前進することになる。とはいえ，報酬額開示の対象が1億円以上の報酬を得た役員に限定されていることや報酬額算定方法の開示が義務づけられていないことなど，なお，改善の余地を残すものとなっている。

　上記の改正内閣府令は，株主総会における議決権行使結果の開示も企業に義務づけた。議決権行使結果を記載した臨時報告書は，株主総会後遅滞なく，内閣総理大臣に提出しなければならない。金融庁は開示府令を改正し，改正開示府令は2010年3月31日に公布，同日に施行された。議決権行使結果の開示は，イギリスやアメリカにおいても，法令によって上場企業に義務づけられている。議案が単に可決されたのか否決されたのかだけでなく，賛否の票数が公表されることによって，株主の意思をより詳細に把握できるほか，企業にとっても説明責任を果たすうえで意味がある。経営者は反対比率の高い経営政策について修正をしていくべきであり，そうすることによって経営者はより適切に，株主

の意思を経営政策に反映させていくことができる。

　議決権行使結果の開示は，2010年から行われたが，みずほ信託銀行株式戦略企画部はこの開示情報の集計・分析を行っているので，この資料に従って1回目（2010年）と2回目（2011年）の議決権行使の状況についてみていくことにする[9]。

　まず，会社提案議案における平均賛成率の低い議案は，①買収防衛策導入・継続議案（81.38％），②役員退職慰労金贈呈議案（89.29％），③監査役選任＋補欠監査役選任議案（92.63％）の順であった。一方，賛成率の最大値が100％であったものは，計算書類承認議案，剰余金処分議案，定款変更議案，取締役選任議案，監査役選任議案，補欠監査役選任議案，会計監査人選任議案の7つであった。

　最小値は，否決された監査役選任議案（49.05％）で，賛成比率が50％台だった議案は役員退職慰労金贈呈議案，取締役選任議案，買収防衛策導入・継続議案であった。一方，株主提案議案で賛成率の高かった議案は，取締役と執行役の個別報酬開示にかかる定款変更議案（HOYA，賛成率48.47％），株主提案の文字数制限を緩和する定款変更議案（みずほフィナンシャルグループ，賛成率38％）であった。

　みずほ信託銀行は会社側提出議案のうち賛成比率が低かった議案について興味深い分析を行っている。まず，買収防衛策導入・継続議案についてであるが，賛成率80％超の企業は2010年よりも2011年の方が多くなっている。これは経営者が株主に対して事前説明を積極的に行ったためであると推測される。また，賛成率の低い会社は外国人所有比率が高い企業において顕著である。さらに，賛成率の高い会社では，株式相互所有の持合い相手の企業の株式所有比率が高くなっている。また，買収防衛策導入・継続議案について，企業業績との関係で賛否を決めているのではないことも分かった。すなわち，賛成率の低い企業の方が高い企業と比べて企業業績が良好で，配当性向やROEも高いことが判明した。

　次に，役員退職慰労金贈呈議案についても同様の分析を行っている。賛成比

率の低い企業は外国人株式所有比率の高い企業であった。また，持合い株主の所有比率が高い企業では賛成比率が高かった。ストック・オプションの付与に関する議案については，外国人株主の所有比率が高い企業では賛成比率が低い傾向が見られた。一般に，機関投資家は，権利付与対象者が広い（監査役，取引先など）場合や，希薄化（発行済み株式総数の5％超が判断基準となる）の恐れがある場合に反対行使をすることが多い[10]。

取締役選任議案に関しては，12,123議案（全体の88％に相当）において賛成比率が90％を超えた。賛成比率が低かった企業においては，社外取締役の独立性や取締役会への出席率が問題とされたと考えられる。監査役選任議案については否決された事例が1件あった。機関投資家は社外監査役の独立性を厳しく監視している。監査役選任議案についての賛成比率が低かった企業では，社外監査役の候補者の出身が，親会社または取引先，および弁護士・税理士であった。顧問弁護士と同じ事務所に所属している弁護士は独立性が疑問視されている。前回調査においては，当該企業の会計監査人をしている監査法人に過去に在籍した人物が多かったが，今回の調査ではそのような人物は見当たらず，企業が改善に努めたと考えられる。

第2節　会社法改正

2014年に会社法が改正され，2015年5月に施行された。法改正のメイン・テーマは「企業統治の在り方」と「親会社に関する法律」であり，これらについての規制強化を意図している[11]。改正会社法におけるより具体的かつ重要な改正項目として，「監査等委員会設置会社の導入」，「会計監査人選解任等議案の内容決定権の付与」，「社外取締役選任に関する規律」，「社外要件の変更」のほか，「多重代表訴訟の導入」，「企業集団を含めた内部統制システムの整備に関する事項の例示の拡大」などを挙げることができる。本章では，上記6項目のうち4項目について取り上げて検討することにしたい。

改正会社法では監査等委員会設置会社の制度が導入されたが，これによって大規模な公開株式会社は従来の監査役設置会社，委員会設置会社，監査等委員

会設置会社の3つのタイプからひとつを選択することになった。なお，改正会社法では，従来の委員会設置会社を指名委員会等設置会社に名称変更することも定められた。

　監査等委員会設置会社は，取締役会の中に指名・報酬・監査の3つの委員会を設置する指名委員会等設置会社から指名委員会と報酬委員会の2つの委員会を除去し，監査委員会を残した形になるが，その他にもいくつかの相違がある。指名委員会等設置会社の3委員会が取締役会の中に設置されるのに対し，監査等委員会は取締役会の外に設置される。監査等委員会は3名以上の取締役で構成され，その過半数が社外取締役でなければならない。この点は，指名委員会等設置会社における3委員会と同様である。

　しかし，監査等委員である取締役は他の取締役と区別され，株主総会で選任され，その任期が2年であること，また，監査等委員である取締役は，その報酬の決定方法や解任について株主総会での特別決議が必要であることなど，指名委員会等設置会社における各委員会を構成する取締役と相違がある。また，監査等委員会は指名委員会等設置会社における指名委員会と報酬委員会の機能の一部を遂行する権限をももっている。すなわち，監査等委員会は取締役の選・解任，辞任に関して意見を述べることができ，取締役の報酬について意見を述べることができる。

　指名委員会等設置会社では業務執行を担当するのは代表執行役をはじめとする執行役であるが，監査等委員会設置会社では，監査役設置会社と同様に代表取締役が置かれ，取締役が業務執行を担当する。このような視点から見ると，監査等委員会設置会社は監査役設置会社と指名委員会等設置会社との中間に位置づけることができる。

　監査等委員会設置会社では，取締役会から取締役への大幅な権限委譲が認められている。すなわち，監査等委員会設置会社においては，取締役の過半数が社外取締役である場合，あるいは定款に定めることによって，取締役会が取締役に業務執行の決定の委任を行うことができる[12]。また，取締役に重要な業務執行の決定を委任する際には，委任できる決定の範囲を定款で限定することが

できる。

　監査等委員会の職務は①取締役の職務の執行の監査，②株主総会に提出する会計監査人の選任等に関する議案の内容の決定，③取締役（監査等委員である取締役を除く）の人事（選任等および報酬等）についての意見の決定[13]などである。監査役設置会社における監査役の監査の範囲は適法性監査であるが，監査等委員は取締役でもあるため，その監査の範囲は適法性監査のほか，妥当性監査も含むものである。

　第2に，上記に挙げた6項目のうち第2の項目「会計監査人選解任等議案の内容決定権の付与」について見ていくことにする。かつて，会計監査人に誰を選ぶかの決定は，監査を受ける立場である代表取締役などの取締役によって行われていた。この方法については会計監査人の独立性の側面から問題があるとの指摘がなされていた。改正会社法ではこの点についてそれぞれ以下のように会計監査人の独立性を確保するための規定が設けられた[14]。すなわち，監査役設置会社においては，監査役（会）が株主総会に提出する会計監査人の選任および解任等の議案の内容についての決定権を有する。また，指名委員会等設置会社においては監査委員会が，監査等委員会設置会社においては監査等委員会が会計監査人の選任・解任等についての議案の内容を決定することが明記された。

　第3に，上記のうち第3の項目「社外取締役選任に関する規律」であるが，改正会社法は，大規模な公開会社に対して社外取締役を少なくとも1名選任することを促している。より厳密に表現するならば，監査役設置会社（公開かつ大会社）であってその発行する株式について有価証券報告書の提出義務を負う会社が社外取締役を置いていない場合には，「社外取締役をおくことが相当でない理由」の開示を義務づけたのである[15]。

　また，後述するように，2015年6月から東京証券取引所で適用が開始されたコーポレートガバナンス・コードでは，最低2名の社外取締役の選任を促している。そのため，これまで上場していた監査役設置会社においては，従来の2名以上の社外監査役に加えて2名以上（改正会社法では1名以上だが東証の規則

では 2 名以上）の社外取締役の選任が必要になり，合計で 4 名の社外役員の選任が求められることになった。従来の監査役設置会社が監査等委員会設置会社に移行したならば，社外取締役である監査等委員を 2 名選任すれば，コーポレートガバナンス・コードの条件を満たすことができる。監査等委員会設置会社では取締役会から取締役への大幅な権限委譲が認められ，社外役員選任の負担も軽くなることから，2015年には監査役設置会社から監査等委員会設置会社に移行する企業が続出した。その際に，従来の社外監査役が監査等委員に横滑りする例も多く見られた。監査等委員会設置会社では，代表取締役をはじめとする取締役への権限委譲が促進される一方で，従来の社外役員を通した監視が弱められることによるコーポレート・ガバナンス機能の低下が懸念されるところである。とくに監査役設置会社における社外監査役が社外取締役に横滑りして監査等委員会設置会社に移行したようなケースにおいては，これらの社外取締役に妥当性監査の責任を果たすことが出来るか等について別途検証する必要がある。

　最後に，改正会社法では社外取締役の「社外要件の変更」も行われた。従来の社外取締役の要件は「現在・過去に会社や子会社の業務執行取締役や従業員でない」ことであった。改正会社法では，この条件に①親会社の取締役，②兄弟会社の業務執行取締役，③会社の取締役・重要な従業員・支配株主の配偶者または 2 親等以内の親族，のいずれでもないという条件が加えられ，社外要件はより厳しくなった。

　一方で，「会社や子会社の業務執行取締役や従業員でない」という要件は社外取締役就任の10年前までに限られることになり，従来の規定よりも緩められることになった。

第 3 節　日本版スチュワードシップ・コードの適用

　金融庁は2014年 2 月に日本版スチュワードシップ・コードを作成し，2015年から適用を開始した。スチュワードシップ・コードは機関投資家が取るべき行動原則のことで，2010年にイギリスで導入され，これをモデルとして日本版ス

チュワードシップ・コードが作成された。日本版スチュワードシップ・コードには，以下に示す機関投資家の7つの責務が明記されている[16]。

① 機関投資家は，スチュワードシップ責任を果たすための明確な方針を策定し，これを公表すべきである。
② 機関投資家は，スチュワードシップ責任を果たす上で管理すべき利益相反について，明確な方針を策定し，これを公表すべきである。
③ 機関投資家は，投資先企業の持続的成長に向けてスチュワードシップ責任を適切に果たすため，当該企業の状況を的確に把握すべきである。
④ 機関投資家は，投資先企業との建設的な「目的を持った対話」を通じて，投資先企業と認識の共有を図るとともに，問題の改善に努めるべきである。
⑤ 機関投資家は，議決権の行使と行使結果の公表について明確な方針を持つとともに，議決権行使の方針については，単に形式的な判断基準にとどまるのではなく，投資先企業の持続的成長に資するものとなるよう工夫すべきである。
⑥ 機関投資家は，議決権の行使も含め，スチュワードシップ責任をどのように果たしているのかについて，原則として，顧客・受益者に対して定期的に報告を行うべきである。
⑦ 機関投資家は，投資先企業の持続的成長に資するよう，投資先企業やその事業環境等に関する深い理解に基づき，当該企業との対話やスチュワードシップ活動に伴う判断を適切に行うための実力を備えるべきである。

イギリス版スチュワードシップ・コードには「機関投資家は，適切な場合には，他の投資家と協調すべきである」とする「原則5」が掲げられているが，日本版にはこの項目は見られない。一方で日本版には，イギリス版にはない「スチュワードシップ活動に伴う判断を適切に行うための実力を備えるべきである」という項目が追加されている[17]。

　これまで日本の機関投資家は企業の株式に投資するだけで，株主総会で発言することもない，「モノ言わぬ株主」として存在するだけであった。日本版スチュワードシップ・コードは，機関投資家が誰に対して責任を負い，その責任

表7-1 日本版スチュワードシップ・コードとスチュワードシップ・コード（英国）

	日本版スチュワードシップ・コード		スチュワードシップ・コード（英国）	
原則1	機関投資家はスチュワードシップ責任を果たすための明確な方針を作成し，公表すべきである。	原則1	基本，同意	
原則2	機関投資家はスチュワードシップ責任を果たす上で管理すべき利益相反について，明確な方針を策定し，公表すべきである。	原則2	基本，同意	
原則3	機関投資家は投資先企業の持続的成長に向けてスチュワードシップ責任を適切に果たすため，当該企業の状況を的確に把握すべきである。	原則3	基本，同意	
原則4	機関投資家は，投資先企業との建設的な「目的を持った対話」を通じて，投資先企業と認識の共有を図るとともに，問題の改善に努めるべきである。	原則4	基本，同意	
		原則5	機関投資家は，適切な場合には，他の投資家と協調して行動すべきである。	
原則5	機関投資家は，議決権の行使と行使結果の公表について明確な方針を持つとともに，議決権行使の方針については，単に形式的な判断基準にとどまるのではなく，投資先企業の持続的成長に資するものとなるよう工夫すべきである。	原則6	原則5と，基本同意	
原則6	機関投資家は，議決権の行使も含め，スチュワードシップ責任をどのように果たしているのかについて，原則として，顧客・受益者に対して定期的に報告を行うべきである。	原則7	原則6と，基本同意	
原則7	機関投資家は，投資先企業の持続的成長に資するよう，投資先企業やその事業環境等に関する深い理解に基づき，当該企業との対話やスチュワードシップ活動に伴う判断を適切に行うための実力を備えるべきである。			

出所：井口譲二「日本版スチュワードシップ・コードと伊藤レポート」北川哲雄編『スチュワードシップとコーポレート・ガバナンス』東洋経済新報社，2015年，87頁

を遂行するためにどのように行動すべきであるのかを明確に示したということができる。すなわち，機関投資家は資金の出し手の利益のために行動し，そのために投資先企業の経営者との対話を通して，長期的企業価値の向上に向けて努力することが求められることになった。機関投資家は，自らの資金の出し手に対して第一義的な責任を負い，その責任を果たすために企業経営者に対して積極的に働きかけなければならないのである。これまでのような「モノ言わぬ株主」であっては，資金の出し手に対する責任を果たしていないばかりでなく，投資先企業の持続的成長にも貢献していないことになる。

第 4 節　コーポレートガバナンス・コードの適用

　2015年 3 月 5 日に作成され，2015年 6 月 1 日から運用が開始されることになったコーポレートガバナンス・コード原案は，東京証券取引所（東証）の有価証券上場規程の別添として設けられ，東証の全上場会社に適用される。東証以外の各証券取引所においても，この原案に準じたコードが策定され，適用されることになる。コーポレートガバナンス・コード原案では，このコードにおけるコーポレート・ガバナンスを「会社が，株主を始め，顧客・従業員・地域社会等の立場を踏まえた上で，透明・公正かつ迅速・果断な意思決定を行うための仕組み」と定義している[18]。

　本コードによれば，本コードは我が国の成長戦略の一環として策定されたものであり，健全な企業家精神の発揮を促し，会社の持続的な成長と中長期的な企業価値の向上を図ることを目的とするものである。このコードは会社におけるリスク回避・抑制や不祥事の防止といった，いわばブレーキの意味ではなく，会社の長期的な成長や企業価値の向上といったアクセルの意味をもたせようとすることを目的としている。

　日本版コーポレートガバナンス・コードはいわゆるプリンシプル・ベース・アプローチと呼ばれるガバナンス・コードで，今日グローバル・スタンダードとなっている OECD コーポレート・ガバナンス原則を参考に作られたものである。プリンシプル・ベース・アプローチ（原則主義）は，法令で厳格に規定するのではなく，「一見，抽象的で大掴みな原則（プリンシプル）について，関係者がその趣旨・精神を確認し，互いに共有した上で，各自，自らの活動が，形式的な文言・記載ではなく，その趣旨・精神に照らして真に適切か否かを判断することにある[19]」。アメリカにおけるコーポレート・ガバナンスのアプローチは，ルール・ベース・アプローチと呼ばれるもので，SOX 法（Sarbanes-Oxley Act，企業改革法）や SEC 規則などで厳格な規定が設けられ，これに違反した場合には厳しい罰則も設けられている。これに対してプリンシプル・ベース・アプローチでは遵守すべき規範が設けられてはいるものの，遵守しなか

ったとしても罰則があるわけではない。その代わりに遵守しない理由について説明しなければならない。これは「遵守せよ、さもなくば説明せよ (comply or explain)」型のコーポレート・ガバナンスと呼ばれ、その説明に対する評価は市場に委ねられている。

証券取引所などの自主規制機関を中心としたコーポレート・ガバナンスの規律はソフトローと呼ばれるのに対し、法律による厳格な規律はハードローと呼ばれている。プリンシプル・ベースかつコンプライ・オア・エクスプレイン型のコーポレートガバナンス・コードは、イギリスのキャドバリー報告書のロンドン証券取引所の上場基準への採用から始まったが、その後ヨーロッパ諸国で広く採用され、さらに世界各国に浸透している（表7-2参照）。

2001年にコーポレート・ガバナンスの機能不全によって突然経営破綻したアメリカのエンロン社は、破綻に至る直前まで、世界で最も優れたコーポレート・ガバナンス体制をもつ企業と評価されていた。同社の取締役会はCEO以外は全て社外取締役によって占められるなど、コーポレート・ガバナンスの形式的な整備は万全であるかのように見えた。しかし、エンロンの破綻はコーポレート・ガバナンスの外見上の体制がいかに万全に整備されていたとしても、それ

表7-2 各国のコーポレートガバナンス・コード

		日本	英国	ドイツ	フランス	米国
プリンシプル・ベースかつ"Comply or Explain"型のコーポレートガバナンス・コード		(○)	○	○	○	ルールベースのCG規範で対応 (SOX法, SEC規制, 取引所規則)
	"Comply or Explain"を担保する規律	(取引所規則)	取引所規則	株式法 (会社法)	商法	
参考	スチュワードシップ・コード	○	○	—	—	—
上記のほか、例えば右記の国々において、プリンシプル・ベースかつ"Comply or Explain"型のコーポレートガバナンス・コードが導入			イタリア、スペイン、オランダ、ベルギー、スウェーデン、デンマーク、フィンランド、オーストラリア、ニュージーランド、シンガポール、香港、タイ、マレーシア 等				

出所：油布志行「コーポレートガバナンス・コードについて」『監査役』2015年5月25日号、5頁

が実際に機能していなければ，ほとんど意味のないものであることを如実に示すものであったということができる。

　プリンシプル・ベースによるコーポレート・ガバナンスの改善は，ハードローによって経営者に形式的なコーポレート・ガバナンスの整備を強制するのではなく，経営者が自発的に自社のコーポレート・ガバナンス体制を整備するよう誘導しようとするものである。そして，経営者によるコーポレート・ガバナンス改革が自己満足に終わるのではなく，経営者による説明（explain）が市場やステークホルダーの評価を通じて経営者にフィードバックされることによって持続的に経営者にコーポレート・ガバナンス改善を促すという点が重要である。このような仕組みを取り入れることによって，経営者が常に自発的にコーポレート・ガバナンスの実践に取り組むことになり，コーポレート・ガバナンスの形骸化を抑止する可能性が高まるということができる。

　エンロン事件の教訓を経て2002年にアメリカは厳格なSOX法を制定した。この法律は違法行為を行った経営者に対する厳しい罰則を含む法律であった。しかし，それにもかかわらず，2008年にはリーマン・ブラザーズをはじめとする多くの金融機関の不祥事が発生し，世界を長期不況に陥れた。ここでもまた，ハードローによる外からの規制には限界があることが示されたのである。ここに，ソフトローによって経営者を自発的なコーポレート・ガバナンスの実践に導こうとするプリンシプル・ベース・アプローチに期待が集まるゆえんがある。日本のコーポレートガバナンス・コードは，企業不祥事の防止という，「後向き」の性格ではなく，安倍政権による「日本再興戦略」の一環として策定された「前向き」の性格をもつものであり，この点が強調される嫌いがあるが，イギリスに端を発し，今や世界的なコーポレート・ガバナンス改革の潮流に沿ったアプローチであるということができる。

　コーポレートガバナンス・コードは，基本原則，原則，補充原則の3種類で構成されており，合計73本の原則が掲げられている。基本原則は，①株主の権利，②ステークホルダーとの協働，③情報開示，④取締役会等の責務，⑤株主との対話という5つの抽象的な基本原則から構成されており，これらをより具

体化したものが30の原則，そしてそれをさらに具体化したものが38の補充原則である[20]。東証の全ての上場企業にはこれら73の原則が適用されるが，マザーズおよびJASDAQ上場企業については，コンプライ・オア・エクスプレインの対象は5つの基本原則のみに限定されている[21]。

そのうち主要なものを取り上げるならば，まず第1に政策保有株式についての原則（原則1－4），すなわちいわゆる株式相互所有についての原則である。原則は，会社は政策保有に関する方針を開示し，政策保有について「中長期的な経済合理性や将来の見通しを検証し，これを反映した保有のねらい・合理性について具体的な説明を行うべきである」と述べている。従来，日本のコーポレート・ガバナンスにおいて大きな問題の一つとして挙げられてきた株式相互所有について，解消すべきであるとは述べていないが，保有の狙いや合理性について説明を求めている。これを受けて，日本企業では2015年には，従来以上に株式相互持合いの解消への動きが進んでいる。

第2は，独立社外取締役についての原則（原則4－8）である。原則は独立社外取締役を2人以上置くべきであると述べているが，独立社外取締役のみを構成員とする会合（補充原則4－8①）や筆頭独立社外取締役の決定（補充原則4－8②）などを推奨している。

第3は監査役設置会社における外部会計監査人選任等に関する原則（原則3－2）である。ここではまず，外部会計監査人は（経営者ではなく）株主・投資家に責務を負っていることが明示されている。改正会社法では外部監査人の選・解任の内容については監査役会が決定することが規定されたが，本コードは監査役会は外部監査人を選・解任する場合の評価基準を策定すべきであり，また外部監査人が独立性と専門性を有しているか確認すべきであると述べている。

むすび

2015年は日本の「コーポレート・ガバナンス元年」と称されるように，2015年を前後して日本のコーポレート・ガバナンスが急速に改善してきている。

1990年代から始まった日本のコーポレート・ガバナンス改革は，法律改正を中心とするいわゆるルール・ベース・アプローチであり，改革に抵抗する経済界のロビー活動もあり，これまで大きな進展が見られなかった。しかし，改正会社法の成立や日本版スチュワードシップ・コードの策定が行われた2014年頃から日本企業のコーポレート・ガバナンス改善への積極的な取り組みが見られるようになった。2015年には改正会社法の施行，日本版スチュワードシップ・コードとコーポレートガバナンス・コードの適用開始などにより，企業のコーポレート・ガバナンス改善への取り組みは本格化し，かなりの大きな成果が見られるようになった。コーポレートガバナンス・コードは企業と経営者に，スチュワードシップ・コードは機関投資家に持続的なコーポレート・ガバナンスの

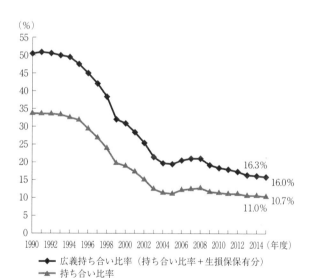

(注) 1. 持ち合い比率は，上場保険会社を除く上場企業が保有する他の上場企業株式（時価ベース）の，市場全体の時価総額に対する比率（ただし，子会社，関連会社株式を除く）
　　 2. 広義持ち合い比率は持ち合い比率に保険会社の保有比率を加えたもの
　　 3. 2015年度は野村予想

図7-1　「株式持ち合い比率」の推移

出所：野村證券『野村週報』2015年7月13日号，2頁

第7章　転換期のコーポレート・ガバナンス　　*145*

改善を求めていることから，2つのコードは車の両輪に例えられ，この改善の動向が将来に渡って継続することが予想される。

まず株式相互持合いの解消の動きであるが，1988年度に持ち合い株式は上場企業の時価総額の51％に達していたが，近年の持ち合い解消の結果，14年度末には16％にまで低下した（図7-1）[22]。特に2014年度は主要企業の6割が持ち合い株式を減らした[23]が，コーポレートガバナンス・コードの原則に従いさらに多くの企業が保有方針のルールを設けて持ち合い解消への動きを見せている。なかでも，従来持ち合いの中核に位置づけられていた3大メガバンクは数値目標を作って持ち合い株式の削減を行う方針を明らかにしている。

社外取締役を選任している監査役設置会社の割合は2010年で上場企業の49.5％（非上場企業70.4％），2011年に51％（同69.7％），2012年に54.1％（同72.6％），2013年に57.7％（同72.0％），2014年に71.9％（同74.1％），2015年に92.2％（同60.5％）と徐々に増加しているが，特に2014年と2015年に急速に増加している[24]。非上場企業では2014年に比べ2015年には急速に減少（13.6ポイント低下）しているが，これは会社法改正により，親会社派遣の取締役が社外取締役に該当しなくなったためであると考えられる[25]。上場企業の社外取締役の平均選任数も

表7-3　日本企業の社外取締役の導入状況の推移

調査年		2008	2009	2010	2011	2012	2013	2014	2015
有効回答数（社）		3,177	3,367	3,677	3,607	3,343	3,086	3,123	3,370
回答率（％）		53.0	57.1	63.2	62.6	58.0	54.1	53.9	57.9
社外取締役を有する企業の比率（％）	全体	55.8	58.6	59.2	59.7	62.6	64.3	72.9	77.6
	上場企業	46.3	48.4	49.5	51.0	54.1	57.7	71.9	92.2
	非上場企業	67.7	71.0	70.4	69.7	72.6	72.0	74.1	60.5
	大会社	56.3	58.7	58.7	59.7	62.7	64.3	74.5	82.0
社外取締役平均人数（人）※	全体	2.30	2.37	2.31	1.37	1.47	1.49	1.57	1.60
	上場企業	1.83	1.81	1.74	0.91	0.97	1.01	1.22	1.62
	非上場企業	2.70	2.83	2.78	1.91	2.06	2.04	1.99	1.57
	大会社	2.33	2.37	2.28	1.37	1.37	1.48	1.58	1.67

※2010年以前の社外取締役平均人数の欄は，社外取締役設置会社のみの集計。
出所：日本監査役協会『役員等の構成の変化などに関するインターネット・アンケート集計結果』（監査役（会）設置会社版）（各年版）を基に筆者作成

2012年の0.97人（大会社では1.37人）から2015年の1.62人（大会社は1.67人）にまで増加した。上場企業で社外取締役を選任する企業の比率が2014年から2015年にかけて急速に上昇したのは明らかに，コーポレートガバナンス・コードの適用開始を受けた動きと考えられる。コーポレートガバナンス・コードの適用が日本企業のコーポレート・ガバナンスの改善に大きく寄与していることが分かる。

　一方，機関投資家も2つのコードに呼応してその活動を活発化している。すなわち，株主総会における取締役選任議案について，独立性の低い社外取締役に対しては賛成比率が軒並み低下している。機関投資家のこのような議決権行使行動は，代表取締役社長の取締役選任議案にも及んでいる。ROEが低迷している企業の社長についての取締役選任議案は賛成比率が低下しており，社外取締役を導入している企業や株主還元を強化している企業の社長についての取締役選任議案への賛成比率は上昇している[26]。これはROEや社外取締役の選任を重視する機関投資家の意思を明確に反映するものであり，特に株式所有比率で31.7％（2014年度）に達するようになった外国人機関投資家の議決権行使の姿勢を端的に示すものということができる。

　1990年代以降，日本のコーポレート・ガバナンス改革は法律の改正によるルール・ベースを中心に行われてきた。しかし，こうした方法が大きな効果をもたらさなかったことは周知の通りである。これに対して2015年に始まったコーポレート・ガバナンス改革はプリンシプル・ベース・アプローチかつコンプライ・オア・エクスプレインを特徴とするものである。改正会社法も独立取締役の選任を一律に義務づけるのではなく，その選任を促し，コンプライ・オア・エクスプレインの方法を取っている点でプリンシプル・ベースに位置づけられるものである。

　法律で外から強制するルール・ベースのコーポレート・ガバナンス改革は，これまで効果が大きいと考えられてきたが，エンロン事件やリーマン事件が示すように，実効性をもたないことも多いことが明白になった。これに対し，ルール・ベース・アプローチに対してパラドキシカルな方法であるプリンシプル・

ベース・アプローチによるコーポレート・ガバナンス改革は原則の遵守率が高いことが海外の事例において知られている。2015年の日本のコーポレート・ガバナンス改革は従来のルール・ベースの改革にパラドキシカルなアプローチを加味した改革方法であり，早くも改革の成果が現れ始めている。

■注■
1） 佐久間信夫「外部監視とコーポレート・ガバナンス」佐久間信夫・出見世信之編著『アジアのコーポレート・ガバナンス改革』白桃書房，2014年，3-6頁
2） 伊藤智文「商法改正2632社の社外監査役の実態」『週刊東洋経済 企業系列総覧95』東洋経済新報社，1994年，16-23頁
3） 東京証券取引所『東証上場会社　コーポレート・ガバナンス白書2011』2011年3月，37頁
4） 東京証券取引所「独立役員の確保に係る実務上の留意事項について（2012年10月版）」東京証券取引所ホームページ，1頁，http://www.tse.or.jp/listing/yakuin/b7gje6000000jc8k-att/dokuritsu.pdf（以下，「留意事項」という）
5） 「留意事項」3頁
6） 東京証券取引所，前掲白書，37-43頁
7） 同白書，41頁
8） 同白書，42頁
9） みずほ信託銀行株式戦略企画部編『臨時報告書における議決権行使結果開示の傾向〔平成22年・23年の事例分析〕』商事法務，2011年
10） 同上資料，160頁
11） 石山卓磨『会社法改正後のコーポレート・ガバナンス』中央経済社，2014年，2頁
12） 松元暢子「監査等に関する規律の見直し」『商事法務』No.2062，2015年3月15日号，18頁
13） 松元暢子，前掲稿，20頁
14） 松元暢子，前掲稿，23頁
15） 田中亘「取締役会の監督機能の強化」『商事法務』2015年3月15日号，4頁
16） 金融庁『「責任ある機関投資家」の諸原則《日本版スチュワードシップ・コード》』2014年，6頁
17） 井口譲二「日本版スチュワードシップ・コードと伊藤レポート」北川哲雄編『スチュワードシップとコーポレートガバナンス』東洋経済新報社，2015年，86頁
18） 東京証券取引所（コーポレートガバナンス・コードの策定に関する有識者会

議)「コーポレートガバナンス・コード原案」2015年3月5日,1頁
19) 東京証券取引所,同上,3-4頁
20) 中村直人・倉橋雄作『コーポレートガバナンス・コードの読み方・考え方』商事法務,2015年,4頁
21) 中村直人・倉橋雄作,前掲書,6頁
22) 野村證券『野村週報』2015年7月13日号,http://www.nomura.co.jp/hometrade_c/nomura_reports/pdf/syuho_20150713.pdf,2016年1月1日アクセス,2頁
23) 『日本経済新聞』2015年7月16日
24) 日本監査役協会『役員等の構成の変化などに関するインターネット・アンケート集計結果(監査役設置会社版)』2011年～2015年各年版による
25) 日本監査役協会『役員等の構成の変化などに関する第16回インターネット・アンケート集計結果(監査役設置会社版)』平成27年12月15日,17頁
26) 『朝日新聞』2015年7月17日

第8章　リスク管理体制の整備と取締役の責任
― 役員・従業員の不正行為を中心に ―

根　田　正　樹

はじめに ― 絶えない企業不祥事 ―

　東京商工リサーチの「2015年度　不適切な会計・経理を開示した上場企業」調査によると，2015年4月から2016年3月までに「不適切な会計・経理」を開示した上場企業は58社（58件）で，2004年4月の調査開始から最多を記録したとしている[1]。この内訳を見ると，「利益水増し」や「損失隠し」など業績や営業ノルマ達成を目的とした事実上の『粉飾』が22社（構成比37.9%）で最多だったとしている。また，エフシージー総合研究所（フジサンケイ危機管理研究室）の公表データ[2]によると，2016年1月から3月までの，僅か3ヵ月の間に新聞等で報道された企業に関わる事件や不祥事は95件に達している。その内容も，自動車燃費データの改ざん，従業員の犯罪，バス会社の安全対策の懈怠，談合，手抜き工事など多様な事件や不祥事が見られ，その多くは企業の役員や従業員の行為に起因する。

　企業にとってのリスクについてはさまざまな理解がなされているが[3]，経済産業省のリスク管理・内部統制に関する研究会「リスク新時代の内部統制―リスクマネジメントと一体となって機能する内部統制の指針―」（2003年6月，以下，指針とする）は，「企業が将来生み出す収益に対して影響を与えると考えられる事象発生の不確実性」として，むしろ，企業価値の源泉という見方で積極

的に捉えている。同指針は，企業リスクを，事業機会に関連するリスク（経営上の戦略的意思決定に係るリスク）と，事業活動の遂行に関連するリスク（適正かつ効率的な業務の遂行に係るリスク）とに分け，前者の性質を有する例として，新事業分野への進出に係るリスク，商品開発戦略に係るリスク，資金調達戦略に係るリスク，設備投資に係るリスクをあげる。また，後者の性質を有する例としてコンプライアンスに関するリスク，財務報告に関するリスク，商品の品質に関するリスク，情報システムに関するリスク，事務手続きに関するリスク，モノ，環境等に関するハザードリスクをあげる[4]。換言すると，事業機会に関連するリスクは，企業価値を増加させるためのリスクテイクであり，有用性の高いリスクアセスメント手法の導入・確立のための体制整備が課題となる。これに対し，事業活動の遂行に関連するリスクは企業価値を減少・毀損するものであり，ときに倒産に至る場合もある[5]。そうした事態を回避するためのリスク管理が重要とされる[6][7]。

　本稿では，会社が直面するさまざまなリスクのうち，役員や従業員の不正行為によるリスクに焦点を合わせ，判例を中心にその管理体制の整備と取締役の責任について検討することとする。

第1節　リスク管理と会社法規制

　企業価値の減少や毀損を防止し，企業価値の向上を図るためには，リスク管理[8]を含め適正なガバナンスの確保が不可欠であり，業務執行にあたる取締役が他の取締役・使用人等に対する監視・監督義務を尽くすべきことを前提として，そのための「会社の業務の適正を確保するための体制」の整備が図られることが重要となる。

1．旧商法とリスク管理体制の整備

　旧商法下においても，個々の取締役は，原則として，取締役会を招集する権限を有し，また会社の業務を執行すべき代表取締役及び支配人の選任及び解任は取締役会の決するところによるものとされていることなどから，取締役会の

審議ないし決議を通じて代表取締役，支配人らの業務の執行を監視すべき権利義務を有するものと解するのが相当であると解され[9]，内部統制という言葉を用いてはいないが，リスク管理体制の整備は取締役の善管注意義務の内容と解されていた。すなわち，業務執行については，取締役会が決定し（旧商法260条），会社経営の根幹に関わるリスク管理の基本方針についても取締役会で決定することを要することとなる。この基本方針を踏まえ，業務執行を担当する代表取締役及び業務担当取締役は，担当する部門におけるリスク管理体制を具体的に決定すべき職務を負う。この意味において，業務執行を担当しない取締役は取締役会の構成員としてリスク管理の基本方針を決定すべき義務を負い，また，代表取締役及び業務担当取締役が内部統制体制を構築すべき義務を履行しているか否かを監視する義務を負うことになる。他方，業務執行を担当する取締役は代表取締役又は業務担当取締役としてリスク管理を具体的に実施すべき義務を負う。これらが取締役としての善管注意義務（旧商法254条3項，民法644条）及び忠実義務（旧商法254条ノ3）の内容をなすものというべきであるとされていた。また監査役は，商法特例法22条1項の適用を受ける小会社を除き，業務監査の職責を担っていることから，取締役がリスク管理の整備を行っているか否かを監査すべき職務を負うのであり，監査役としての善管注意義務の内容をなすものと解されていた（後述大和銀行事件，神戸製鋼所利益供与事件参照）。また旧委員会設置会社においては，取締役会は，経営の基本方針と並んで，監査委員会の職務の遂行のために必要なものとして法務省令で定める事項について決定し，取締役及び執行役の職務の執行を監督することとしていた（旧商法特例法27条の7第1項2号・3項1号）。

取締役等がこの義務に違反した場合には，会社に対して損害賠償責任を負い（旧商法266条），また第三者に対しても重過失がある場合には損害賠償責任を負うものとされていた（旧商法266条の3）。

2．平成17年会社法とリスク管理体制の整備

リスク管理と内部統制の関係について，経済産業省のリスク管理・内部統制

に関する研究会の指針は,「それぞれが異なる背景を持ち,違った経路を経て発展してきたが,企業を取り巻く様々なリスクに対応し,企業価値を維持・向上するという観点からは,その目的は多くの共通部分を有している。昨今,企業を取り巻く環境が変化し,かつ,環境変化への対応が市場等により厳しく評価されるようになってきている中で,これらを一体的にとらえ,機能させていくことが必要となってきている。」としている。また企業行動の開示・評価に関する研究会(平成17年7月13日)「コーポレートガバナンス及びリスク管理・内部統制に関する開示・評価の枠組について―構築及び開示のための指針―」も,内部統制は,リスクの認識・評価及び対応のあり方を踏まえ,リスク管理と一体となった形でダイナミックに整備・運用されなければならないとする。こうした流れにあって,会社法は,会社法上の大会社,監査等委員会設置会社,指名委員会等設置会社の取締役に対し「会社の業務の適正を確保するための体制の整備」をしなければならないとしている。

　1)取締役会を設置していない大会社(会社法2条6号)においては,取締役は取締役の職務の執行が法令及び定款に適合することを確保するための体制その他株式会社の業務並びに会社及びその子会社から成る企業集団の業務の適正を確保するための体制を整備しなければならないとし(会社法348条4項),その具体的内容について会社法施行規則は次のように規定する(会社法施行規則98条,100条)。すなわち,①取締役の職務の執行に係る情報の保存及び管理に関する体制(会社法施行規則98条1項1号),②損失の危険の管理に関する規程その他の体制(会社法施行規則98条1項2号),③取締役の職務の執行が効率的に行われることを確保するための体制(会社法施行規則98条1項3号),④使用人の職務の執行が法令及び定款に適合することを確保するための体制(会社法施行規則98条1項4号),⑤会社,親会社,子会社から成る企業集団における業務の適正を確保するための体制(会社法施行規則98条1項5号)としている。⑥取締役が2人以上ある株式会社である場合には,業務の決定が適正に行われることを確保するための体制(会社法施行規則98条2項),⑦監査役設置会社以外の株式会社である場合には,取締役が株主に報告すべき事項の報告をするた

めの体制（会社法施行規則98条3項），⑧監査役設置会社である場合には，監査役の監査が実効的に行われるための体制（会社法施行規則98条4項）である。

　以上の中で，「損失の危険の管理に関する規程その他の体制」について，立法担当官は「①会社の抱えるリスクは何かを把握する事（リスクセンサス），②認識されたリスクの発生を未然に防止する手段，体制（リスク対策），③リスクが現実化した場合（インシデント，アクシデント）への対策，対応方法を明確にする」ことをいうとしている[10]。

　2）大会社である取締役会設置会社においては，取締役会は，会社の業務並びに会社及びその子会社から成る企業集団の業務の適正を確保するための体制の整備について決定しなければならないとし（会社法362条4項6号），その具体的内容は取締役会を設置していない大会社について述べた①から⑧までの体制と同様の体制の整備が会社法施行規則によって規定されている（会社法施行規則100条）。

　3）監査等委員会設置会社においては，取締役会を設置していない大会社について述べた①から⑧までの体制と同様の体制の整備が会社法施行規則によって規定されている（会社法施行規則110条の4第2項）。加えて，監査等委員会の監査が実効的に行われることを確保するための体制を決定しなければならないとされる（会社法施行規則110条の4第1項）。

　4）指名委員会等設置会社においては，取締役会は，監査委員会の監査が実効的に行われることを確保するための体制を決定しなければならない（会社法416条1項1号ロ，会社法施行規則112条1項）。また，執行役の職務の執行が法令及び定款に適合することを確保するための体制その他株式会社の業務並びに当該株式会社及びその子会社から成る企業集団の業務の適正を確保するため体制を決定しなければならない。すなわち，①執行役の職務の執行に係る情報の保存及び管理に関する体制，②会社の損失の危険の管理に関する規程その他の体制，③執行役の職務の執行が効率的に行われることを確保するための体制，④会社の使用人の職務の執行が法令及び定款に適合することを確保するための体制，⑤会社並びにその親会社及び子会社から成る企業集団における業務の適正

を確保するための体制である（会社法416条1項1号ホ，会社法施行規則112条2項）。

第2節　役員や従業員の不正行為とリスク管理をめぐる裁判例

会社の役員や従業員の不正行為や違法行為をめぐるリスク管理について取締役などの善管注意義務の有無が争われた裁判例を検討することとする。

1）大和銀行事件（大阪地判平成12.9.20判タ1047号86頁）

本件は，大和銀行ニューヨーク支店の行員が，1984年から1995年までの間，米国財務省証券の無断取引を行って約11億ドルの損失を出し，その損失を隠ぺいするために同支店が保管していた財務省証券を無断売却して，大和銀行に約11億ドルの損害を与え，かつこの損害の発生について，大和銀行が米国当局に隠匿したことから罰金3億4,000万ドルを支払ったことについて，代表取締役らが行員による不正行為を防止するとともに，損失の拡大を最小限にとどめるための内部統制システムを構築すべき善管注意義務及び忠実義務があったのにこれを怠り，また，他の取締役及び監査役は，代表取締役らが内部統制システムを構築しているかを監視する善管注意義務又は忠実義務があったのにこれを怠ったため，行員の無断取引等を防止できなかったとして，損害金11億ドルおよび罰金額等の3億5,000万ドルを同行に賠償するよう求めた事案である。

裁判所は，健全な会社経営を行うためには，目的とする事業の種類，性質等に応じて生じる各種のリスク，たとえば，信用リスク，市場リスク，流動性リスク，事務リスク，システムリスク等の状況を正確に把握し，適切に制御すること，すなわちリスク管理が欠かせず，会社が営む事業の規模，特性等に応じたリスク管理体制（いわゆる内部統制システム）を整備することを要するとしたうえ，顧客から預かり保管中の財務省証券の残高確認に当たり，証券の性質に応じた現物確認という欠くべからざる方法を採らないという重大な過誤を犯したために，本件無断売却を発見できなかったのであり，財務省証券の保管残高の検査方法がいちじるしく適切さを欠いていたとして，取締役の責任を認めた[11]。

2） 神戸製鋼所利益供与事件における神戸地裁の和解に際しての所見（商事法務1626号52頁）

　本件は，神戸製鋼所の役員等が，子会社を利用した裏金作りを含め，総会屋に対して1億9,000万円余りの利益供与を行ったことに対し，同社の株主が株主代表訴訟を起こしたが，和解に至った事案である。本件で注目されるのは，2002年4月5日に裁判所が和解に際して所見を公表し，その中で，次のようにリスク管理体制について触れている点である。すなわち，

　「神戸製鋼所のような大企業の場合，職務の分担が進んでいるため，他の取締役や従業員全員の動静を正確に把握することは事実上不可能であるから，取締役は，商法上固く禁じられている利益供与のごとき違法行為はもとより大会社における厳格な企業会計規制をないがしろにする裏金捻出行為等が社内で行われないよう内部統制システムを構築すべき法律上の義務があるというべきである。」

　「企業のトップとしての地位にありながら，内部統制システムの構築等を行わないで放置してきた代表取締役が，社内においてなされた違法行為について，これを知らなかったという弁明をするだけでその責任を免れることができるとするのは相当でないというべきである。この点につき，被告らは，神戸製鋼所においても一定の内部統制システムが構築されていた旨を主張する。しかし，総会屋に対する利益供与や裏金捻出が長期間にわたって継続され，相当数の取締役及び従業員がこれに関与してきたことからすると，それらシステムは十分に機能していなかったものと言わざるを得ず，今後の証拠調べの結果によっては，利益供与び裏金捻出に直接には関与しなかった取締役であったとしても，違法行為を防止する実効性ある内部統制システムの構築及びそれを通じての社内監視等を十分尽くしていなかったとして，関与取締役や関与従業員に対する監視義務違反が認められる可能性もあり得るものである。」としている。

3） 雪印食品牛肉偽装事件（東京地判平成17.2.10判時1887号135頁）

　本件は，いわゆる狂牛病に感染した国産牛が発見されことから，農水省が国産牛の買い上げという「牛肉在庫緊急保管対策事業」を導入したところ，雪印

食品の現場従業員が国産牛に輸入牛を混入させて国に買い上げさせたことから補助金詐欺事件となり，このため，会社は信用を失墜し，解散に追い込まれた。そこで，役員が現場従業員の行った牛肉偽装工作を防止し得なかったことは，適切な内部統制システムを構築し運営するという善管注意義務違反にあたるとし，株主が取締役等に対し会社の被った損害を会社に支払うよう求めた事案である。

これに対し，裁判所は，原告である株主の主張が具体性を欠くとしてリスク管理構築義務違反を否定し，また，被告である役員らの牛肉偽装工作への関与についての原告らの主張が証拠関係に照らし認められないとするものとして請求を棄却した。

4）ジャージー高木乳業牛乳中毒事件（名古屋高裁金沢支判平成17.5.18判時1898号130頁）

本件は，牛乳等の製造販売業を営むジャージー高木乳業が，同社製造の牛乳を飲用した児童を被害者とする食中毒事件後の2001年5月に解散し，従業員全員を解雇した。そこで従業員は，食中毒事件は同社の代表取締役が，違法な牛乳の再利用を決定，指示するなどの代表取締役としての職務を行うにつき悪意または重大な過失による任務懈怠があったために発生したものであり，その結果，同社が廃業を余儀なくされ，従業員は解雇され損害を被ったと主張して，旧商法266条ノ3に基づき，それぞれ2,000万円および遅延損害金の支払いを求めた事案である。

裁判所は，「本件会社における牛乳等製品の再利用には食品衛生法に違反する再利用があることを知ったのであるから，本件会社の代表取締役として，直ちに同法に違反する再利用を廃止する措置を講ずるのはもとより，すみやかに今後同様の違法な再利用が行われることのないようにするための適切な措置（牛乳等製品の再利用に関する取扱基準の策定，従業員に対する牛乳の再利用に関する教育・指導等の徹底等）を講じて，法令を遵守した業務がなされるような社内体制を構築すべき職責があったものというべきである。そして，上記職責を有する代表取締役としては，上記措置を自ら講ずることなく，会社内の職掌分担

に従ってこれを部下に任せるとしても、部下が取った措置の内容及びその結果を適宜報告させ、法令違反状態が解消されたこと等を確認し、仮になお法令に適合しない再利用がなされている状態が残存する場合には、自ら速やかに是正を指示するなどの指揮監督権限を行使して、違法な牛乳から牛乳への再利用をしない社内体制を築くべき義務があったものというべきである。…本件会社の代表取締役として、違法な牛乳の再利用を防ぐための社内体制を速やかにかつ確実に構築することが急務であったのに、上記のような措置あるいは対応しかしなかったのであるから、代表取締役の任務懈怠の（ママ）おける過失は重大であるというべきである。」として、代表取締役に損害賠償責任を認めた[12]。

5）ダスキン肉まん事件（大阪高判平成18.6.9判タ1214号115頁）

本件は、「ミスタードーナツ」という商号によりフランチャイズ方式で食品の販売を行っていた株式会社ダスキンが、販売していた肉まんに食品衛生法で禁止されている未認可添加物が混入していたことが、新聞・テレビ等で大々的に報道されて、ミスタードーナツの売上げが低下する等の損害が生じたため、ダスキンは加盟店に売上げ減に対する補償等をするなど多額の出費をしたことについて、取締役及び監査役の善管注意義務違反に起因するとして、株主代表訴訟が提起された事案である。

裁判所は、ダスキンにおける違法行為を未然に防止するための法令遵守体制は、本件販売当時、整備されていなかったとまではいえないから、取締役らについて善管注意義務違反は認められないし、監査役としての善管注意義務違反も認められないとしながら、次のように判示した。すなわち、「現代の風潮として、消費者は食品の安全性については極めて敏感であり、企業に対して厳しい安全性確保の措置を求めている。未認可添加物が混入した違法な食品を、それと知りながら継続して販売したなどということになると、その食品添加物が実際に健康被害をもたらすおそれがあるのかどうかにかかわらず、違法性を知りながら販売を継続したという事実だけで、当該食品販売会社の信頼性は大きく損なわれることになる。ましてや、その事実を隠ぺいしたなどということになると、その点について更に厳しい非難を受けることになるのは目に見えてい

る。それに対応するには、過去になされた隠ぺいとはまさに正反対に、自ら進んで事実を公表して、既に安全対策が取られ問題が解消していることを明らかにすると共に、隠ぺいが既に過去の問題であり克服されていることを印象づけることによって、積極的に消費者の信頼を取り戻すために行動し、新たな信頼関係を構築していく途をとるしかないと考えられる。また、マスコミの姿勢や世論が、企業の不祥事や隠ぺい体質について敏感であり、少しでも不祥事を隠ぺいするとみられるようなことがあると、しばしばそのこと自体が大々的に取り上げられ、追及がエスカレートし、それにより企業の信頼が大きく傷つく結果になることが過去の事例に照らしても明らかである。ましてや、本件のように6,300万円もの不明朗な資金の提供があり、それが積極的な隠ぺい工作であると疑われているのに、さらに消極的な隠ぺいとみられる方策を重ねることは、ことが食品の安全性にかかわるだけに、企業にとっては存亡の危機をもたらす結果につながる危険性があることが、十分に予測可能であったといわなければならない。

したがって、そのような事態を回避するために、そして、現に行われてしまった重大な違法行為によってダスキンが受ける企業としての信頼喪失の損害を最小限度に止める方策を積極的に検討することこそが、このとき経営者に求められていたことは明らかである。ところが、前記のように、一審被告らはそのための方策を取締役会で明示的に議論することもなく、『自ら積極的には公表しない』などというあいまいで、成り行き任せの方針を、手続き的にもあいまいなままに黙示的に事実上承認したのである。それは、到底、『経営判断』というに値しないものというしかない。」とし、取締役や監査役の責任を認めた[13]。

6) ヤクルト株主代表訴訟（東京高判平成20.5.21判タ1281号274頁）

乳酸菌飲料等の製造販売を主たる業とするヤクルトが、1991年10月から1998年3月までデリバティブ取引を行い、その結果、平成10年3月期に特別損失を計上して、最終的に約533億円の損失を被るに至り、そこで株主が取締役、監査役を被告とする株主代表訴訟を提起したという事案である。

第1審判決は，会社が本件デリバティブ取引を行ったことは法令や定款に違反するものではなく，また，これに対する相応のリスク管理体制がとられていて，資金運用業務を担当した一人の取締役を除く他の取締役や監査役には善管注意義務違反は認められないと判断したが，当該取締役には，平成9年2月以降，他の取締役や監査役に事実を隠蔽したうえで，リスク管理体制で定めた想定元本の限度枠（本件制約）を超える取引を行った善管注意義務違反があると判断し，当該取締役に対してのみ賠償責任を認めた。そこで株主は控訴したが，東京高等裁判所は，以下の理由から控訴を棄却している。

① 実際にデリバティブ取引の実務を担当する取締役については，「取締役会等の会社の機関において定められたリスク管理の方針，管理体制に従い，そこで定められた制約に従って取引をする注意義務を負うとともに，個々の取引の実行に当たっては，法令，定款，社内規則等を遵守したうえ，事前に情報を収集，分析，検討して，市場の動向等につき適切な判断をするよう努め，かつ，取引が会社の財務内容に悪影響を及ぼすおそれが生じたような場合には，取引を中止するなどの義務を負うというべきである」。

② 会社の業務執行を全般的に統括する責務を負う代表取締役や，事後チェックの任務を有する経理担当の取締役については，「デリバティブ取引が会社の定めたリスク管理の方針，管理体制に沿って実施されているかどうか等を監視する責務を負うものであるが，ヤクルト本社ほどの規模の事業会社の役員は，広範な職掌事務を有しており，かつ，必ずしも金融取引の専門家でもないのであるから，自らが，個別取引の詳細を一から精査することまでは求められておらず，下部組織等（資金運用チーム・監査室，監査法人等）が適正に職務を遂行していることを前提とし，そこから挙がってくる報告に明らかに不備，不足があり，これに依拠することに躊躇を覚えるというような特段の事情のない限り，その報告等を基に調査，確認すれば，その注意義務を尽くしたものというべきである」。

③ その他の取締役については，「相応のリスク管理体制に基づいて職務執行に対する監視が行われている以上，特に担当取締役の職務執行が違法である

ことを疑わせる特段の事情が存在しない限り，担当取締役の職務執行が適法であると信頼することには正当性が認められるのであり，このような特段の事情のない限り，監視義務を内容とする善管注意義務違反に問われることはないというべきである」。
④ 監査役については，「自らが，個別取引の詳細を一から精査することまでは求められておらず，下部組織等（資金運用チーム・監査室等）が適正に職務を遂行していることを前提として，そこから挙がってくる報告等を前提に調査，確認すれば，その注意義務を尽くしたことになるというべきである」。

以上のようにして資金運用業務を担当していた取締役については善管注意義務違反を認めたが，他の取締役等には，善管注意義務違反がなかったとした[14]。

7）日本システム事件（最判平成21.7.9判タ1307号117頁）

本件は，ソフトウェア開発及び販売等を業とする東証2部上場の日本システム（以下，Y社という）の事業部長Bらが，営業成績を上げる目的で架空の売上げを計上したため，Y社の有価証券報告書に不実の記載がされていたところ，その後不正行為が発覚し，Y社が同事実を公表した結果，Y社の株価が下落したことについて，公表の数か月前にY社の株式を購入した株主Xが，Y社の代表者Aに従業員らの不正行為を防止するためのリスク管理体制構築義務違反の過失があったなどと主張して，会社に対し会社法350条に基づく損害賠償請求をした事案である。

第1審（東京地判平成19.11.26判時1998号141頁），第2審（東京高判平成20.6.19金融・商事判例1321号42頁）ともに，本件不正行為当時，事業部長らが企図すれば容易に本件不正行為を行い得るリスクが内在していたのに，Y社の代表取締役Aは，組織体制や事務手続を改変するなどの対策を講じなかったものであり，Aには各部門の適切なリスク管理体制を構築すべき義務を怠った過失があるなどと判断し，会社法350条に基づくY社の責任を認めた。

これに対し，最高裁判所は，次の理由から，原判決のY社敗訴部分を破棄し，Xの請求を棄却する旨の判決をした。

「本件不正行為当時，上告人は，①職務分掌規定等を定めて事業部門と財務

部門を分離し，②C事業部について，営業部とは別に注文書や検収書の形式面の確認を担当するBM課及びソフトの稼働確認を担当するCR部を設置し，それらのチェックを経て財務部に売上報告がされる体制を整え，③監査法人との間で監査契約を締結し，当該監査法人及び上告人の財務部が，それぞれ定期的に，販売会社あてに売掛金残高確認書の用紙を郵送し，その返送を受ける方法で売掛金残高を確認することとしていたというのであるから，上告人は，通常想定される架空売上げの計上等の不正行為を防止し得る程度の管理体制は整えていたものということができる。そして，本件不正行為は，C事業部の部長Bがその部下である営業担当者数名と共謀して，販売会社の偽造印を用いて注文書等を偽造し，BM課の担当者を欺いて財務部に架空の売上報告をさせたというもので，営業社員らが言葉巧みに販売会社の担当者を欺いて，監査法人及び財務部が販売会社あてに郵送した売掛金残高確認書の用紙を未開封のまま回収し，金額を記入して偽造印を押捺した同用紙を監査法人又は財務部に送付し，見掛け上は上告人の売掛金額と販売会社の買掛金額が一致するように巧妙に偽装するという，通常容易に想定し難い方法によるものであったということができる。

また，本件以前に同様の手法による不正行為が行われたことがあったなど，上告人の代表取締役であるAにおいて本件不正行為の発生を予見すべきであったという特別な事情も見当たらない。

さらに，前記事実関係によれば，売掛金債権の回収遅延につきBらが挙げていた理由は合理的なもので，販売会社との間で過去に紛争が生じたことがなく，監査法人も上告人の財務諸表につき適正であるとの意見を表明していたというのであるから，財務部が，Bらによる巧妙な偽装工作の結果，販売会社から適正な売掛金残高確認書を受領しているものと認識し，直接販売会社に売掛金債権の存在等を確認しなかったとしても，財務部におけるリスク管理体制が機能していなかったということはできない。」として，代表取締役に，従業員による本件不正行為を防止するためのリスク管理体制を構築すべき義務に違反した過失があるということはできないとして上告を棄却した[15]。

8) 商品先物取引会社違法勧誘事件（名古屋高判平成25.3.15金融法務事情1974号91頁）

本件は，商品先物取引会社（以下，Y会社という）に委託して商品先物取引（本件取引）を行い多額の損失を被った顧客Xが，Y会社の担当従業員らによる勧誘・受託行為の違法性を主張するとともに，Y会社の取締役らには，従業員の教育および顧客との紛争を防止するための管理体制の整備義務違反ならびに会社法所定の内部統制システムの構築義務違反があるなどと主張して，Y会社，担当従業員らおよび取締役らに対して損害賠償を求めた事案である。

裁判所は，「Y会社が，長年にわたり顧客との間で多数の紛争を抱え，全国各地で多数の訴訟を提起され，本件と同様に委託者が借入金で取引を行った事例を含め，適合性原則違反や特定売買などの違法行為を認める判決が数多く出されていたこと，Y会社が，行政当局等から，適合性原則違反や無敷・薄敷等を繰り返し指摘されて業務の改善を求められ，…主務省から受託業務停止処分（14営業日）及び業務改善命令という極めて重い行政処分を受けるに至ったこと，上記行政処分の中で，Y会社における内部管理体制の抜本的な見直しと体制整備の必要性が指摘されたこと，Y会社では，取締役会及び経営会議を毎月開催するなどして改善策を協議するなどしていたが，その後も依然として顧客との間で多数の苦情，紛争，訴訟が発生し続けていたこと，このような状況であるにもかかわらず，Y会社で長年管理部の責任者をしてきた控訴人甲野が，判決の内容に不服がある場合には，担当者に対してそれほどの指導はしていない旨，繰り返し被告として訴訟提起された従業員についても，起きている苦情につき当該従業員にそれほど非があるとは考えていない旨の供述をし，また，長年，控訴人会社の代表取締役を務めてきた控訴人乙山も，控訴人会社に組織的な欠陥はなく，上記の受託業務停止処分及び業務改善命令に対して納得のいかない部分があるなどと供述していること，控訴人辛木及び控訴人壬河が，これまでも繰り返し違法行為をしたとして委託者から訴訟提起をされてきたことなどの事情を総合すれば，前記イの各種制度や諸施策の実効性は疑問であり，本件取引が行われた平成20年2月当時，控訴人乙山ら5名は，控訴人会社の従業員が

適合性原則違反などの違法行為をして委託者に損害を与える可能性があることを十分に認識しながら，法令遵守のための従業員教育，懲戒制度の活用等の適切な措置を執ることなく，また，従業員による違法行為を抑止し，再発を防止するための実効的な方策や，会社法及び同法施行規則所定の内部統制システムを適切に整備，運営することを怠り，業務の執行又はその管理を重過失により懈怠したものというべきである。」とし，取締役らの職務懈怠と本件取引におけるY会社の従業員らの違法行為およびXが被った損害との間には相当因果関係が認められるとして，Y会社の取締役らに会社法429条1項に基づく損害賠償責任を認めた[16]。

第3節　判例にみるリスク管理の在り方と取締役の責任

既述のように，会社法は，大会社である取締役会設置会社においては，取締役会は「取締役の職務の執行が法令及び定款に適合することを確保するための体制その他株式会社の業務並びに当該株式会社及びその子会社から成る企業集団の業務の適正を確保するための体制の整備」を決定しなければならないとしている（会社法362条4項6号，5項）。しかし，旧商法下においても，取締役の善管注意義務として，大和銀行事件，神戸製鋼所利益供与事件では，リスク管理体制の構築が必要であるとの判断がなされ，会社法制定後は，裁判所はリスク管理体制がどのように構築されているかを具体的に判断している。

1．リスク管理体制の構築の必要性について

学説では，規模の大きな会社においては，取締役が会社経営全般について常に監視・監督することは困難であり，取締役には，会社経営に対する監視義務の一環として，会社の規模や特性等に応じて，会社の経営が健全になされることを確保するためのリスク管理や役員や使用人等の業務に対する法令遵守（コンプライアンス）の徹底，情報受領（会社の役員や監査室等に対する社内情報の提供）等の体制を定めた内部統制体制を構築すべき義務があると指摘されていた[17]。

判例にも，旧商法下において，リスク管理体制の構築について，取締役に厳しくその自覚を促すものが見られる。大和銀行事件判決では，健全な会社経営を行うためには，会社が営む事業の規模，特性等に応じたリスク管理体制（いわゆる内部統制システム）を整備することを要するとし，神戸製鋼所の総会屋に対する利益供与事件での裁判所の所見も，「企業のトップとしての地位にありながら，内部統制システムの構築等を行わないで放置してきた代表取締役が，社内においてなされた違法行為について，これを知らなかったという弁明をするだけでその責任を免れることができるとするのは相当でない」としている。

　こうした流れを受けて会社法は，会社法上の大会社，監査等委員会設置会社，指名委員会等設置会社に対し「会社の業務の適正を確保するための体制の整備」を義務として課している（会社法348条4項，362条4項6号，399条の13第2項，416条1項1号ロ）。また，「会社の業務の適正を確保するための体制の整備」についての決定や決議がある場合，取締役は，その内容の概要および体制の運用状況の概要を事業報告に記載しなければならず（会社法435条2項，会社法施行規則118条2項），さらに監査役及び監査役会，監査等委員会，監査委員会が設置されている場合には，これらの機関は，事業報告におけるこれらの内容が相当でないと認めるときは，その旨及びその理由を監査報告に記載しなければならないとされている（会社法436条2項，会社法施行規則129条1項5号，130条2項2号，130条の2第1項2号，131条1項2号）。

2．整備されるべきリスク管理体制

　どのようなリスク管理体制が必要かは一律に決めることは困難であり，会社の規模や特性などさまざまな要素を勘案して決定されることになる。つまり会社規模が大きくなり，職務の分化，分担が進むと，他の取締役や従業員全員の動静を正確に把握することは実際上困難となりがちであるが，そうした状況であっても，会社の規模や特性等に合わせて業務の適正を確保することが可能となる体制を整備しなければならないということになる。その内容については，経営判断として取締役の裁量に委ねられるといえる[18]。

この点に関連して役員や従業員による不正行為を防止するための必要なリスク管理体制について判断した日本システム事件最高裁判決が実務上重要なものといえる。すなわち，日本システム事件では，①職務分掌規定等を定めて事業部門と財務部門が分離されていること，②事業部について，営業部とは別に注文書や検収書の形式面の確認を担当する課とソフトの稼働確認を担当する部を設置し，それらのチェックを経て財務部に売上報告をする体制が整えられていること，③監査法人及び会社の財務部が，それぞれ定期的に販売会社あてに売掛金残高確認書の用紙を郵送し，その返送を受ける方法で売掛金残高を確認することとしていたことから，リスク管理体制の構築がなされ，取締役としての善管注意義務が尽くされていたとしている点である。これを一般化すると，最高裁判決はリスク管理体制について不正行為を防止し得る程度のものでなければならないとしたものと見ることができる。したがって，リスク管理のための措置を講じていても，不正行為を防止し得ないものはリスク管理体制としては不十分なものであり，構築したとはいえないことになる。同様の指摘は，神戸製鋼所利益供与事件における裁判所の所信にも見られる。この点に関連して，従業員の適合性原則違反などの違法行為が問題とされた商品先物取引会社違法勧誘事件判決が，会社において取締役会及び経営会議を毎月開催するなどして改善策の協議などをしていたとしても，従業員などの違法行為が繰り返されている状況では，会社法及び同法施行規則所定の内部統制システムを適切に整備，運営することを怠ったり，業務の執行又はその管理を重過失により懈怠したものというべきであると厳しく判断しているのは当然のことといえよう。

3．リスク管理体制の水準

　リスク管理体制を整備する場合，不正行為を防止し得る程度のものでなければならないが，防止する不正行為についてどの程度のものまで想定しなければならないかが問題とされる。この点について，ヤクルト株主代表訴訟事件では，「ヤクルト本社がデリバティブを行っていた時期は，…金融機関においても，まだデリバティブ取引のリスク管理に関する一般的な手法は確立されておらず，

管理手法を模索していた段階であり，事業会社においては，金融機関以上に，デリバティブ取引のリスク管理に関する一般的な手法は確立されていなかったのである。」とし，他社との比較の上，相応のリスク管理体制が構築されており，この点に関する被控訴人等の善管注意義務違反は認められないとしている。最高裁判決も，日本システム事件おいて，リスク管理体制構築の水準は「通常想定される不正行為」を防止し得る水準のものでなければならないとしている。ともすれば，不正行為があり損害が発生した場合には，直ちにリスク管理体制に不備があったと判断されがちであるが，その水準が「通常想定される不正行為」を防止し得るものとされたことにより，整備されるべきリスク管理体制は客観的にも妥当な水準のものであることが要求されるということになろう。このことは，不正行為が通常容易に想定し難い方法によるものであった場合には，想定されたリスク管理の範囲を超えたものとされ，したがって取締役は責任を免れることを意味することになる。このことは，リスク管理体制の整備が同業他社と比べて劣っている場合には，客観的にも妥当な水準に達していないこととなり，したがって，取締役の善管注意義務違反が問題になることとなろう。最高裁判決は，実務上，リスク管理体制整備の指針を示したものとなり，その意味は小さくないといえよう。

　なお，ヤクルト事件では，規模の大きな会社の役員は，その担当する職務は広範にわたるのが通例であり，担当する業務の全部にわたって通暁しているとは限らない。しかし，一定水準のリスク管理体制を整備し，担当する下部組織が適正に職務を遂行していることを前提とし，そこから上がってくる報告に明らかに不備，不足があり，これに依拠することに躊躇を覚えるというような特段の事情のない限り，その報告等を基に調査，確認すれば，その注意義務を尽くしたものというべきであり，善管注意義務違反の責任は問われないとしている。いわゆる信頼の権利と呼ばれるものである[19]。

4．派生リスクの想定と管理体制

　従業員の不正行為を未然に防止するためのリスク管理体制が構築されている

場合には，取締役らについて善管注意義務違反は認められないことになる。しかし，その場合であっても，事後の対応によっては，さらに新たなリスクが発生するおそれがあり，取締役は，いわば派生リスクも想定した管理体制を構築する必要があろう。その例がダスキン肉まん事件である。同事件では，「違法な食品について，違法性を知りながら販売を継続したという事実だけで，当該食品販売会社の信頼性は大きく損なわれることになる。ましてや，その事実を隠ぺいしたなどということになると，…企業にとっては存亡の危機をもたらす結果につながる危険性があることが，十分に予測可能であったといわなければならない。…そのような事態を回避するために，そして，現に行われてしまった重大な違法行為によってダスキンが受ける企業としての信頼喪失の損害を最小限度に止める方策を積極的に検討することこそが，このとき経営者に求められていたことは明らかである。」として取締役の責任を認めている。役員や従業員による不正行為が発覚した場合，それを契機として派生するリスクを想定し，適切に管理することの重要性は牛肉偽装事件で会社の解散に追い込まれた雪印食品の例を挙げるまでもないことである。社会から指弾される前に，また訴訟提起がなされる前に，リスク管理体制のどこに問題があったかを調査し，その結果を公表するとともに[20]，リスク管理体制の見直しや再構築を図ることが企業価値の減少や既存の防止につながるものといえよう。

むすび

　本稿では，役員や従業員の不正行為によるリスク管理に関する検討を行った。リスク管理に関する会社法の整備と判例の蓄積により，リスク管理体制整備にあたって取締役のなすべき任務の内容が明らかになってきた。予め予想されるリスクに対応した管理体制が整備されている場合には，仮にリスクが顕在化し会社に損害を及ぼすことがあったとしても，取締役としての善管注意義務が尽くされたこととなり，会社や第三者に責任を負わなければならない事態は回避できる。

　会社が直面するリスクは役員や従業員の不正行為によるものだけでなく，既

述のようにさまざまな類型のものが考えられる。これに関して経済産業省は事業リスク評価・管理人材育成システム事業として、『先進企業から学ぶ事業リスクマネジメント』（2005年3月）を公表している。企業価値の減少や毀損をもたらすリスクは多様化しており、こうした資料を手掛かりとしてリスク管理体制の整備が必要とされよう。

■注■

1) 本調査は「不適切な会計・経理」に限定し、自ら開示した上場企業、有価証券報告書提出企業を対象としたものである。https://www.tsr-net.co.jp/news/analysis/20160414_01.html 2016年4月14日アクセス
2) http://www.fcg-r.co.jp/research/incident/ 2016年4月25日アクセス
3) 吉川吉衛『企業リスクマネジメント』120頁以下参照（中央経済社、2007年）。
4) リスクが企業活動の中で事象としてどのような形にあらわれるかについては、飛田光雄「帝人の内部統制への取り組み」（『企業会計』Vol. 58 No. 5, 2006年, 125頁）掲載の図表1参照。
5) 2016年4月、帝国データバンクより「2015年コンプライアンス違反企業の倒産動向調査」が公表された。この調査は「粉飾決算」や「業法違反」、「脱税」などのコンプライアンス違反が判明した企業の倒産を「コンプライアンス違反倒産」と定義し、2015年度（2015年4月～2016年3月）の倒産（法的整理のみ）289件についてその原因を分析したものである。その内訳を原因別件数順に見ると、①粉飾85件、②業法違反75件、③資金使途不正67件、④不正受給18件、⑤雇用14件、⑥偽装7件、⑦談合5件、⑧脱税4件、⑨贈収賄2件、⑩過剰営業1件、⑪不法投棄1件、⑫その他10件となっている。
6) リスク管理という概念は1960年代から保険学の領域で用いられたようである（前川寛「リスクマネジメントに関する一考察」『三田商学研究』10巻2号、1967年6月30日、199頁注4参照。
7) たとえば、職場の安全衛生に関する労働省告示第53号（1999年4月30日）「労働安全衛生マネジメントシステムに関する指針について」、消費生活用製品に関する経済産業省『リスクアセスメント・ハンドブック実務編』（2011年6月）など各省庁の指針や各業界のガイドラインなどがみられる。またISOの国際団体がガイドラインを公表している。
8) リスク管理という言葉は用いられていないが、古くから取締役の善管注意義務の内容として論議されてきたが、内部統制体制の構築義務という形でリスク管理の必要性を指摘した神崎克郎「会社の法令遵守体制と取締役の責任」（『法曹時報』34巻4号、1979年、1頁）がある。

9) 最判昭和37年8月28日集民62号273頁
10) 相澤哲編著『立法担当者による新会社法関係法務省令の解説』別冊商事法務No.300 32頁〔相澤哲＝石井裕介〕（2006年），郡谷大輔監修『会社法関係法務省令 逐条実務詳解』332頁〔齊藤和昇〕（清文社，2006年）
11) 本判決の研究・解説には，岩淵正明・季刊労働者の権利262号97頁（2005年），大内伸哉・労働判例913号5頁（2006年）がある。
12) 本判決の研究・解説には，川村正幸・金融・商事判例1107号56頁（2001年），森本滋・判例時報1743号200頁（2001年），鳥山恭一・法学セミナー46巻1号109頁（2001年），近藤光男・旬刊金融法務事情49巻22号75頁（2001年），大杉謙一・ジュリスト1244号284頁（2003年），片木晴彦・旬刊商事法務1705号108頁（2004年）などがある。
13) 本判決の研究・解説には，竹内朗・NBL860号30頁（2007年），松嶋隆弘・税理第50巻4号131頁，同50巻6号82頁（2007年），中村信男・月刊監査役523号10頁（2007年），同524号31頁（2007年），松嶋隆弘・月刊税務事例40巻2号58頁（2008年）がある。
14) 本判決の研究・解説として，受川環大・金融・商事判例1325号18頁（2009年），浅井弘章・銀行法務21第52巻9号68頁（2008年）などがある。
15) 本判決の研究・解説として，高島士郎・商事法務1876号20頁（2009年），山田剛志・金融・商事判例1336号（増刊）222頁（2010年），川島いづみ・法学教室354号別冊付録20頁（2010年），酒井太郎・判例時報2075号193頁（2010年）などがある。
16) 本判決の研究として，久保寛展・ジュリスト1466号114頁（2014年）がある。
17) 神崎，前掲1頁
18) 江頭憲治郎『株式会社法 第6版』有斐閣，2015年，403頁
19) 神崎，前掲16頁，畠田公明「取締役の監視義務とその信頼の保護」民商法雑誌第102巻1号40頁（1990年），神吉正三「取締役の『信頼の権利』に関する考察」流経法学2巻2号1頁（2003年），野村修也「内部統制への企業の対応と責任」（『企業会計』Vol.58 No.5（2006年）100頁。小菅成一「取締役の経営判断上の注意義務―『合理的な内部統制システム』の構築を前提とした―」嘉悦大学研究論集49巻2号95頁（2006年）
20) 日本弁護士連合会「『企業等不祥事における第三者委員会ガイドライン』の策定にあたって」（2010年）参照。

第9章 リーダー開発における多面観察評価の機能と自己覚知
―リーダー行動の影響過程のパラドックス―

外 島　　裕

第1節　リーダー開発における自己覚知

1．リーダーシップの定義

　組織経営に対して，リーダーシップは重要な課題である。リーダーシップの研究は，経営学，組織論，経営管理論，そして，産業・組織心理学などの領域から取り組まれてきた。本稿では，特に，産業・組織心理学の視点から，考えてみたい。

　リーダーシップの定義には多くあるとされているが，ここでは，代表的なストグディル[1]の「リーダーシップとは，集団目標の達成に向けてなされる集団の諸活動に影響を与える過程である」が包括的である。すなわち，リーダーシップとは社会的影響力とされる[2]。

　この定義では，集団のリーダーだけでなく，メンバーの全員が相互に発揮することが可能な社会的影響力と考えることができる。

　一方，リーダーシップは，その集団の責任のある役割の人が発揮することと限定して，考えることが，望ましいとする視点もある[3]。この場合には，組織構成員の，メンバーシップやフォロワーシップとの視点からも論じられることとなる[4]。

　いずれにせよ，リーダーシップの研究は，①特性論，②行動論，③状況論，

などが代表的な立場であるが，さらに，④認知論，⑤変革型リーダーシップ，⑥サーバントリーダーシップ，などが，議論されている[5]。

特に，本稿では，リーダーが効果的な影響を発揮するための，行動の開発について，リーダー自身による自己理解，自己覚知を中心に[6]，実践的な視点から紹介したい。

2．リーダーにおける自己覚知

さて，リーダーシップは，リーダーが他者，周囲へ働きかける社会的影響力であるが，その基本はリーダー自身の考え方，感情の傾向，仕事への取り組み姿勢，他者への態度，行動などである。したがって，リーダーシップを考える場合には，リーダーの自分自身のあり方，すなわち，リーダーの「自己（Self）」を課題とする必要がある。

たとえば，アメリカのCCL（Center for Creative Leadership）のモデルでは，ビジョン，コミュニケーション，エンパワーメント，アクション，と4つの機能がリーダーには必要とされているが，このモデルの中心には，4つの機能を統合しているセルフは最も大切な要件として位置づけられている[7]。

また，デイ（Day, D. V., 2000）は，リーダーシップ開発の流れをまとめており，その論点には，リーダーシップ開発と，リーダー開発とを，重点の異なる視点として対比させて整理している[8]。

この整理によると，リーダーシップ開発では，他者に働きかける「対人的（Interpersonal）」の視点が重視されている。

一方，リーダー開発では，自分で自分に向き合うような「個人内（Intrapersonal）」の視点が位置づけられている。

特に，「個人内」において，「自己

図9-1　CALL TO LEADERSHIP

出所：Center for Creative Leadership (ed.), *Leadership Development Program*, 1994 研究資料より

Comparison Dimension	Development Target	
	Leader	Leadership
Capital Type	Human	Social
Leadership Model	Individual 　　Personal power 　　Knowledge 　　Trustworthiness	Relational 　　Commitments 　　Mutual respect 　　Trust
Competence Base	Intrapersonal	Interpersonal
Skills	Self-awareness 　　Emotional awareness 　　Self confidence 　　Accurate self image Self-regulation 　　Self-control 　　Trustworthiness 　　Personal responsibility 　　Adaptability Self-motivation 　　Initiative 　　Commitment 　　Optimisim	Social awareness 　　Empathy 　　Service orientation 　　Political awareness Social skills 　　Building bonds 　　Team orientation 　　Change catalyst 　　Conflict management

図9-2　リーダー開発とリーダーシップ開発との対比要約

出所：Day, D. V., "Leadership development: A review in context," *Leadership Quarterly*, Vol. 11, No. 4, 2000, p. 584

覚知（Self-awareness）」が取り上げられており[9]、「情動への気づき（Emotional awareness）」と「自己への信頼（Self confidence）」および「正確な自己イメージ（Accurate self image）」の3つの要因があげられている。

このデイにおける，「対人的」な視点と，「個人内」との視点は，認知心理学での「社会的な有能さ」の流れを踏まえて，ガードナー（Gardner, H.）の知能多重理論を連想させる[10]。ガードナーは，言語的知能，論理・数学的知能，音楽的知能，空間的知能，身体・運動的知能，さらに，「対人的知能（Interpersonal intelligence）」と「個人内知能（内省的知能）（Intrapersonal intelligence）」との7つを多重な知能としてあげた。

「対人的知能」は，他者の気持ちを理解し適切な対応が取れる知能，「個人内知能」は，自分の感情や行動をコントロールできる知能とされており，メタ認知（Metacognition）と関わっていると考えられる。メタ認知とは，認知につい

ての認知である[11]。

第2節　自己覚知と多面観察評価

1．多面観察評価とは

　リーダー開発において，リーダーの職場の他者に対する，行動，職務遂行行動を把握して，リーダー本人へ提示することによって，リーダーが自分自身への気づきを促すことができる。いわば，「対人的」関係情報を得て，「個人内」における自己覚知を深め，他者への効果的な影響力を工夫することが可能となる。

　このために有効な方法として，多面観察評価（Multi-source assessment）が用いられる。高橋潔（2013，p.94）はつぎのように整理している[12]。

　従業員個々人について，
① 日常の業務行動，職務遂行行動，スキル，期待される行動などを，
② 自己評価すると同時に，
③ 上司・先輩・同僚・部下・後輩・取引先・顧客などから得た評価と，自己評価とを比較することによって，
④ 自己の強みと育成点を認識し，
⑤ 評価結果に基づいた行動計画を作成・実施し，自己啓発を促す施策である。

　このように，自分自身の職務遂行行動などについて，自分を取り巻く，職場の周囲の人たちからフィードバックをもらうので，360度フィードバック（360 degree feedback）とも称される。

　多面観察評価は，行動項目を5件法などの評定尺度として準備する場合が多いが，記述式のコメントを用いることもある。

　多面観察評価については，作成や，導入，実施など，要点が紹介されているが[13]，やや詳しく多面観察評価の長所と短所とを紹介してみたい。高橋は，関連する研究を整理して，7つの長所と，5つの短所とをあげている。要約すると次のようである[14]。

2．多面観察評価の長所

① 育成目標で実施された場合，評価対象者それぞれが自己の強みと育成点についてよく知ること，すなわち「気づき」の効果がある。「他者評価（他者認知）」と「自己評価（自己認知）」を比較することによって，誤った自己像が修正され，正しい自己認識が獲得される。

② 「他者評価」が「自己評価」等と比べて，低い項目は，育成ニーズとなる。自分の行動の他者への影響の様子を知り，やり方の変容と，何に取り組むことが必要かを知ることができる。さらに，行動変容の障害となっている要因についても認識できる。

③ 対象者自身の通常業務・仕事ぶりについてよく知っている，ふだん一緒に働いている人から，現実味のある「生の」情報を得ることができる。このことは，結果をフィードバックすることが，本人に実のある認識をもたらすだけでなく，上司も気づかなかった側面を意識したり，人事部での公正な処遇の基礎データともなる。

④ 多領域からの，さまざまな立場の人からバランスの取れたフィードバックが得られる。立場の違う人々の意見が万遍なく反映されるので，特定の人によって偏向することのない正しい評価が得られる。

⑤ 個別組織の事情に即した動機づけを行うことができる。多面観察評価の項目は，組織目標にそって選定されるので，対象者は，自分の強みと育成点を，ポイントを絞って認識することができる。自分はどのような職務遂行行動をとっているかについて，正しい認識をもつことができるとともに，よくない行動についても変革していこうとの意欲をもつ。また，具体的な行動項目に対するフィードバックであるので，直接の行動変容につながりやすく，動機づけの効果も高い。

⑥ 職場での双方向コミュニケーションが活性化される。多面観察評価で，本人が気づいた，強みや育成点は，今後の行動計画に反映され，上司との面談などによって，共有することが望まれる。行動計画の進捗状況によって，その後も，上司との間でコミュニケーションが必要となる。部下のいる場

合も，同様に，評価結果を公表して，部下からの理解，支援，協力を得ることが必要である。
⑦ 人物評価法として，表面的妥当性が高い。職務そのものが評価項目とされ，対象者の職務内容をよく知る人びとから評価を受けるので，表面的妥当性は高いといえる。また，複数の評価者の視点を加味するため，評価誤差やバイアスが少ないとの指摘もある。

3．多面観察評価の短所

① 対象者，たとえば，管理職の場合，部下や同僚に評価されることは，大きなとまどいや強い不満を感じることがある。伝統的な上下関係や役割関係が，変更されることは不安の源となる。評価を同僚や部下の手にゆだねることは，専権事項を侵害される気がして，不安を感じることとなる。また，管理者は，自分に能力がある，自分の部下や仕事仲間から好かれているなどと思っていることが多く，この自己認識に反するようなデータがフィードバックされた場合，うまく受け止められない，辛く感じたりする場合がある。

② 対象者の個人的事情を評価者が配慮したり，情実が絡んで，正直な評価が得られないことがある。ⅰ）評価結果の匿名性への疑問，ⅱ）人間関係のもつれへの懸念，ⅲ）対象者からの報復的態度への恐れ，ⅳ）評価結果の，対象者へのキャリア，給料などへの影響への配慮，などを考えると，対象者への評価が甘くなる。反対に，同僚間の競争心，妬み，嫉み，などから，評価が辛くなる。これらのことから，正確な情報が得られなくなると，信用が薄れ，客観的でない，公平でないなどの不満が出ることとなる。

③ 対象者と評価者とのあいだに対立や緊張が生まれる。予想よりもよくない評価を受けた場合，対象者は，評価者を詮索したり，防衛的となり，評価者に態度を硬化させる。また，評価者として不適格な人から評価されたと思うと，感情を害し，人間関係がぎくしゃくする。あるいは，評価者は，対象者について指摘した育成項目は，期待の表れでもあるので，対象者に改善が見られない場合には，期待が裏切られたと感じ，心証を悪くする。

④ 1人の評価者が（多くの部下をもつ上級管理者など）一度に，多くの対象者を評価しなければならない場合，評価疲れによって，評価結果の正確性・信頼性が低下してしまう。集中力の低下や過大な知的負担によって，正確な評価が下せないことがある。

⑤ 導入に伴って，煩雑な実施運営上の手続きが増える。ⅰ）導入目的の周知徹底，ⅱ）評価内容（評価項目）の決定，ⅲ）評価システムの開発，ⅳ）調査実施，ⅴ）フィードバック・レポートの形式決定，結果集計，結果報告，ⅵ）フィードバック・セッションの実施，ⅶ）フォローアップの計画・実施，など，費用，労働力，時間がかなりの負担となる。

以上のように，多面観察評価には，長所とともに，短所も予想される。組織に導入する場合には，その目的の明確化とともに，組織構成員に対して十分な理解を求めなければならない。多面観察評価の経験のない段階では，不安や反発も予想される。実施に関しては，担当部署のみならず，経営層の信念と協力が必要といえる。

4．多面観察評価の2つの活用の立場

多面観察評価を，どのような目的，どのような機会に活用するのかの違いによって，2つの立場がある。

対象者に対する人事評価などと関連して活用を位置づけている場合は「目的論」とされ，対象者の能力開発のための気づきを重視する場合は「手段論」といわれている[15]。

「目的論」では，対象者の職務行動を正確に評価するために，行動特性を把握するツールは，得られた情報が正確であり，信頼性の高いデータが期待される。たとえば，対象者の職務行動に対する，上司と部下の評価に差異があることは正確さに課題があるということとなる。職場の，それぞれ違う人から得られた評価が，大きく異なっていたならば，評定誤差と考えることとなる。行動の測定ツールは，得られた評価結果が正確であることが必要であるから，正確

な測定に近づくことが目的となる。このように，正確な測定を目的としているので目的論と称するのである。

「手段論」では，異なる立場の人からの評価の違いは，測定誤差などとは考えず，見解の相違をそのまま反映しているものと位置づける。評定者ごとに，対象者に対する評価結果にずれがあることこそ大切な情報であり，対象者自身の「気づき」に役に立つこととなる。評価結果の違いは，そのまま尊重して，むしろ「気づき」を促すための手段として活用する。したがって，手段論とされる。

このように，「目的論」においては，正確な評価を得るために，複数の人に調査して，評価が一致することに重きを置く。「手段論」においては，評価する人の立場，対象者との関係性の違いによって，捉え方が異なってくるので，その違いが浮き上がるように，複数の人に調査する必要があるとされる。

多面観察評価の活用での「目的論」「手段論」の違いを踏まえながら，先に紹介した7つの長所，5つの短所を，それぞれどの場合に関することなのかを確認しておく必要があろう。

さて，「目的論」として，正確な評価を得るためには，多面観察評価が，職務遂行行動を観察測定する，妥当性，信頼性のある心理尺度として，有効な方法であるのかの研究は，かなり多く行われている[16]。

一方，「手段論」においては，フィードバックによって，対象者は「気づき」により，行動の開発となる，などの有効性の指摘はなされているが，どのようなプロセスでどのような「気づき」が必要であるのかの検討は，ごくわずかの研究[17]以外ほとんど報告されていない。多面観察評価と「気づき」について，考えてみたい。

第3節　多面観察評価による「気づき」のレベル

多面観察評価を活用した「手段論」における，対象者の自分自身の職務行動についての「気づき」，すなわち「自己覚知」には，いくつかの深まりのステップ，レベルがあると思われる。「他者認知」と「自己認知」との，一致，あ

るいは，不一致・ギャップを，どのように受け止めて，自己への理解を深めていくかである。多面観察評価の結果を，行動開発の有効なツールとして活用するためには，丁寧なフィードバックが不可欠である。以下に紹介していくプロセスを理解しないままに，不用意に，あるいは，中途半端にフィードバックをおこなうことは，対象者の感情的で否定的な反応を強めてしまったり，周囲の評価者から，期待していた効果がない，かえって相互の関係が悪くなった，などの批判を受けることとなる（先に紹介した多面観察評価の短所③項にあげられているように）。

多面観察評価を，対象者がフィードバックされた場合，自己理解をすすめるには，次のようなステップとなろう[18]。

① 自己の職務行動の長所，課題について，日頃の行動を振り返り，考える（自己認知）。
② 周囲の他者が，自己の行動について，どのように受け止めていたのかを知る（他者認知）。

これは，自分に対する他者からの期待に対する，他者への具体的・現実的な影響の実際を知ることとなる。しかし，この段階では，他者認知について，了解，納得ができない場合が多い。

③「自己認知」と「他者認知」との，一致，あるいは，不一致・ズレを整理する。

ここでは，次の4つの視点から検討できよう。

ⅰ) 自分では，よく行動していると思っており，また，他者からも，よく行動していると思われている。

ⅱ) 自分では，あまり行動できていないと思っており，また，他者からも，あまり行動できていないと思われている。

ⅲ) 自分では，よく行動できていると思っていたが，しかし，他者からは，あまり行動できていないと思われている。

ⅳ) 自分では，あまり行動できていないと思っていたが，しかし，他者からは，よく行動していると思われている。

④ **特に，不一致・ズレについて，考える。**

　自己認知と他者認知とが，一致している行動については，理解しやすい。しかしながら，不一致・ズレている行動については，なぜそのようになるのかは，なかなか了解できない。感情的な反応が起きやすい。自分の本意がよくわかっていないとの反発，自分のことをよく知らないとの無視，相手の受け止める姿勢に問題があるとの多罰，あるいは，自己卑下，自信喪失，などである。感情的な反応のレベルでとどまってしまうならば，行動の開発にはつながらない。

　重要なことは，他者からのフィードバックは「正しいのか，正しくないのか」ということではない。自分の行動について，他者は，どのように感じ，考えているのかということについて，「事実」として理解する必要がある。

　すなわち，自分は，誰に対して，どのような行動を，どのような課題，どのような状況で，おこなったのか。その行動は，相手の，自己への期待にてらして，どのような影響を与えていたのか。すなわち，効果的であったのか，そうではなかったのか，との視点から考えなければならない。

　自己の行動の影響，効果は，働きかけている相手（自分への期待，立場・役割，関係性などが，それぞれ異なっている），その時の状況，解決すべき課題などによって異なるのである。固定的なものではない。

　自己の一つひとつの行動が，相手に与えている影響，効果について，把握し，理解することのできるメタ認知を高めることが必要である。

⑤ **自己の行動の効果的な側面と，課題となる側面とを整理し，把握する。**

　効果的な側面を意識することは，自己効力感を高め，また，課題となる側面を自覚することは，行動開発の重要な要点である。

　しかし，ここで注意すべきことは，以下のことである[19]。

　ⅰ）一般的な「性格」とのイメージで，自己の行動を理解したつもりにならないこと。自己の行動について振り返り，把握する場合に，「性格だから」との説明を行いやすい。このような場合には，暗黙の裡に，性格だから変わらない，性格だから仕方がない，との意味をあらわしていることがある。このままでは，行動開発にはつながらない。「自己を受容する」ということと，「性格だ

から」との意味することの違いを慎重に考えておく必要がある。

　また，「性格」は「明るい性格・暗い性格」とか「積極的・消極的」など，抽象的な言葉のレベルで，わかっているつもりとなりやすい。たとえば「消極的な性格」が課題だとしても，どのように行動を開発したらよいのか実践につながりにくい。したがって，自己を理解する場合には，抽象的なレベルではなく，具体的な「行動」として把握する必要がある。

　ⅱ）行動の効果的な側面と，課題となる側面とは，同じ行動の影響の違いによるとの視点を理解すること。

　行動が効果的となるか否かは，行動が影響をあたえる状況（問題解決場面）での相手との，関連による。同じ行動でも，状況が異なり，相手からの期待が異なれば，効果的となったり，期待外れ，場違いになったりする。たとえば，「冗談をいって，よく笑う」との行動傾向があるとする。この行動傾向が，「忘年会の席で」，職場の同僚から「盛り上げてくれ」との期待があれば，周囲は受け入れてくれるので，「効果的な行動」となる。しかし，「顧客とのクレーム対応の席」で，同席者から「しっかりとお詫びをして，深刻な対応」を期待されている際に，「冗談をいって」しまうのは，ひんしゅくを買うであろう。不適切な行動である。

　いわば，自己の習慣化された行動傾向，持ち味は，社会的な影響として，パラドキシカルとなる。

　自己の行動傾向そのものは，社会的な影響過程においては，よい行動でも，よくない行動でもない。自己と他者との相互関係の中で，行動の意味が生じるということとなる。たとえば，キャリア開発として，自己分析などで，「長所」「短所」の整理が行われるが，十分に注意をする必要があろう。状況との関連を意識しないレベルでの抽象的な言葉でわかったつもりになっていないであろうか。

　ⅲ）課題となる行動を整理しても，すぐに，改善行動計画をたてないこと。

　効果的な行動を実践するために，多面観察評価のデータを手掛かりとして，自己の行動傾向に気づき，改善行動を工夫するわけである。しかし，「課題行

動」の語尾を前向きな表現に変えたような「改善行動」は，なかなか実行できない。それはなぜか。自分が，なぜ，課題とされるような行動をとりがちなのか，その背景にある「自己のこころの中にもつメカニズム」を自己覚知していないからである。

　たとえば，「上司への報告がたりない」との課題行動を，表面的に「上司に報告する」と改善行動を計画しても，なぜ，自分は上司に報告がたりなくなってしまうのかという，自己の心のメカニズムを理解しないでは，行動がとれないのである。

　ⅰ）一例をあげると，「上司は何もわからない。自分の方が仕事ができる。上司に報告しても意味がない」と無視していた。なぜ，無視してしまうのか。さらに深いメカニズムを自己覚知していく必要がある。その気づきをふまえて，組織における上司の役割，責任のあり方，報告することにより，上司を巻き込み，より大きな仕事に発展させる，など，報告の意味づけを捉え直すことができ，納得して，「報告行動」が実践できるようになる。

　ⅱ）あるいは，「上司は忙しい。中途半端な報告は失礼となる。完璧な報告をしなければならない」と思い，報告する気持ちはあるが，なかなか完璧な報告がまとまらないで，時間がかかる。結果として，報告がたりないこととなっている。なぜ，完璧にこだわるのか。完璧でないと，何が不安なのか。など，さらに深い自己覚知が必要である。このプロセスを通して，自分一人で抱え込んでいて，自分の思う完璧にこだわっていたが，途中でも上司に報告して，アドバイスをもらいながら進めれば，もっと大きな視点からの完璧な仕事となる，など，完璧な仕事と報告の意味づけを捉え直すことができれば，納得して，「報告行動」が行えるようになる。

⑥ このように，**自己のとりやすい行動の，背景にある「こころのメカニズム」の深い自己覚知，自己洞察が，納得した行動開発には不可欠である。**

　たとえば，次のようである。

　ⅰ）「無難な目標の設定をしている」。なぜか。高い目標を立てると，達成できないで，失敗してしまうかもしれない。失敗が怖い。「絶対に失敗してはい

けない」。「失敗する自分は価値がなく，みすてられる」。

　しかし，このままでは，「無難な目標」では，「失敗する自分」となっているのである。

　ⅱ）「部下の指導に熱心でない」。なぜか。人から教えられることは覚えない。自分は，一人で，苦労して，身に付けてきた。誰の世話にもなってこなかった。「自分のことは，自分一人でやれ」。「人に甘えるな」。

　しかし，このままでは，リーダーとしての役割が果たせず，ノウハウなどの伝承ができず，「部下の育成」という役割の「自分のこと」ができていない。経験の枠から出ないで「甘えている」のである。

　ⅲ）「他の人に仕事をまかせられない」。なぜか。他の人も，それぞれ忙しい。仕事を頼むのは，気がひけて，申し訳ない。自分の苦労ですむならそのほうがよい。「人に迷惑をかけたくない」。

　しかし，このままでは，仕事を一人で抱え込んでいて，できる仕事の質や量が限られる。遅れるかもしれない。仕事の共有ができない。結果として「人に迷惑」をかけていることとなる。

　これらの例示のように，「課題行動」と，こころの奥にあるメカニズムで，自分では大切なこととしてこだわっていた「思い，感情，価値観，生き方」などと，場合によっては，相互に矛盾しているパラドキシカルな関係となっていることがある。

⑦ 状況や，相手に応じた，適切で効果的な，多様で柔軟な行動選択の幅を広げて，意識して，行動する。

　自己覚知は，自己の行動の奥にある「こころのメカニズム」の洞察だけでなく，自己の行動が，相手に与えている影響の実際について，その時々に感じ取ることのできる感受性とから考えることができる。自己の行動の影響は，問題解決場面（状況）および相手の期待によって異なる。どのような場面で，誰に対して，どのような行動をとっているのか。それは効果的であるのか。このように，自己の行動を目的にてらして，自分自身で観察して，適切な行動を自己調整[20]することが重要である。

自己の感情，考え，行動を自分自身で観察し（Self-monitoring），自己の感情，考え，行動を意識して調整する（Self-regulary）こととなる。自分自身の行動，考えていること，認知活動を，自らそれ自体について認知することをメタ認知という。

自己のとりやすい習慣化された行動のみならず，意識して，別の行動を行うことである。必要とされる行動をとらなかったのか，あるいは，不必要な行動をとったか，とりすぎたのか。必要な行動を行うか，不必要な行動を行わないかである。「性格を変える」という表現は，誤解を与える危険性がある。あたかも，その人のいままでの個性，存在の価値を否定してしまう印象となる。また「行動変容」も操作的な印象を与えることがある。「自己の持ち味，個性を理解したうえで，柔軟で多様な行動をとる」との視点が大切である。

第4節　自己覚知と経験学習

経営における問題解決において，経験学習における「実践知」が重要視されている[21]。経験学習における「熟達」は，実践知を備えていくこととされる[22]。楠見は，次のように，わかりやすく紹介している。

熟達には，3つの段階がある。

まず，「定型的熟達」である。初心者が先達の指導を受けて，ある仕事についての手続き的知識を獲得する段階である。定型的な仕事は正確にできるが，突発事態にはまだうまく対応できないとされる。

次が，「適応的熟達」である。仕事に関する知識が豊かになり，新たな事態にも柔軟に対応できるようになっている。これは，過去の経験を蓄積し，構造化して把握して，それを新規の事態に類推適用することで，問題解決が可能となると考えられる。

最後が，「創造的熟達」である。適応的熟達者がさらに豊かな実践知を獲得することで，より創造的な判断や問題解決が可能になった段階とされている。

さらに，熟達には，挑戦性，柔軟性，類推，の3つの要因が必要としている。この中で，柔軟性を高めるには，「省察（Reflection）」と「批判的思考（Critical thinking)」が重要である。ここでは,「省察」を紹介しておく。「省察」にも3つの種類があるとされている。

1つめは「振り返り的省察」である。自分の過去の行為や体験を解釈して深い洞察を得ることである。毎日,あるいは,1週間ごとに,経験を振り返り,考え,学んでいくことである。また,上司や先輩と話して意見をもらうことも含まれる。他者からのアドバイスはモデル学習となるであろう。さらに,この振り返りにより,目標設定の適切な調整が可能となる。

この視点は,バンデューラ(Bandura, 1986)の,社会的学習理論による,自己効力感の育成と,目標のスモールステップと関連が深いと思われる[23]。

2つめは「見通し的省察」とされる。未来に向け,自分の行為をシミュレートすることとなる。振り返り的省察と組み合わせると,過去の失敗から学び,どのようにすれば,将来の失敗を防ぐことができるかを,見通すことができる。

3つめは「行為の中での省察」である。自分がある行為を行っている最中にその状況に注意を向け,行動を適宜調整することとされる。たとえば,営業パーソンが,顧客の反応や,話の様子を感じ取って,自分の営業の説明や姿勢を,調整して,商談の流れをコントロールしていく,との例が紹介されている。無論,他の仕事においても必要な省察である。

前述した自己理解をすすめるステップにおいて,自己の行動の効果について「⑦状況や,相手に応じた,適切で効果的な,多様で柔軟な行動選択の幅を広げて,意識して,行動する」との自己覚知の機能と,ここでの省察は,ほとんど同じことであり,同様なメタ認知と位置づけることができる[24]。

この「行為の中での省察」は,時には反射的,無意識的に行われていることがあろう。しかし,「振り返り的省察」により,自己の行動を意識化して,「見通し的省察」によって,さらに的確な行動として,実践知となる[25]。意識化することは,言語化することである。言語化することにより,「暗黙知」が「形式知」となり,自分だけのノウハウから,組織の共有するノウハウとなる。組織としての相互の問題解決が可能となり,シナジー効果を生み出すこととなる。ノウハウの伝承が可能となるのである。

第5節 「こころのメカニズム」と自己覚知

　習慣化された行動の奥にある，自分のこころの中のメカニズムを自己覚知することは，多様で，柔軟な行動の開発には必要である。
　では，どのように，「こころのメカニズム」を自己覚知していくのであろうか。イメージを紹介するために，一例を示しておこう[26]。
　A氏は，多面観察評価のデータから，10の行動を取り上げた。これには「周囲から信頼されている」との，よい影響として認められている行動と，「率直にものを言うので人を傷つけている」「アドバイスをうけても素直に受け止めない」「不得手なものにあきらめがある」などの，課題と考えられる行動とがあげられている。
　この10の行動のそれぞれについて，なぜこのような行動をとりがちなのか，その時に考えたり，感じたりしている自分の気持ちについて，考えていく。さらにまた，なぜ，そのように考えているのか，その奥には，その奥にはと，いままで自分自身でも，感じたり，考えたりしたことのない気持ちを発見するまで，自己探求を続ける。
　たとえば，「信頼されている」行動の背景には，「信用をおとしたくない」気持ちがあり，その奥には「全てを失うのは耐えられない」と思っていて，さらに「メンツがまるつぶれになってしまう」と思っているのである。課題である「不得手なものにあきらめがある」との行動の背景には，「失敗をしたくない」「恥をかいたらはずかしい」との思いがあり，さらに奥には「他の人には負けたくない」と思っている。この気持ちは「メンツがまるつぶれになってしまう」との気持ちにつながってくる。そして新たに「プライドがゆるさない」とのこだわりの気持ちを発見した。
　A氏の場合は，よい影響と認められている「信頼されている」と，課題とされる「不得手なものにあきらめがある」との行動の奥には，共通の「プライド」というこだわりの気持ちが背景になっていた。よい影響となる行動と，課題となる行動とに，同一のこころのメカニズムが関連していた。これも，パラ

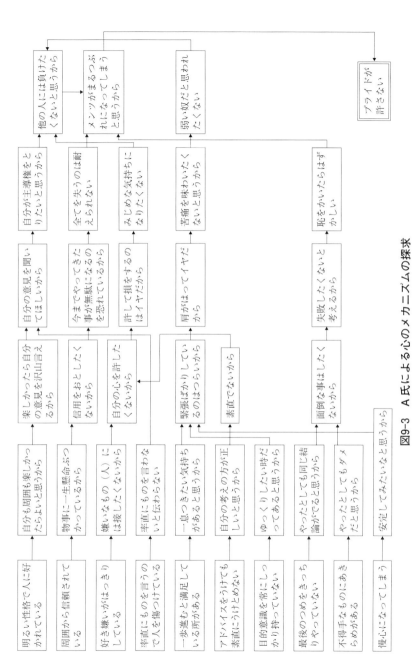

図9-3　A氏による心のメカニズムの探求

出所：外島裕「産業領域におけるコミュニティ援助の実際」金沢吉展編『臨床心理的コミュニティ援助論』誠信書房，2004年，137頁

第9章　リーダー開発における多面観察評価の機能と自己覚知　　*187*

ドキシカルといえよう。

　A氏は，次のように自己のこころのメカニズムについて整理している。「明るく積極的で自分に自信をもって行動してきたが，防衛的な気持ちが強く，他者をキリステてしまうところがある。プライドのようなもので自分を守っていた。この自己分析の途中でも自分に素直になかなかなれなかった。こんな気持ちを持っていた自分とは思ってもみなかった」。

　A氏の，行動開発の方向は，「明るく人との関係がオープンで，信頼されているとの，持ち味を基礎として，相手の気持ちと正面から向き合って，人の意見をよくきくことから，行動の幅をひろげる。自分の意見は，そのあと，よく考えながら話す。その間，自分を守っていないか，感じとるようにする」となった。この方向を実践できるように，行動計画は，より具体的に考える。

　「こころのメカニズム」の探究，発見，自己覚知は，一人だけでは，進まなくなる場合がある。行動開発的な視点から，カウンセラーが相談を受けながら，サポートする場合が多い。自己の探究のプロセスにおいて，経験から形作られてきた自己概念，すなわち，ライフストーリー，ナラティブ，自己物語[27]にふれられ，再構成されることが行われる。

第6節　自己変革と行動の免疫マップ

　前述の「こころのメカニズム」と，同様な視点で，課題となる行動と，こころの奥にある考えとの関連を整理し，位置づけている理論がある。

　ハーバード大学のキーガン（Kegan, R.）による「行動の免疫マップ（Immunity to Change）」である[28]。

　キーガンは，組織学習の理論から成人の発達という側面が抜け落ちていると指摘して[29]，リーダーシップ開発において，「リーダーシップ」よりも「開発（成長）」を重視し，人間は何歳になっても世界を認識する方法を変えられる可能性を強調している。キーガンは，成人の知性の発達段階を，環境順応型知性，自己主導型知性，自己変容型知性と3つの段階を仮定して，自己変容型知性では，複数の視点と矛盾の受け入れが重要となり，メタリーダーと位置づけられ

表9-1 デーヴィッドの最初の免疫マップ

1．改善目標	2．阻害行動	3．裏の目標	4．強力な固定観念
いくつかの重要課題に時間とエネルギーを集中的につぎ込む。	すぐに新しいことに手を出して、仕事を増やす。	他人に依存せず、万能でありたい（チャンスを逃したくない。後れを取りたくない）。	ほかの人に頼ったり、多くのことを上手に実行できなかったりすれば、自尊心を失う。
・権限委譲をおこなう。 ・部下に望む結果をはっきり示す。 ・異なるアプローチを容認する。 ・小さな失敗を学習の機会として受け入れる。 ・部下の思考様式を揺さぶる。	大量の仕事を抱え込みすぎて、睡眠、家庭、趣味など、仕事以外のことを犠牲にする。 課題の緊急性と重要性に応じた時間配分ができない。 力を貸してほしいと頼めない。	自己犠牲の精神の持ち主でありたい（チームのメンバーを見殺しにしたくない。自分を優先させれば、自分が利己的な人間に思えて、罪悪感がわいてくる）。 つねに問題の解決策を見いだしたい（未処理の課題を積み残したくない。なにかを断念するくらいなら、無理してでもやり遂げたほうがすっきりする）。	自分を最優先にして行動すれば、薄っぺらで取るに足らない人間に——自分が大嫌いなタイプの人間に——なってしまう。 課題をやり遂げる方法を見いだせなければ、価値ある人材でなくなる。

出所：キーガン，R. & L. L. レイヒー，池村千秋訳『なぜ人と組織は変われないのか』英治出版，2013年，165頁

ている[30]。

　リーダー開発の自己覚知と関連の深いことと考えられる視点としては、個人および組織の「変革をはばむ免疫機能」と称している「こころのはたらき」について、その把握と対処を示している。「変革をはばむ免疫機能」とは、自分の核となる部分を守ろうとする結果、自分自身が望んでいる目標の達成を妨げてしまうメカニズムとされている[31]。

　ここでは、デーヴィッドのケースを簡潔に紹介する[32]。彼は、ブルーカラー出身であるが、30歳代半ばでゼネラルマネージャーに昇進した。自分で思っている課題は、部下に権限委譲を行いたいが、上手にはいっていないことである。

　彼は、行動とこころの「免疫マップ」を作成した。

　「免疫マップ」は、「改善目標（Commitment）」「阻害行動（Doing/not doing instead）」「裏の目標（Hidden competing commitments）」「強固な固定観念（Big assumptions）」を考えるようになっている（Kegan, R. and Lahey, L. L., 2009, p. 128）。

「権限委譲」が「改善目標」であるが,「大量の仕事を抱え込みすぎて」いる。問題は「力を貸してほしいと頼めない」ことである。この,次つぎと仕事を増やし,誰にも助けを求めないという行動パターンは,「他人に依存せず」「万能であり」「自己犠牲の精神の持ち主」と感じていたい「裏の目標」を持続し,達成するためである。それではなぜ「依存した」と感じることを,どうしても避けたいのか。とてもいやなのか。この「強力な固定観念」はなにか。もし,自分が人に依存するような人間になったりすれば,自尊心を失い,薄っぺらで取るに足らない人物（そういう人間が大嫌い）に成り下がり,貴重な人材でなくなると思っていた。

　彼は,自分で整理した「免疫マップ」を見直して,新たに気づいたことがあった。「裏の目標」となっていることは,「本物の」働き手であり続けるための条件なのである。「ブルーカラー労働者という原点を忘れたくない（本物の働き手でなくなることが怖い）」との気持ちがある。「権限委譲」することは「自分のやるべき仕事を他人に押しつけること」と同一視する思考様式が自分の根底にあることがわかった。これは,あるべきリーダー像である。ブルーカラー労働者とは,自分の手を汚して仕事をする人たちであり,ホワイトカラー労働者とは,いくらでも替えの利く,見かけ倒しの「給料泥棒」で,ふんぞり返っている連中だ。さらに根底には,自分の体を使って働くことの方が頭で考えることよりも尊い,という発想があることに気づいた。

　彼の「強力な固定観念」は,次のように要約されている。「自分自身でなにも実行しないリーダーは,無価値な給料泥棒でしかない。もし自分で仕事をすることをやめれば,私は自分の原点を捨てることになる。自分さえよければいいと思っていて,怠け者で,地位にあぐらをかいた人間に成り下がってしまう。そんな自分には自尊心をいだけない」[33]。この自己イメージは,権限委譲という目標の達成を妨げているが,一方で,自分やブルーカラーの仲間たちが忌み嫌うような人間になることを防いでいる。さらに,権限委譲を積極的には行わないことは,「すべての仕事を自分で片付け,自分が重要で貴重な人材だと感じる」ことのできる,自分にとって重要なことだとわかった。

彼が，権限委譲をできるようになるには，技術的な解決策ではなく，「他の人に仕事を任せる自分」を許容するように，自己認識の前提の枠を広げて，権限委譲が自己認識と矛盾しないようにする必要がある。これまでより一段高い段階に知性を発達させることとなる。「自尊心と自己に肯定的な感情を失わず，自分の原点に忠実であり続け，同時に，適切に権限委譲をおこなうことは可能なのか」ということを考えることとなる。

　さらに，キーガンは，デーヴィッドの行動変革のステップを紹介している。

　行動実践計画として，「目標への道のり」を作成する。これは，「目標」「最初のステップ」「際立った進歩」「成功の指標」から整理する。また，実践状況のアンケートなど，フォローが続けられる。

　彼は，権限委譲の意義を見出すことができた。たとえば，「部下がいい仕事ができるように後押しする方法を見つけることに誇りをいだき，そういう自分に価値を感じるようになりました。気がつくと，自分がなにをするかより，部下がなにを成し遂げるかに目が向くようになっていました」と自己認識の発達の様子が紹介されている[34]。

　パラドキシカルな自己認識を統合することは，成人の発達の重要な機能といえよう。

　このデーヴィッドにみる，権限委譲，すなわち後進の育成に関する成人の発達課題は，精神分析の立場に立つエリクソンの提示している，個体発生分化の図式（Epigenetic Scheme）での中年期の「世代性・世代継承性（Generativity）」と考えることができよう[35]。

　成人期における発達課題に取り組んでいくためには，自己認識を再構成する自己覚知が重要となる。

　リーダーの行動開発において，組織の役割期待と成人の発達課題とを，自己覚知によって，適切に再構成ができなかった場合には，ディレールメント（脱線）と称される活躍の場から去ることとなる[36]。コーチングにおいても，弱みは過去に強みであったものの乱用である場合がある，破壊的な行為でさえもそれらの多くは肯定的な目的に基づいている，過去の自己イメージが現実に合わ

ない行動を生むことがある，など，自己覚知を促すポイントが指摘されている[37]。

第7節　自己覚知とスキーマ

　自己の行動の奥にある，こころのメカニズムについて考えてきた。

　近年，精神医学や臨床心理学で用いられることの多い，認知行動療法（Cognitive behavioral therapy）がある。不適応な行動や感情反応の背景には，不適切な認知があるとの考えに基づき，さらに適切な考え方，行動を学習する心理療法である。

　エリスの論理情動療法（Rational-emotive therapy）[38]と，ベックの認知療法（Cognitive therapy）[39]，さらに，アイゼンクの行動療法（Behavior therapy）[40]とが統合された療法である。

　論理情動療法は，ABCシェマであらわされる。Activating event（賦活事象：反応を引き起こす出来事）を，どのように考えるかというBelief（信念：思考スタイル）によって，行動や情動反応のConsequence（結果）が異なってくる。信念は認知変数であり，不適応行動を生じさせている信念を，非合理的信念（Irrational belief）という。

　認知療法では，ストレッサーと推論の誤りとが，自動思考（Automatic thought）を引き起こして，問題行動，症状となる。ある場面で，瞬間的に浮かんでくる，非合理的信念が自動思考であり，感情や行動に直接的に関係する。この自動思考のさらに奥にある人間観や社会観をスキーマ（Schema）という。認知療法は，この自動思考やスキーマを段階的に変化，改善していく療法である[41]。

　ヤング[42]は，認知行動療法の中で，スキーマに焦点を当てたスキーマ療法を構築した[43]。

　伊藤によれば，次のとおりである[44]。自動思考は，われわれの頭の中に自動的に浮かんでは消え，消えては浮かんでくるような思考やイメージである。スキーマとは，自動思考の背景にある，その人なりの認知構造であり，その人な

りの「物の見方」「価値観」「信念」「思い込み」のことである。各人は，それぞれのスキーマを持ち合わせており，そのスキーマが自動思考を生み出し，さらに他の反応（気分，感情，身体反応，行動）を生み出すこととなる。このスキーマは，われわれが生まれ，育ち，生きている間に学習し，その人にとっては「当然のこと」として構造化された認知のことである。発達心理学や認知心理学では，スキーマは認知的情報処理の負荷を節約するために，その人の体験に一貫性をもたらすために形成されるもので，本来は適応的で機能的であるはずとの側面をもつ。

　ベックは，治療や再発防止のためには自動思考だけでなく，スキーマにも焦点を当てる必要性を主張した。しかし，あくまでも症状に関わるスキーマであり，その人の生き方に関わる大きなスキーマまでは想定していなかった。ヤングは，症状に関わるスキーマだけでなく，その人の生きづらさに関わるような，より全般的なスキーマに直接焦点を当てるためのアプローチを「スキーマ療法」として開発した。

　臨床的な視点から，ヤングは，人生の早期に形成され，形成された当初は適応的であったが，その後のその人の人生において，むしろ不適応的な反応を引き起こすスキーマを「早期不適応的スキーマ（Early maladaptive schema）」とした。人生早期の環境の中で，特に養育者（主に両親）とのかかわりで，中核的感情欲求が満たされないと，早期不適応的スキーマが形成されることとなる。これらは，精神的健康や対人関係や社会適応を阻害するであろうと考えた。中核的感情欲求とは，①他者との安全なアタッチメント（安全で安定した，滋養的かつ受容的な関係），②自律性，有能性，自己同一性の感覚，③正当な要求と感情を表現する自由，④自発性と遊びの感覚，⑤現実的な制約と自己制御，である。

　さらに，早期不適応的スキーマの作用として2つあげられている。「スキーマの持続性（Schema perpetuation）」（スキーマを強化したり精緻化したりする）と，「スキーマの修復（Schema healing）」（スキーマを弱める）である。早期不適応的スキーマであっても，それが形成された時はむしろ「適応的」で，その人が生き延びるにあたっての助けになったはずのものと考えられる。早期不適応

スキーマの反証となるような大きな出来事が起きない限りは,「スキーマの持続性」が続くことになる。このスキーマが強固であれば,日常生活ではほとんど修復できない。スキーマ療法の目的は,「スキーマの修復」である。自らの早期不適応的スキーマを理解し,満たされなかった中核的感情欲求が治療を通じてある程度満たされ,早期不適応的スキーマが緩和され,新たな適応的スキーマを手に入れるというプロセスとなる。

「スキーマの持続性」と「スキーマの修復」とは,こころの深い所での自己のあり方の葛藤であり,このパラドックスと向き合うことが,適応的な自己を創造することにつながる。

なお,認知行動療法において,不適応の原因,問題に焦点を当てるよりも,望ましいアウトカムのデザインをしていく,ポジティブ認知行動療法との展開もある[45]。

このように,スキーマ療法は,認知行動療法を発展させたものであるが,力動的心理療法やゲシュタルト療法をも統合したアプローチとされる。精神分析の系統である,交流分析においても,バーン[46]によって提起された「児童期に作られた人生計画」である「人生脚本(Life-script)」がある。交流分析による治療は,人生脚本の理解と再決断が重視される[47]。理論的な背景は異なるが,アプローチの方向は類似であると思われる。興味深い。

第8節　リーダー開発と自己覚知のまとめ

対人的なスキルとしてのリーダーシップ・トレーニングも大切であるが,リーダーが真に期待される,また,自分自身でも納得し,成長(発達)を実感できるためには,自分自身を理解し,洞察する,自己覚知による行動開発につながるリーダー開発が重要である。

リーダー自身が,自己概念を再構築するためには,他者からの自己の行動に対するフィードバックが有効である。具体的な影響の事実を手掛かりとして,また経験を省察して,自分自身の行動の背景にある「こころのメカニズム」「免疫マップ」「スキーマ」を把握し,パラドキシカルな行動やこころの内容と向

き合い，統合して，新たな意味を創造していくことが望ましい。

そのためには，産業・組織心理学の知見を活用して，リーダー個々人への，丁寧な支援が必要となる。行動開発的なカウンセリングの発展と実践が期待される。

なお，メタ認知と自己調整については，ふれることが少なかった。別の機会を待ちたい。

さて，組織とリーダー開発との関連について確認しておきたい。組織は職務と責任の体系であり，その機能としては合理的な意思決定が重視されるが，一方においてその内実は，組織構成員の情動を伴う相互の影響過程である。組織の効果的な運営のためには，組織構成員が親交（Intimacy）を深め，信頼を構築することが期待され，重要とされる。

しかしながら，人と人との関係が濃密になるほど，適切な心理的距離を保持した関係性が課題となる。特にリーダーのもつ心理的な傾向は，組織構成員に対して，多大な影響を与える。主体的・自律的で創造的な関係性を構築することもあれば，反発や依存を引き起こす場合もある。たとえていうならば，メンバーのリーダーに対する「転移」と，リーダーからメンバーに対する「逆転移」との，複雑な心理的交流となる可能性も考えられる[48]。

リーダーの抑圧された無意識や防衛機制，意識していない心理的傾向は，メンバーの心理的傾向に影響を与え，さらに，組織構成員の相互の関係性，すなわち，組織風土を形成する[49]。リーダーが，適切かつ効果的に組織を運営し，さらに組織変革を進めていくためには，リーダーの組織構成員に対する影響の源泉にある，リーダー自身のこころのメカニズムについての自己覚知が不可欠となる。自分自身で，ふれたくない，意識したくない「影」の自分と向き合い，自己として統合することが課題となる[50]。

組織の効果性を目的とする，組織構成員相互の濃密な関係性は，親交・信頼を構築するか，あるいは，反発や依存を引き起こすか，この心理的なパラドックスの解決こそ，組織の問題を考える主要なテーマといえよう。

本稿で主に紹介した「個人内（Intrapersonal）」におけるこころのパラドック

スは，組織における「対人的（Interpersonal）」な関係性のパラドックスと相互関連するのである。自分自身との対話とともに，他者との対話（ダイヤローグ）を深めることが必要である。

近年関心の寄せられている「真正のリーダーシップ（Authentic Leadership）」では，「自己知覚，自己受容，および真正の行為と関係性によってAuthenticityを達成した人」が真正のリーダーとされている[51]。

リーダーの自己覚知による行動開発が，組織に与える影響について，認知心理学，認知行動療法[52]，力動的心理学，人間性心理学などの産業・組織心理学での実践的な活用が，今後とも興味深い。

■注■

1) Stogdill, R. M., *The handbook of leadership: A survey of theory and research*, Free Press, 1974.
2) 山口裕幸「職場集団におけるリーダーシップ」外島裕・田中堅一郎編『増補改訂版　産業・組織心理学エッセンシャルズ』ナカニシヤ出版，2004年，128頁
3) 古川久敬『組織デザイン論　社会心理学的アプローチ』誠信書房，1988年，63-65頁
4) 坂田桐子・淵上克義編『社会心理学におけるリーダーシップ研究のパースペクティブⅠ』ナカニシヤ出版，2008年
5) Day, D. V. (ed.), *The Oxford Handbook of Leadership and Organizations*, Oxford University Press, 2014.
6) 田中堅一郎「リーダーの自己概念からみたリーダーシップ研究の動向」『立教大学心理学研究』第56号，2014年，59-68頁
　　田中は，リーダーの自己概念を展望し，多水準自己概念（個人的自己概念，関係的自己概念，集合的自己概念），自己複雑性，リーダー・アイデンティティ等の視点から，研究する必要性を提起している。そのためには，本稿で述べるように，自己覚知による自己概念がいかに変容するかの実態を検討することが不可欠であろう。
7) Center for Creative Leadership (ed.), *Leadership Development Program*, The Center for Creative Leadership, 1994.
　　筆者が1995年9月に直接訪問して入手した研修資料より。
8) Day, D. V., "Leadership development: A review in context," *Leadership Quarterly*, Vol. 11, No. 4, 2000, pp. 581-613.

9) Avolio, B. J., Walumbwa, F. O. & T. J. Weber, "Leadership: Current theories, research, and future directions," In S. T. Fiske, D. L. Schacter, and R. Sternberg (eds.), *Annual review of psychology*, Vol. 60, 2009, pp. 421-449.
　リーダー研究において，リーダーの自己概念の発達と自己覚知の機能との関連について，メタ認知理論の視点から将来の研究が求められているとされる。
10) Gardner, H., *Frames of Mind: The Theory of Multiple Intelligences*, Basic Books, 1983.
　三宮真智子「学習におけるまた認知と知能」三宮真智子編著『メタ認知　学習力を支える高次認知機能』北大路書房，2008年，26頁
11) 三宮真智子「メタ認知研究の背景と意義」三宮真智子編著，同上書，2008年，2頁
　Ford, M. E. & M. M. Maher, "Self-Awareness and Social Intelligence," In M. Ferrari & R. J. Sternberg (eds.), *Self-Awareness*, The Guilford Press, 1998, pp. 191-218.
　自己覚知と社会的知性とについて，自己調整の認知（Regulatory Cognitions）を仲立ちとしたモデルを論じている。
12) 高橋潔『人事評価の総合科学　努力と能力と行動の評価』白桃書房，2013年，94頁
13) McCauley, C. D., Moxley, R. S. & E. V. Velsor (eds.), *The Center for Creative Leadership: Handbook of Leadership Development*, Jossey-Bass Inc, 1998.（金井壽宏監訳「360度フィードバック」C. D. マッコーレイ，R. S. モクスレイ，E. V. ヴェルサ編『リーダーシップ開発ハンドブック』白桃書房，2011年，29-67頁）
14) 高橋潔，前掲書，2013年，111-117頁
15) 金井壽宏・高橋潔『組織行動の考え方』東洋経済新報社，2004年，172-174頁
16) 高橋潔，前掲書，2013年，245-274頁
　二村英幸『人事アセスメント論　個と組織を生かす心理学の知恵』ミネルヴァ書房，2005年，73-103頁
17) 外島裕「産業領域におけるコミュニティ援助の実際」金沢吉展編『臨床心理的コミュニティ援助論』誠信書房，2004年，131-141頁
18) 外島裕，前掲書，2004年，133-134頁
　外島裕「組織開発への心理検査の応用と自己覚知の深化による行動開発　N社における導入の歴史と実践」『経営行動科学学会第17回年次大会発表論文集』2014年，69頁
19) 外島裕「組織開発への心理検査の導入の歴史と能力開発・行動開発への応用」『応用心理学のクロスロード』Vol. 06，2014年，39-40頁
20) 自己調整学習研究会編『自己調整学習　Self-Regulated Learning 理論と実践の新たな展開へ』北大路書房，2012年

21) 松尾睦『経験からの学習　プロフェッショナルへの成長プロセス』同文館出版，2006年
　　金井壽宏・楠見孝編『実践知　エキスパートの知性』有斐閣，2012年
22) 楠見孝「経験学習のクオリティを高めて熟達を早め，深化させる方法」『RMSmessage』Vol. 37，リクルートマネジメントソリューションズ，2014年，3-5頁
23) Bandura, A., "Social cognitive theory of self-regulation," *Organizational Behavior and Human Decision Processes*, Vol. 50, 1991, pp. 248-287.
24) 金敷大之「よく考え抜かれた練習に伴う熟達」兵藤宗吉・野内類編著『認知心理学の冒険　認知心理学の視点から日常生活を捉える』ナカニシヤ出版，2013年，230-247頁
　　熟達の10年ルールとともに，状況に対する気づきのモデル，熟達に伴う経験の認知の変化などを紹介している。
25) Schon, D. A., *The Reflective Practitioner: How Professionals Think in Action*, Basic Books, 1983.（柳沢昌一・三輪建二監訳『省察的実践とは何か　プロフェッショナルの行為と思考』鳳書房，2007年）
26) 外島裕「職務遂行行動への自己覚知のケース研究」『産業・組織心理学会第15回大会発表論文集』1999年，248-251頁
　　外島裕，前掲書，2004年，137-138頁
27) 榎本博明「語りを素材に自己をとらえる」榎本博明・岡田努・下斗米淳監修，榎本博明・岡田努編『自己心理学1　自己心理学研究の歴史と方法』金子書房，2008年，104-128頁
　　榎本博明『〈私〉の心理学的探究　物語としての自己の視点から』有斐閣選書，1999年
28) Kegan, R. & L. L. Lahey, *Immunity to Change*, Harvard Business Review Press, 2009.（池村千秋訳『なぜ人と組織は変われないのか　ハーバード流自己変革の理論と実践』英治出版，2013年）
　　キーガン，R. & L. L. レイヒー，「自己変革の心理学」DIAMONDハーバード・ビジネス・レビュー編集部編訳『リーダーシップに心理学を生かす』ダイヤモンド社，2005年，233-259頁
29) キーガンら，前掲書，2013年，19頁
30) 同上書，30頁
31) 同上書，58頁
32) 同上書，162-189頁
33) 同上書，167頁
34) 同上書，171頁
35) Erikson, E. H. (1950) *Childhood and Society*, W. W. Norton.

（仁科弥生訳『幼児期と社会1-2』みすず書房，1977年，1980年）
岡本祐子「アイデンティティ論とライフサイクル論：エリクソン」岡本祐子編著『成人発達臨床心理学ハンドブック』ナカニシヤ出版，2010年，18-21頁

36) McCall, Jr. M. W., *HIGH FLYERS Developing the Next Generation of Leaders*, Harvard Business School Press, 1998.（金井壽宏監訳『ハイ・フライヤー 次世代リーダーの育成法』プレジデント社，2002年，48-99頁）

37) Fitzgerald, C. & J. G. Berger (eds.), *EXECUTIVE COACHING*, Davis-Black Publishing, 2002.（日本能率協会コンサルティング訳『エグゼクティブ・コーチング 経営幹部の潜在能力を最大限に引き出す』日本能率協会マネジメントセンター，2005年，2-11頁）

38) Ellis, A., "Ration psychotherapy and individual psychotherapy," *Journal of Individual Psychotherapy*, Vol. 13, 1957, pp. 38-44.

39) Beck, A. T., "Thinking and depression," *Archives of General Psychiatry*, Vol. 9, 1963, pp. 324-333.

40) Eysenck, H. J. (ed.), *Behavior therapy and the neuroses*, Pergamon Press, 1960.（異常行動研究会訳『行動療法と神経症』誠信書房，1965年）

41) 長尾博『やさしく学ぶ認知行動療法』ナカニシヤ出版，2014年，5-7頁

42) Young, J. E., *Cognitive therapy for personality Disorders*, Professional Resources Press, 1990.

43) 伊藤絵美「筆者とスキーマ療法との出会いとその後」伊藤絵美編著『スキーマ療法入門』星和書店，2013年，3頁

44) 伊藤絵美「スキーマ療法の理論とモデル」伊藤絵美編著，前掲書，2013年，21-57頁

45) Bannink, F., *Practicing Positive CBT: From Reducing Distress to Building Success*, John Wiley and Sons Ltd., 2012.（津川秀夫・大野裕史監訳『ポジティブ認知行動療法 問題志向から解決志向へ』北大路書房，2015年）

46) Berne, E., *What do you say after you say hello?*, Grove Press, 1972.

47) Stewart, I. & V. Joines, *TA TODAY A New Introduction to Transactional Analysis*, Lifespace Publishing, 1987.（深沢道子監訳『TA TODAY 最新・交流分析入門』実務教育出版，1991年，122-168頁）

48) 氏原寛・成田善弘編『転移・逆転移 臨床の現場から』人文書院，1997年

49) Zaleznik, A., *Executive's Guide To Motivating People*, Bonus Books Inc., 1990.（梅津祐良訳『ハーバードで教えるリーダーシップ』生産性出版，1993年）
    Kets de Vries, M. F. R., *Leaders, Fools, and Impostors*, Jossey-Bass Inc., 1993.（金井壽宏訳『会社の中の権力者，道化師，詐欺師 リーダーシップの精神分析』創元社，1998年）
    Kets de Vries, M. F. R. & D. Miller, *The Neurotic Organization Diagnosing*

and Changing Counterproductive Styles of Management, Jossey-Bass Inc., 1984. (渡辺直登・尾川丈一・梶原誠監訳『神経症組織　病める企業の診断と再生』亀田ブックサービス，1995年)

　　Gabriel, Y. (ed.), *Organization in Depth*, SAGE Publications, 1999.
50)　河合隼雄『影の現象学』講談社学術文庫，1987年
51)　坂田桐子・溝上克義編，前掲書，2008年，2頁
52)　岩本隆茂・大野裕・坂野雄二編『認知行動療法の理論と実際』培風館，1997年

第10章　BSCを活用した医療経営の
　　　　　イノベーション
―医療専門職と病院経営との狭間で―

　　　　　　　　　　　　　　　　　　　　　　　　　髙　橋　淑　郎

はじめに

　本稿は病院経営において，バランスト・スコアカード（balanced scorecard, BSC）1）という統合的な戦略経営実践のフレームワークを用いることで，医療経営においてイノベーションを経営戦略に組み込む方法を明らかにし，それを伝達することで，イノベーションへの取り組みが適切に重点化され，イノベーションが病院組織の活動の他の部分と統合されることを示したい。

　同時に，本書の共通テーマである「パラドクス・マネジメント」に関係して本稿の主題を考えると「医療職（医師・看護師など）と経営管理職（病院の経営者・管理者）」が，病院経営において大きなインパクトを与える「パラドクス・マネジメント」であると肌で感じている。

　なぜなら，これまでの日本の病院医療は，患者を治すことが第一で，臨床の場では，医療に「お金」のことを持ち込んではいけないという考えが主流を占めてきた。すなわち，「医は仁術」であり，お金のことを持ち込むことを「良し」としない医療領域独特の組織風土があった。その組織風土ができあがってきた要因は，医療および医療経営の中心を担ってきたのが医師であり，弱者を救う医療でお金や利益を考えることは卑しいことである，あるいは医療経営は非営利で行うべきであり利益を考えてはいけない，お金を考えることは医の倫

理に反するといったことが幅を利かせ,病院で利益を出すことは悪であるといった「非営利性の誤解」[2]がまかり通っていたからと考えられる。

　確かに,医療を考えた場合,患者に医療行為を,正当性をもって行えるのは医師以外にいない。また看護師は医師の指示があれば,法律上はかなりの医療行為を医師に代わって行える。このような病院内での医師のオールマイティーさが,そのまま社会の中で高い地位を占めることになっていった。さらに,医師は,日本が高学歴社会になる以前から,高学歴の人間の生命に関与する職能集団であり,病院だけでなく地域社会の中で指導的な役割を担うことになった。

　国民皆保険が整備される以前は,診療しても,貧しい人はある時払いで,米や魚といった「現物払い」がまだあった時代でもあった。特に,医療に関連したことは,住民は盲目的に医師にしたがっておけばよいといったパターナリズム[3]が浸透し,医師の考えを,素人に押し付けてきたように現在では思われていたことなどが総合的に影響して,医療でお金を考えることは卑しいという考えの要因のひとつと考える。それが医療に経営はなじまないといわれる原因であり,事務職は,医師からいわれた事務だけを行っていればよいといった風潮がはびこってきたことにつながる。したがって,病院経営ではなく,病院運営といった言葉が,わが国では長く使用されてきた。

　とはいえ,決して,医師が悪いのではない。生死の際にいる患者を目の前にして,命を救うことは尊いことであり,その行為は「善」であり,救急の現場では,医師がお金のことを考えないで最善を尽くすことは尊いことであり,患者もそれを求める。

　これまでの医療は,治すこと,救うことができた時代である。しかし,現代は,疾病構造が大きく変化し,感染症が死因の上位を占めるのではなく,がん,脳卒中,糖尿病など成人病や慢性疾患と言われるものに代わってきている。すなわち,それらはシンプルな急性期疾患ではないため,単に医師にすぐに診てもらえればよいという時代から,患者にとっては自分の病気を判断する時に時間軸が入り,患者は,自分や家族が疾病や医師のキャリアや病院の機能や特徴についてさまざまな方法で調べ,自分で考え,人と相談し,場合によっては,

他の医療機関でセカンドオピニオンを求めるという行動も多くなってきた。つまり，余命宣告後にいかに生きるか，あるいは，疾病とどのように共存していくかを病院がサポートする割合が増えるのである。

したがって，病院経営を考えた上での，最善の医療の提供という選択肢も生まれてきた。さらに，2055年ごろの年齢構成別人口統計予測[4]をみると，高齢者が圧倒的に増えることによって，癒すこと，疾病を抱えて上手に生きる状態にある年齢層が増加し，すぐに治し，救うという行為が相対的に落ち込むという現実もある。

さらに，医療が経済性を考えないということは，経済が右肩上がりの時代は，医療費の上昇を吸収してきた。しかしながら，経済が成熟化してきた中で，かつ，厚生行政が，護送船団方式[5]をあきらめた途端に，日本の約8,540（平成25年度病院報告概況）の病院は，経営を自らで考えなければならなくなった。

したがって，二律背反になりやすい「病院経営・管理者」と「臨床の専門職」とのパラドクスをうまく処理する仕組みが病院には，特に求められている。それを達成するには，BSCの活用によって，戦略的にイノベーションを組み込みこんだ，持続可能な経営を行うことが必要であることを本稿で示したい。

第1節 病院経営・管理者と臨床の専門職

本稿では，イノベーションをBSCに経営戦略として組み込み，それを実行することで「臨床の専門職の意識と病院経営・管理者」のパラドクスをうまく処理するようなエクセレントな病院経営が可能か検討し，持続可能な病院経営を志向することにある。

患者の治療にあたり，これまで臨床の場面では，医師，看護師が中心であった。医療専門職の意思決定基準は，当然，患者にとって最良であるという判断基準であったことは事実であり，経営はその場面に関与することは多くなかった。したがって，臨床中心の意思決定には，業務とコストとの関係などが関連づけられることは少なかった。しかし，経済環境が変化し，自民党の小泉政権下，および民主党政権下で，診療報酬が削減され続け，医療費が抑制され，厚

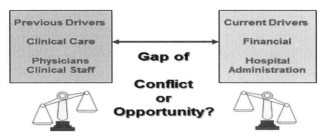

図10-1　医療職と経営職のギャップ
出所：Duke Children Hospital（2005）のインタビュー資料より

生行政も，護送船団方式が解体してきた環境で，病院の経営について科学的に，理論的に考える経営・管理部門が，院内で影響を強く与えるように変化してきた。

　そこで生まれたのが，この2者間の大きなギャップであった（図10-1）。これまでの右肩上がりの経済では，小さなギャップであったものが，経済環境の悪化で，大きなギャップとして表面化し，それまで伏せられてきた感情も膨らみ，規模の大小や開設主体にかかわらず，小さな「衝突」が生まれてきた。

　そこで，有能な病院経営者の中には，医療での臨床成果と病院経営としての経済性とのギャップを埋めるのに，この「衝突」を良い機会と受け止めることが必要であると考える人々が少しずつ出現してきた。

　具体的には，医療部門と経営・管理部門との間には上述のギャップとそこから由来する不満が生じたのであったが，臨床結果を考えた医療行為，またその中でのコスト削減を，双方が満足するようなことをどのように行うべきなのかが問題として，数は少ないが，経営感覚のある医師や心ある事務職がその衝突の解決に向かった。

　具体的には職場で働く全ての人たちへの情報をどのように提示するのか，病院全体のビジョンは何か，その部門のビジョンはどのようなものか，またどのように縦・横にコミュニケートするのか，といったことの改善を模索することになった。その後は臨床部門の管理者や病院の経営者層が，病院経営として成

功するためには，どのような経営ツールを活用していくのかに力点があった。

　さらにいえば，病院内の臨床の職場環境をどのように保持していくか，そして最も重要なのは，医師と患者や患者の家族との狭間で機能する看護師のモチベーションやスキルであり，看護師たちの職場環境とモチベーションとスキルをどのように保持，向上させていくか，その他の臨床専門職，経営者層など病院の全職員のモチベーション向上させることができる経営ツールは何かを自信をもって見い出すことが先進諸国の病院経営には必要であった。

　これまでの臨床側と管理側の互いの主張を見ると，医師は，管理部門の人びとがお金のことしか考えていないと思っていることが多々ある。そのような環境下で，コミュニケーションツールとしてBSCを使用して，院内で業務効率，臨床での質，患者満足度，職員満足度などがすべて関連していることを理解してもらうことは可能である。すなわち，財務的なことだけでなく他の領域にも大きく関連していることをBSCによって理解してもらうことができると考えられるのである。

経営 vs 臨床と BSC に関して，Duke 大学病院の事例検討

　アメリカのデューク大学小児病院でのBSCの活用に関するインタビュー（髙橋，2004；2005）を下敷きに考察していく。Duke大学病院の総病床数は，約950床あり，小児病院は，144床の病床を占めている。

　当時，デューク大学小児病院では，全職員で考えるために，より良いビジョンを作成しなければということが合意された。そこで「VISION, PRACTING, SMARTRE（ビジョン，実践，より賢く）」を標語にして，病院は，患者，家族，担当医[6]に効率よいヘルスケアを進めるための環境を提供することを宣言した。

　具体的には，チームワーク，成長，よい環境を作ることを，目に見えるように実行した。そしてデューク大学小児病院では，私たちの組織，個人個人の一番の重点は「子どもたちの健康と理解である」ことを確認し，財政的なことを最適化していこうとすることでゴールを達成すると合意し納得することができた。この合意形成が重要であり，BSCの作成プロセスの重要なポイントである。

ただ，この時点では，いかにより収益をあげるのか，収益があがっていないものをどのように収益をあげるようにするのか，皆，わかっていなかった。そこで「医師と管理部門の衝突を，BSCを使って，よいビジョンを作り，衝突を解決するよう合意形成する」と仮説を立てた。BSCは，データを落とし込む方法が重要で，それによって組織全体が静なるものから，ダイナミックに動くアクションを中心にしたものでなければならないということに気づいたのであった。したがって，その具体的内容を，組織全体にわたり説明し，コミュニケーションをとり，いろいろな戦略を取り入れることであった。

　そこで行われたことは，第1にBSCとは何か，戦略を中心にした組織とは何かということを病院全体にわたって説明し，コミュニケーションをとることで，合意形成プロセスを職員に植え付けたことである。BSCの基本形は，財務の視点，顧客の視点，業務プロセスの視点，学習と成長の視点という4つの視点から構成されている。そして，それらがタテの因果連鎖でつながり，全てのものがミッションを中心にベクトルを揃えてきた。病院で使用する場合，これのどこが重要かを考えることではなく，どこに優先順位付けをするかということが重要となる。

　しかし，4つの視点の考え方，評価の仕方，関係性などは，ひとつに決まっているわけではないが，その基本形の因果連鎖を崩してはいけないことは明らかである。

　第2に，資源と戦略を組織とどのように関係させるかによっても理解が変わってくる。たとえば，戦略を開発していくチーム，実際にケアをしていくチームがいる。それらを人的資源としてみると，病院の予算・各種投資に関しては戦略とダイレクトにかかわってくるので，それらのサポートをする技術部門を機能させることで，人的資源と組織を戦略的に関係づけることができる。

　第3にBSCで大事なことは，スタッフ間の良い関係（信頼）を築くことができるということである。職員の満足度，患者の安全，ケアの質，患者の満足度，それらを保持あるいは向上していく必要がある。もちろん定期的フィードバックを行う必要もある。

第4にBSCは病院の求めているこれらを確実に提供してくれるツールである。例えば，BSCは非常に正確でありタイムリーに，情報に近づくことができるツールとして，われわれに良いチャンスを与えてくれる。問題があった時には，多岐にわたった情報を提供してくれる。たとえば，病院の経営・管理部門の人は，コストの20％は管理部門でコントロールできると考えている。残りの80％は臨床的決定を日々行っている医師の手に委ねられていると思っている。したがって，両者の協働が必要となる。それらをひとつの戦略実行のフレームとして提供しているのがBSCといえる。

　以上を，総合的にまとめてBSCのデューク大学病院での活用を整理すると，
① BSCの開発プロセスを通じて職員が積極的にコミュニケーションをとるようになり，戦略が明確化される。
② 戦略についての合意形成が病院の各職階，職種で行われ，その結果，病院の全階層に焦点と方向性を理解させることができた。
③ 経営トップ階層が責任をもつべき指標とその目標レベルが明確化された。それによって，経営トップ階層と理事会メンバーとの信頼が向上された。
④ BSCの構築段階での因果関係の議論が，職員の信頼を生み，より良い意思決定へ導く思考方法が促進された。
⑤ 先行指標[7]により事実に基づいたリアルタイムの意思決定が可能になったので，現場の納得が得やすくなり，スムーズな経営可能になった。
⑥ 納得性ある指標をシンプルにBSCに織り込むことで，誰が見てもわかるスコアカードになる。

第2節　イノベーションの定義

　ここからBSCとイノベーションについて考察していく。イノベーションは，その言葉を受け取る人間によって意味が異なる言葉のひとつである。多くの研究者は，イノベーションを2つのカテゴリーで定義することに関して，異存は少ないと考える。
　破壊的イノベーションとは，ブレークスルー型のイノベーションで，消費や

サービスに関して，顧客の利用方法や事業環境における競争を根本的に革新させるような新しいサービス，ビジネスモデルを意味する。たとえば，パーソナルコンピューター，インターネット，カップめん，ウォークマンなどである。医療経営では，例えば，古くは，内視鏡の開発，現代では，医療とICT（情報通信技術）とを融合したeヘルスケアサービスが考えられる。

持続的イノベーションとは，かつて破壊的なブレークスルーであった物やサービスなどの寿命を延長するか，増強するような，製品またはサービスの漸進的改善を指す。たとえば，Windowsの新バージョンの導入，コンビニでの住民票受け取りといった公的サービスの簡素化などが考えられる。医療経営では，クリニカル・パス，緩和ケア病棟の新設と運用，電子カルテなどがある。

すなわち，イノベーションは，パラダイムシフトを起こすような「思いつき・ひらめき」を企業化し，社会でインパクトを与え，経済成果を生み出すようなものもある。一方，「汗をかく」ことで，小さな改善の積み上げや仕組みが絡み合って実社会で実現するものもある。本稿ではイノベーションを，技術革新というような狭義の定義ではなく，社会の仕組み，ビジネスモデル，仕事のプロセスおよび経済成果を出すことまで視野に入れるように広義にとらえる。

第3節　なぜ病院経営にイノベーションが必要か

医療にかかわらず，先進諸国の多くの組織の経営者は，イノベーションを実行しなければならないような危機的状況を理解している。技術革新，サービスなどの漸進的改善など民間におけるイノベーションの成果は，これまでもさまざまな研究などで報告されている。医療においては，病院は患者や利用者の増大するニーズに対応する一方で，診療報酬制度改革やその点数などの変化あるいは外部からの圧力に対処しなければならない状況にあると考える。

企業経営で考察すると，2013年度のGE調査結果の分析では，「イノベーションのめまい」ともいうべき傾向がみられ，どのように前に進めばよいのか不安視する様子が世界32カ国の企業経営者の中にみられたと調査結果を分析している（GE 2014　グローバル・イノベーション・バロメーター）。

われわれが仕事や生活でかかわる，主要な企業が，ますます「急激な」変革モードに入りつつあることが理解されるが，同時に同様の様相が病院や大学など事業展開型の非営利組織でも想定される。

　2014年発表のGEの同調査では，「経営層の60％は，効果的なビジネスモデルを定義することに依然苦慮しており，イノベーションに向けた取組みを実行することができないとする一方で，社内の優先度やプロセスを変化させている。つまり創造的な行動を奨励し，競争力を高めるために他のビジネスとの協業を促進させ，顧客や市場のダイナミクスをより理解するためにデータ活用や分析をおこなっている」（GE 2014　グローバル・イノベーション・バロメーター）と分析し，指摘している。

　産業界では，イノベーションの方向性が見え始めた中，医療界では，まだそこまで達していないのが現状であろう。それは，医療界での各病院の組織力格差から由来することが多い。しかし，遅かれ早かれ同様の様相が日本の医療界で現れ，医療界流にモデファイして，ソフトランディングすることは，これまでの医療経営の歴史から想定することができる。その中で医療行政が2025年の団塊の世代が後期高齢者に達するまでに，後手後手の厚生行政を待つのではなく，病院など個々の医療組織が，大きな変革を起こし，多種多様なシステムを変化させないと財政破たん，サービスの質の低下，医療サービス需要者の二極化などが起きかねないという諸問題を先送りできない病院経営において，イノベーションを組織的に取り組み，戦略に関連させていくことが必須になる。たとえば，入院患者への注射，点滴などでの抗がん剤の残薬や外来患者への投薬での飲み残しなどを，病院で減らす仕組みを構築するには，「汗をかく」イノベーションが必要であるし，それらが思い付きやひらめきを誘引し，全く新しいシステムが構築されることになる。

日本のこれまでの典型的事例を検討する

　持続的イノベーションは，比較的「管理しやすい」プロセスであり，聖路加国際大学聖路加国際病院，社会福祉法人聖隷福祉事業団総合病院聖隷浜松病院，

公益財団法人大原記念倉敷中央医療機構倉敷中央病院あるいは日本赤十字社松山赤十字病院，恩賜財団福井県済生会病院のような，いくつかの大規模高機能病院で，そして，医療法人財団献心会川越胃腸病院など小規模急性期単科病院のように患者満足で日本有数といわれるように秀でた病院で，あるいは医療法人社団元気会横浜病院のように，これまでだれも救ってくれなかった患者に，手が行き届く老人医療で秀でた病院などで，プロセス改善といった領域において卓越性を示している。

　一方，ブレークスルー型イノベーションは複雑で，しばしば，予測不可能な場合がある。ブレークスルーによって，確立済みの利害や物事のやり方が破壊されるので，病院内の闘争を生み出すおそれさえある。医療経営においてはブレークスルー型のイノベーションは，一見，そう見えても，社会変革を及ぼすまで行くことは少ないことが多い。

　たとえば，医療法人社団慶成会青梅慶友病院は，30年以上前に，「自分の親の老後をまかせたい病院の画期的なビジネスモデル」として日本で脚光を浴びた。現在でも優れた病院のひとつである。当時はマスコミからも，医療や医療経営の専門家からも，素晴らしいという賞賛の評価が多かったが，それが現在，日本の老人医療や社会を変えた，という大きな現象は起きていない。さらに同様のビジネスモデルが，日本全国で多く出てきていない。なぜなら，月に平均的サラリーマン月酬以上を自己負担として，これから何年か，何十年か，支出し続けることができる家庭は多くないからであり，「理想のケアとその費用」との狭間で，サービス対象が少ないところに，限定したものにならざるを得ない，あるいは，そこにターゲットを絞ったからできたし，広がりがないとも考えられる。

　一方，緩和ケアに特化したビジネスモデル，すなわち，入院するには「がんの末期の患者で，多くが1～2ヵ月程度の余命である」場合は，治療ではなく，痛みを取り，尊厳ある死を迎えるような日々の生活を提供する，いわゆるホスピス（緩和ケア病棟）がある。たとえば，聖路加国際病院の緩和ケア病棟は，一般的な差額5万円の個室に入院すると，月に150万円程度は医療費とは別に

かかるが，長くとも約2ヵ月なので，中産階級層の家庭にも利用可能な金額である。入院期間が短くとも，最良の死をむかえさせてあげたいという家族の気持ちも加味して，経済的には比較的多くの家庭が利用できる。したがって，そのようなモデルは，厚生労働省の後押しもあり全国に緩和ケア病棟あるいはホスピスとして展開し，機能してきた。

さて，持続的イノベーションは，そもそもイノベーションとは呼べないと主張する人もいる。しかしながら，重要なブレークスルー型のアイデアを生み出す「これだ！」と叫ぶような瞬間と，そのようなアイデアの実現のための持続的な地道な努力のプロセスとは区別すべきである。場合によっては，「汗をかく」イノベーションから「思い付き・ひらめき」のイノベーションが生まれることもある。これを本稿では，この両者を対比して考察する。

第4節　医療におけるイノベーションとオープンイノベーション

近年，医療においてもICT（Information & Communication Technology）を含めた異なる技術の融合による新たな技術開発やサービス開発さらには異なる産業を横断した新たなルールに基づくビジネスモデルやイノベーションが実現している。

この背景には「コンバージェンス（融合）」という経済的かつ社会的現象が背景として存在し，従来の企業間・産業間競争をより一層複雑化させているが，一方で，その結果としてこれまで思いもつかなかったような連携，提携や協働が生まれつつある。

「コンバージェンス」は顧客を含めた企業間での戦略提携やM&Aなどを急速に加速し，既存の企業境界を大きく変化させうる引き金となっている。そこでは，既存の単なる異業種間競争というビジネス軸を越えた「異業種間連携」による「オープンイノベーション」（Chesbrough, H. W. 2003a）が，企業戦略の「経営革新モデル」としてより重要となりつつある。

たとえば，ICT産業と医療・介護・保健・医薬品産業との融合は，遠隔医療，遠隔介護，遠隔健康管理，医療情報管理，新薬分散型開発といった新たなビジ

ネスプロセスやビジネスモデルを生み出しつつある。NTTの三浦惺社長（当時）は日本経済新聞の「経営者の提言」で次のように言及している。「コンバージェンスという言葉をご存じでしょうか。端的に言うと融合といった意味合いです。あまり聞き慣れない言葉かもしれませんが，実は私たちの社会の中にはいろいろなコンバージェンスが溶け込んでいます。金融と数学が融合して金融工学が，生物学や医学，化学が融合することで遺伝子工学，バイオテクノロジーといった新しい学問が生まれて世の中に役立っています。こうした領域に限らず，産業と別の産業が融合することで新しい産業が芽吹いています。特に，あらゆるものがネットワークにつながり，あらゆる情報がデジタル化する時代だからこそ，エネルギー，環境，自動車，住宅といった分野の高度な技術がICT（情報通信技術）と融合して，新しいサービスが創出されつつあります。当然，そこには人材の融合もあり，新たな雇用も生まれます。」（『日本経済新聞』2012年4月16日朝刊）。

　この引用文の中でキーワードとなっている「コンバージェンス」という現象はここ数年でよく耳にするようになった現象であり，わが国の医療では，未開拓の分野である。ここからわかることは，これからはひとつの病院単体で新しいことを行う時代ではなくなったということである。たとえば，医療機関においては，さまざまな経営課題に対して，「病院」をいかにマネジメントするかが問われており，これまでのように質の高い医療サービス実現に向けた経営改革や業務改善を推進していくだけでなく，さまざまな分野で融合し，将来にわたる継続的な組織や個人の「学習と成長」が重要となってくる。

　このためには病院内の個人や組織が有するノウハウやスキルといった知識の共有・活動だけでなく，病院間など他の医療機関との関係，医療機器・医薬品メーカーさらにはICT企業との「オープンイノベーション」によるナレッジマネジメントが重要となる。

　なぜなら，このような「オープンイノベーション」による「経営革新モデル」の構築は，新たな医療提供方法の開発や各種医療支援の高度化を促進し，医療の質や患者や患者家族，あるいは連携する診療所や病院でのサービスの向上に

つながるからである。

　一方，このような自組織における学習と成長は，BSCにおける財務の視点，顧客の視点および業務プロセスの視点における戦略目標や目標値を達成するために組織の学習能力や経営革新力という，将来の成長に向けた戦略的病院経営実現のための重要な要素ともなる。

　しかし，このような「オープンイノベーション」に対応した病院の戦略プロセスや組織メカニズムという「経営革新モデル」は，まだ明らかとなっていない。「病院はステークホルダーである顧客に，いかにして新しい価値を感じてもらえるものを実現していくのか？」，「病院はコンバージェンスの環境下で自院の病院の境界・医療界の境界をいかに設定し，かつこれをどのようにしてダイナミックに変化させ，新たな事業領域を実現していくのか？」，「病院はダイナミックに変化する病院の境界において，いかなる戦略と組織に関わる行動をとるべきなのか？」，「このためのリーダーシップやマネジメントなど経営革新モデルはいかにあるべきか？」など，地域包括ケアの中での自院の役割を考慮しながら，多くのグローバル企業（医療・介護・福祉・医薬品産業・ICT産業など）と病院とがコンバージェンスする実践的課題は多い。

第5節　医療経営でのICT活用マインドの育成と戦略

　医療経営で，なぜICTの活用なのか，なぜ自分たちの戦略を実行するに当たりICTが必要なのを明らかにした上で，ICTを積極的に取り入れるマインドづくりが第一に必要となる。

　具体的には，ICT企業と医師がイノベーションを起こすには，相互学習が必要である。しかし，これまで医療関連以外の企業は，医療は難しい，医師の扱いがわからない，共同研究しても医療にいいとこ取りされるといった感触を漠然ともち，これまであまり縁がなかった企業が多い。そこで内部と外部の解放すなわちオープンイノベーションの運用が医療で求められる。

　この時，何もないところから発想することはむずかしく，戦略実行と組織変革のためのフレームワークを提供し，基本の4つの視点を中心として考えるこ

とができるBSCの発想と枠組みが効果的となる。

　なぜなら，ビジョンをいかに実現していくかという戦略を可視化し，コミュニケート機能をもち，基本は3～5年の中期を明らかにし，主要な戦略の全体像を示す戦略マップと戦略目標の進捗を評価し，管理し，基本的には単年度単位で，具体的な指標，アクションプラン等を決定するスコアカードを有効に利用した展開をするからである。その時に，ICTを機能させた水平的な地域の医療を中心とした福祉・保健連携モデルと，ICTを機能させた垂直的な医療政策と個々の医療・福祉施設の連携モデルを考えることが可能になる。

　このように地域社会でBSCを活用し，地域の医療機関，住民，医療制度を，戦略を通して，BSCで結び付けることは可能である。しかしながら，Zelmanらの研究によると（2007年8月の髙橋によるZealmanへのインタビューより），ある地域ですべての病院がBSCを利用したとしても，病院と病院が連携したBSCを利用したとしても，個別医療機関で，院内でカスケードされたBSCとは本質的に異なると主張する。その本質的に異なるというのは，因果連鎖の質の問題であると筆者は考える。

　しかし，地域を病院と考え，地域内の医療機関や福祉施設を病院の部門・部署を想定すれば，個々の病院で行うようなカスケードと同じように行うことは可能である。しかも，因果連鎖は崩れないと考える。それを実行したのが，カナダのオンタリオ州であり，医療政策の作成と浸透のためにBSCを利用した。具体的にはOntario Hospital Report Cardの運用で，病院と州政府，病院と一般市民との関係を作った上で，州政府の戦略の伝達と州の病院全体でBSCの利用に成功した（髙橋，2011a）。

　したがって，病院の部分最適から病院の全体最適へ，病院の全体最適から地域の全体最適へBSCの利用が広まっていくことになった。これらがBSCの活用から生み出されていった成果といえる。

　これらを行うことで，病院は，他組織からの資源を獲得し，複数の組織が協力してプログラムを行うことが可能になり，協働行動をとることで，他の組織から知識を獲得し，他の組織と協力して知識を創造することができるようにな

る。すなわち病院で，コンピタンスが結合される場をつくることができるのである。そうすることで診療圏，医療圏，患者層などと階層が異なる複数の組織の関係がつくられ，パワーと信頼などを組織的に学習していくなどということが蓄積できるようになる。

　筆者は，医療におけるコンバージェンスによるアライアンスで，特に大切なことは，競争優位を確保するためのアライアンスではなく，医療資源の最適化のためのアライアンスを考えることが必要であると考えている。なぜなら，病院を地域の他の組織との関係を中心に見ると，病院は地域社会で他の組織とのネットワークを通じて地域社会に影響を与えている。したがって，病院-病院，病院-診療所，病院-企業，病院-他の組織といった地域のさまざまな組織とネットワークを形成し，それを統合して，全体最適をめざし，限られた医療資源を有効に利用することが必須となるからである（髙橋，2014a）。

　地域社会を構成する要素である，ヒト・カネ・モノ・情報といった経営資源を病院と地域社会が交換と結合することによって生まれる。したがって，組織間のネットワークの複雑さによって組織間の関係が規定され，その結果が地域社会に影響を及ぼすことになる。病院は地域社会の中で価値ある資源を多種多様なものを，十分な量とはいえないが備えているので，地域での影響力は大きい。

　また，病院は公共性が強く，世界各国で非営利組織としてみなされ，機能している病院にとって，企業と全く同じように，競争戦略を主に考えることは社会にとって重要であるか？　病院は，企業と同じように生き残っていくために，ライバル病院と患者獲得競争を行い，医療の本質にかかわらない過剰な付加的サービスを提供し，質の確保を危うくしながら，コストを下げることなどで，競争相手に勝つことだけがすべてではないのである。医療というのは人的資源を多く消費するのであるから，限りある医療資源を無駄なく消費するという思考に変化すべきである（髙橋，2011b）。病院の地域社会での行動を考えると「持続可能な病院バランスト・スコアカード（BSC）モデル」の開発が望まれる。

第6節　イノベーションの議論になぜ BSC なのか

「思いつき・ひらめき」と「汗をかく」ことを区別することは，イノベーションの2つの定義は矛盾せざるをえない場合があるが，戦略に基づく BSC は，それらの両方を尊重し，推進する方法をもっている。

　BSC は，病院の「戦略の成功のストーリー」の共同開発の場を提供し，事業展開，創造的能力，効率的なサービス開発プロセス，顧客とステークホルダーにとっての価値の改善，社会性を持った行動，財務的成果の関連を明らかにすることができる。BSC では，図10-2に示す基本の4つの戦略的な視点を用いる。これらの各視点には，先行指標と事後指標を考えることができる。4つの視点は，組織の戦略と実績に対する，補完的ではあるが明確に異なる視点である。組織はこれらの視点を用いることで，「測定がむずかしい，つかみどころのない」要素すなわち創造性，才能，新たなアイデア，顧客との共同作業など が より「具体的な実務的な」要素，すなわち適切に定義されたプロセス，人的・財務的・設備的投資金額，医業収益実績などと，どのように相互作用し，変革の準備状況，変化への対応力のある革新的で持続可能な組織を創出するのかを示すモデルを構築することができるのである。

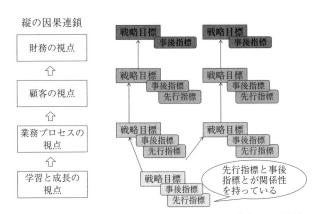

図10-2　BSC の縦の因果連鎖と戦略目標と指標との関係
出所：筆者作成

図10-2で，4つの視点をそれぞれ見ると，

財務の視点：病院においては，患者や患者の家族などが，組織のミッションに対する自らの支援が他者にもたらす便益を考える。あるいはステークホルダーの満足度向上などを考える。

顧客の視点：病院は，影響を受ける患者とステークホルダーの複雑なネットワークの中で仕事を行う場である。患者とステークホルダーが，病院のサービス内容や経営上必要なライセンスへの影響力を行使する可能性がある。この視点は，患者や社会一般をどのように満足させるかにある。

業務プロセスの視点：病院が，患者など顧客と広くステークホルダーのために価値をもたらすために，卓越性を示さなければならない活動である。顧客への価値提案をどのように提案するかにかかっている。病院内部の管理者とスタッフは，資源を効率的に利用して，患者など顧客のニーズを満たすサービスに変えるため，経営プロセスの改善に努めることが示される。イノベーションの有効なプロセスには，新たなアイデアの評価，その検証，そのアイデアのいっそうの開発に向けた資金調達，または，そのアイデアの却下のための科学的な手順が含まれる。これらが「汗をかく」にあたる。

学習と成長（組織の能力）の視点：他の視点の基礎をなすインフラとなる視点である。すなわち，病院でのサービスを創出し，計画し，設計し，患者など顧客とステークホルダーに提供するために必要な物理的インフラ，組織文化，ツール，技術，知識，スキル，および情報システムなどを指す。すなわち，組織，個人，情報などとして整理できる。その上で，組織の能力は，「思いつき・ひらめき」が花開くのを可能にするための有形資産（人，ツール，システム，構造）と無形資産（アイデア，組織文化）の混合物であるということが理解できる。

第7節　戦略テーマとイノベーション

1．戦略テーマとは

戦略テーマはBSCの戦略マップで，基礎を形成する必須の戦略的な要素であるが，スコアカードが構築された段階では，戦略テーマが果たす基本的な役

割が，必ずしも見えるものばかりではない。むしろ見えなくなることが多い。戦略テーマは，BSC に構造を与え，戦略実行とビジョン達成を支える。同時に戦略テーマは，しばしば，その戦略の限界を定めることになる。重要なことは，戦略テーマは，「事業戦略とビジネスモデルを規定する」ということである。したがって，事業戦略を中心に考える BSC にとっては，しっかり押さえるべきポイントである。

すなわち，戦略テーマとは，病院のビジネスモデルの基盤を形成する，主要な事業戦略を示すことで，BSC の構築という戦略計画の立案作業の一部をなしている[8]。職員などが，病院の未来または希望する未来の状態のイメージを示したビジョンについて納得したら，戦略策定者である経営層は，そのビジョンを 3〜4 の戦略テーマに系統的に分解するものである。したがって，戦略テーマは，BSC の基本の 4 つの視点すべてに影響を及ぼすことになる。戦略テーマは，経営幹部が下した，戦略の方向性の慎重な決定でもあるので，提案された一連の戦略テーマに目を向け，「この 3〜4 の分野で卓越性を示すことができれば，自分たちのビジョンを達成できる」と確信できることが求められる。

2．戦略テーマとイノベーション

戦略テーマは，組織のビジョンの達成を直接支える戦略の主要ないくつかの「柱」である（図10-3）。戦略テーマには，スコアカードの 4 つの視点すべてに関係する戦略目標が含まれる。互いに因果連鎖で結び付けられたこれらの戦略目標は，イノベーションが組織のビジョンの達成にどのように寄与するかの成功のストーリーを語り，戦略のストーリーをすべての人に一貫性のある方法で伝えるための基盤を形成する。したがって，コミュニケーションの基本となる。さらにイノベーションは，組織の計画・管理プロセスの構造に完全に組み込まれることで，戦略的になるといえる。

組織は，通常，「業務の卓越性」，「持続可能性」，「戦略的提携」など，複数の戦略テーマを有する。イノベーションが，ひとつの戦略テーマになる可能性もある。戦略テーマとしてのイノベーションは，たとえば以下のように，BSC

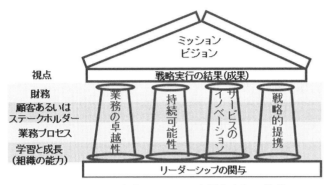

図10-3 戦略テーマは，家屋を支える基礎

出所：Montgomery, Dan and Perry Gail. S., Build innovation into your strategy, Balanced Scorecard Institute, 2011. の図を一部改編

の4つの視点を通じて見ることができる。

財務の視点から見ると，イノベーションとは，病院が価値（多くは財務的方法で表現される）を，所有者，開設者，経営者，地域社会に提供し続けていることを意味する。

顧客の視点から見ると，イノベーションとは，患者や関係者あるいは社会のためにより高い価値を創造し，その他のステークホルダーとの競合や協調に処する新たなサービス，またはビジネスモデルを開発し，展開することを意味する。

業務プロセスの視点から見ると，イノベーションとは，有望なアイデアを評価し，育み，展開するための，よく理解できるプロセスを創出し，管理することを意味する。

成長と学習（組織の能力）の視点から見ると，イノベーションの実現には，新たなアイデアの創出を可能にするリーダーシップと文化，職員のスキル，知識，ネットワークなど組織構造の融合が必要である。

第8節　戦略テーマを戦略マップで表現する

戦略に基づく BSC は，病院の「戦略の成功のストーリー」を開発する役割

を担い，学習と成長の視点で能力を，業務プロセスの視点でプロセスを，顧客の視点で顧客価値を，財務の視点で財務成果の関係性を明らかにするものである。

　この「戦略の成功のストーリー」をはっきりと描くため，病院では，BSC作成チームが，戦略テーマに関する専門家の小チームを作り，彼らの専門知識を用いて，各テーマを，希望する戦略テーマが達成された状態を示す戦略結果を達成するための一連の戦略目標へと系統的に分解すると成功することが多い。

　図10-4は，戦略テーマを戦略マップに転換する方法を示している。重要なポイントとして，経営幹部チームが戦略テーマと戦略結果を設定して，一定の変数を選定し，定義し，それによって，戦略テーマを設定するチームに，ある方向性が与えられたことを意識する必要がある。その方向性は，通常，まだ何も見えていない段階（合意ができていない）なので，大まかであるため，戦略テーマを考える経営幹部チームが戦略の実際の「方法」を開発するにあたり，戦略結果を明確にして，創造的自由があることが特徴となる。

　すなわち，病院の経営幹部が希望する戦略結果の達成のため，多くの選択肢を検討できることにも注意する必要がある。したがって，戦略テーマは，病院のビジネスモデルを決定あるいは制限することにつながる。

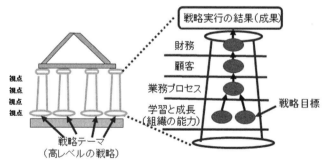

図10-4　戦略テーマで期待される戦略結果を示す

出所：Montgomery, Dan and Perry Gail. S., Build innovation into your strategy, Balanced Scorecard Institute, 2011. の図を一部改編

第9節　イノベーションを戦略に組み込むには

　すなわち，日本の経営幹部の中にイノベーションをめぐって，矛盾，理解，混沌といった状況があるように見られる。企業だけでなく日本の医療経営の中にも同様のことが起こっている。それは医療という縦割りの職能集団と年功序列に職能集団序列が加味されているという複雑な領域であるからこそ，むずかしくなっていると思われる。

　「思いつき・ひらめき」と「汗をかく」によるそれぞれのイノベーションはコインの両面であり，別の言い方をすると，組織が持続的成長（Sustainable Growth）のための車の両輪ともいえる。2つの異なるイノベーションを同時に管理できる企業こそが持続的な競争優位性を獲得できる。米国の優良企業といわれている Apple，Google，GE，3M，P&G などはこの好例である。

　したがって，「思いつき・ひらめき」のイノベーションの成功に向けて，戦略的にさまざまな先行した投資や優れた人材の確保，さらには異業種連携や病院間の戦略的パートナーシップなどが積極的に促進されなければならない。しかしこのための原資は日々の「汗をかく」という持続的なイノベーションから提供される。

1．日本の医療経営でイノベーションを経営戦略に組み込む要諦

　企業のイノベーションの現状を見るに，日本の医療経営でのイノベーションの話題は，極めて少ない，たとえば，医療経営に関する雑誌を探って見ても，まともに，学術的な意味を含めて，扱っているものは雑誌『病院』の1回の特集しかなかった。現在の日本では，病院経営領域の雑誌は，すぐに役立つ情報誌的，かつハウツー主体になり，学術的あるいは中長期的視点に立って，病院の経営幹部が，じっくり医療経営のイノベーションを考えたり，議論するきっかけとなるものは極めて少ないことが，日本の病院経営者，管理者に好ましくない影響を与えている。

　積極的にイノベーションを考えようとしている病院経営者に，医療界でのイ

ノベーションを考える材料が提供されておらず，企業の経験やそこからの示唆を持ってくるしかないのも現状である。このように，医療経営を実践している方々のイノベーションの理解が乏しい中でどのようにイノベーションを戦略に組み込んでいくのか考える。

それは医療経営でイノベーションを実現していくにはいくつかのポイントがあるので，そこを順次押さえていきたい。

イノベーティブな新サービスの仕組みを実現するには，BSCでいう「学習と成長の視点」，すなわち，物事の基礎的な学術・文化における「思いつき・ひらめき」，それらを担う人材の育成から始まる。そうしたことを実現する場としての病院，新サービスを供給する企業，新サービスが顕在化し，病院経営でインセンティブを与える市場があって初めて可能となる。病院経営でイノベーションを実現するには，各段階の成果を徐々に高めていくための努力が水の泡にならないように，イノベーションを戦略マップに落とし込んでいくことが必要となる。

たとえば，(Montgomery, Dan and Perry Gail. S. (2011) の事例を髙橋が病院版に訳し，内容を修正した) 以下のようになる。

「当院は，新たなアイデアと協働思考が，病院職員の間で奨励されるイノベーティブな文化を構築する。さらに，新たな医療技術や方法を用いて医療あるいは医療周辺のサービスを改善する方法を評価するため，外部パートナーとも協力する。

当院は，新たなコンセプトを評価し，それらに優先順位を付け，その開発を進めるためのより良い方法を開発する。また，これらの新たなアイデアをサービスポートフォリオに統合し，サービスに変えることができる状態の新たなアイデアを常に用意する。」といったことを，経営幹部が合意して考えている場合を考える。

図10-5は，事例の経営幹部層の「思い」を戦略マップで表現したものである。すなわち，どのように協働してイノベーティブな文化，行動，プロセス，結果を組織の中核に組み込むかを視覚的に戦略マップとして説明するものである。

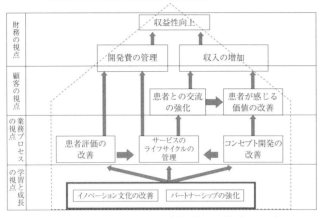

図10-5 イノベーションを統合した戦略マップ

出所：Montgomery, Dan and Perry Gail. S., Build innovation into your strategy, Balanced Scorecard Institute, 2011.

通常，BSCは3～4の戦略テーマで戦略マップを構成するが，この事例では1本でイノベーションを組み込んだ成功のストーリーが語られている。3～4本戦略テーマがある場合，それらの戦略テーマも関係性をもつことで，病院として組織の全体の戦略マップを作り上げる。イノベーションを含む，すべての戦略テーマがまとめられることで，強力で相互補強的な事業戦略が生まれることになる。

この戦略マップを始動させるには，同院が医療についてのより良い理解を行うことによって支えられることが前提になる。すなわち，同院は，顧客のニーズを満たし，顧客のためにより高い価値を提供できるようにするため，顧客とサービスの共同開発を行うということを明確に示したのである。その原点は，「学習と成長の視点」でのイノベーション文化の改善と研究者や企業とのパートナーシップである。

これが成功すれば，業務プロセスで，新鮮なサービスのライフサイクル管理や市場評価の確認，サービスコンセプトを変えることにつながり，それが，顧客が感じるサービス価値を改善することにつながり，それらの集積の増加に寄与するのである。すなわち，医療収益だけでなく医療収益外収益の増大に直接結び付くのである。そうすることで，同院は，得られる利益をサービスの開発費用から算出できる方法を生み出し・活用して，サービス開発予算を管理するようになる。同院は，このプロセスを管理し，新たなサービスの売上を増加し，病院の収益性を維持することにつながる。

　すなわち，病院にとって，利益は手段であり，結果ではないという意識を持たせながら，個々のイノベーションへの活力を向上させるのである。

　戦略マップが合意されると，BSC ではスコアカードで，イノベーションの進捗を管理することになる。しかしながら，一般に多くの場合，測定困難と思われるものに，イノベーションがある。BSC では，組織全体の戦略マップにおいて，イノベーションを業務プロセスの視点の戦略目標と見なすことが多い。それは「事業の成長」または「運営の卓越性」という戦略テーマに存在することから由来する。

　これらの戦略テーマにおいては，イノベーションを通じた変革が主要な推進力になる。ここで必要なプロセスは，まず，イノベーションの意味を定義し，経営幹部がそれに合意することである。その後，病院における，このイノベーションに関する戦略的意図の結果が何であるかについて合意しなければならない。このプロセスを最初に行うことで，スコアカードが作成しやすくなる。

　しかしながらイノベーションの戦略的意図は，病院ごとに異なる可能性がある。目標とすることと意図する結果を適切に定義し，合意し，納得するまで，意味のある結果尺度（業績評価尺度）を開発できないことが多い。そこまで詰めるプロセスを病院ができるか否かで病院での BSC の導入成果が決まるし，イノベーションを組み込める否かも決定されてくる。

2．戦略テーマを戦略マップに組み込む

　すべての戦略テーマを組み込んで戦略マップが作成されると，強力で相互補完的な事業戦略を生み出すために，各戦略テーマが結び付けられる。

　戦略マップの作成に時間と労力をかけて，慎重に取り組むのは，各職種，職階の職員に戦略の合意形成をさせることにある。さらに，戦略テーマごとの戦略結果の達成に必要な戦略を十分に検討するためである。

　このステップを省略すると，戦略結果を達成する上で極めて重要な戦略目標を見逃すというリスクを冒すことになる。戦略結果が達成されなければ，ビジョンを達成することはできない。さらに，ベクトルも揃わなくなる。戦略マップのすべてが，何らかの関係性をもって，つながっていると理解することが必要である。言い換えると，システム構造の完全性は戦略テーマとそのつながりによって確保されるのである。

　上述したように，戦略テーマのもうひとつの利点として，より多くの人びとを集めて戦略テーマ作成チームを作ることによって，より多くの人々の意見，経験，知識などを，戦略の開発に関与させる機会が得られることが指摘できる。これは病院にとって，より良いサービスにつながるだけでなく，職員には自ら取り組むことを引き受ける姿勢，透明性，理解，権限の付与，責任に応じた説明責任に大いに寄与することになる。自ら取り組むことを引き受ける姿勢と透明性は，心と精神のイノベーションの重要な要素であり，病院組織を社会性をもった，ハイパフォーマンスな組織へと変革していく上で極めて重要となる。

　病院組織をハイパフォーマンスな組織へと変革していくうえで，部門横断的・診療科横断的な取り組みが必須である。米国の病院で「チーム医療」による成果が最大限に発揮されているのは，このような組織戦略が背景にある。日本では救命救急医療や院内の横断的チーム医療などは最も重要な課題とも考えられ，これも「汗をかく」イノベーションに向けたひとつのテーマでもあろう。

　時には，BSCの典型的な作成方法に沿って，システムの開発を進める際に戦略テーマが「消え去る」という心配もされるが，経験的には実際にはそうはならない。ほとんどの病院組織はBSCの戦略マップを戦略テーマごとに作成し，

1枚の戦略マップにまとめること，スコアカードでの各戦略目標の起源を，その目標を支える戦略テーマまで容易に追跡できるのがわかる。

むすび

　ミッションの遂行とビジョンの達成が極めて重要な病院経営にとって，「思いつき・ひらめき」のイノベーションあるいは「汗をかく」イノベーションのいずれかが，戦略テーマとして戦略マップに統合された時に，イノベーションが事業戦略（競争戦略）の中に完全に組み込まれる。イノベーションの戦略テーマが理解されていれば，病院の戦略の再評価が必要になった場合，BSCの責任者は，病院が実行するイノベーション戦略を病院のビジョンと整合させる方法を正確に評価することができる。したがって，イノベーションを戦略目標に組み込むよりも，戦略テーマとして，明確なメッセージを院内，院外に発信すべきと考える。

　さらに，パラドクス・マネジメントに，BSCを使用することは可能であり，経営手腕の優劣というよりも，情熱をもって，経営幹部がぶれないでBSCを導入することで，完全ではなくともパラドクスを調整するツールとして，コミュニケーションツールとして，BSCが機能することは可能であり，その有効性が明らかになった。特に，このパラドクスをうまく処理するようなエクセレントな病院経営がBSCを活用して，戦略的に経営・管理者と臨床の専門職の間で，双方が納得できる合意形成をするためのビジョン作りとその実行により持続可能な病院経営に邁進することができると考える。

■注■
1) バランスト・スコアカードとは，組織のミッションの達成のために，ビジョンをわかりやすく示し，それの達成のための戦略というロジックを可視化させる戦略マップとそれをいかに実行するかを指標と具体策に示し，達成目標を数字で示したスコアカードで戦略を実行し，共通言語をもって戦略をコントロールすることで，組織改革にまで及ぶ経営の道具である。
2) 非営利性の誤解とは，非営利組織は利益を出してはいけないという思考のこ

とを指す。現在は，事業活動を行う非営利組織の特徴として，利益は出すが分配しないという非分配性を確保するものとして理解されることが一般的になったが，日本の医療界では，現在でも「非営利＝利益を出さない」といったことを指向する人々もいる。そのような中で，昭和50年代から，大阪の宗教法人在日本南プレスビテリアンミッション淀川キリスト教病院，東京の社会医療法人河北医療財団河北総合病院では，ミッションに明確に，病院経営にとって「お金」の重要性を示してあり，医療法人財団アドベンチスト会東京衛生病院では，事業計画に「お金は手段であり目的でない」ことを示してきた病院もある（髙橋，1997）。

3）　一般的に，父と子の間のような保護・支配の関係を指すことが多い。すなわち，医療においては，患者本人の意思に関わりなく，患者本人の利益のために，医師が本人に代わって意思決定をすること。医療においては「医師主導による医療」という，古いタイプの医療のあり方を指すものとなっている。

4）　厚生労働省資料によると，わが国では，2055年には65歳以上の人口は39.4％，75歳以上は，26.1％を占めると予測している。

5）　護送船団方式とは，船団の中で最も速度の遅い船に速度を合わせて，監督官庁の指導の下に，全体が統制を確保しつつ進んでいく方式をいう。わが国の病院，特に診療所からスタートした多くの民間病院は，経営基盤が脆弱であった。わが国の医療および病院経営が過度に行政に頼り，自らの基盤を自らで築いていくという「自立と自助，自立と自律の精神」を忘れてきたのではないか。半官半民，護送船団方式で守られてきた世界が，これまでのわが国の医療の姿と考えられる。

6）　アメリカの病院で主治医とは，病院外部で専門医として活動している医師が，いくつかの病院と契約して，自分の患者に入院・加療が必要な場合，契約病院に入院させ，その病院で自分が主治医になって治療にあたる。したがって，病院に雇用されている医師ではない。病院に雇用されている医師は，原則として，病理，検査，麻酔あるいはレジデントなどである。

7）　BSCは戦略マップとスコアカードでワンセットである。戦略マップ上で戦略目標を明らかにし，その因果関係を示し，スコアカードで，戦略目標の達成度を測定し管理することを行うために，先行指標（プロセス指標ともいう）と事後指標（遅行指標，結果指標ともいう）とを区分して考えている戦略目標の達成度を見るには，事後指標をみることになる。この結果指標を向上させるには，先行指標によって改善を進めることで管理することになる。

8）　従来，経営管理の基本は，「経営目的—経営計画—経営行動」であったものが，環境の変化により，「経営目的—経営方針—経営計画—経営行動」と変化し，現在では，「経営目的—経営戦略—経営計画—経営行動」と変化している。そのような中で，これまでは経営戦略を実行するには戦略計画を作成することが中心的課題であった。それを「戦略策定—戦略計画—尺度」というスキームとしてあらわしていた。しかしながら，経営戦略を策定し，それを具体化するように経営計

画に落とし込んでも，実際の企業では，戦略が下まで浸透しないというジレンマがあった。そこで，BSC では，「戦略―重要成功要因―戦略目標―尺度―目標値―戦略計画」となることを示した。BSC では戦略目標を達成するために戦略計画であるアクションプラン（戦略的実施項目）を考えるのである。

■ 参考文献 ■

Kuhn. Thomas S., *The Structure of Scientific Revolutions*, 1st. ed., Univ. of Chicago Pr., 1962.（中山茂訳『科学革命の構造』みすず書房，1971年）

Chesbrough, H. W., *Open Innovation Model: The New Imperative for Creating and profiting from technology*, Harvard Business School. Publishing, 2003a.（大前恵一朗『オープンイノベーション』産業能率大学出版部，2004年）

Chesbrough, H. W., The Era of Open Innovation, *Sloan Management Review*, 44(3), 2003b, pp. 35-41.

Chesbrough, H. W., *Open Business Models How to Thrive in the New Innovation Landscape*, Harvard Business School Press, 2006.（栗原潔『オープンビジネスモデル』翔泳社，2007年）

Chesbrough, H. W., *Open Services Innovation: Rethinking your Business to Grow and Compete in a New Era*, John Wiley & Sons International rights, 2006.（博報堂大学ヒューマンセンタード・オープンイノベーションラボ訳『オープン・サービス・イノベーション』阪急コミュニケーションズ，2012年）

Christensen, C. M. & M. E. Raynor, *The Innovator's Solution: Creating and Sustaining Successful Growth*, Harvard Business School Press, 2003.

Simcoe, T. S., Open Standards and Intellectual Property Rights in Chesbrough, H. et al.（eds.）*Open Innovation: Reserching A New Paradim*, Oxford University Press, 2006.

Cohen, W. & D. Levinthal, Absorptive Capacity: A New Perspective on Learning and Innovation, *Administrative Science Quarterly*, 35, 1990, pp. 128-152.

Zahra, S. A. & G. George, Absorptive Capacity: A Review, Reconceptualization and Extension, *Academy of Management Journal*, 27(2), 2002, pp. 185-203.

Montgomery, Dan & Gail S. Perry, Build innovation into your strategy, Balanced Scorecard Institute, 2011.

Malinoski, Mark & Gail S. Perry, How Do I measure "Innovation"?!? Balanced Scorecard Institute, 2011.

GE 世界調査，GE Global Innovation Barometer 2013, 2013.

GE 世界調査，GE Global Innovation Barometer 2014, 2014.

吉村真弥「イノベーション促進のためのネットワーク最適化の考察」『Unisys Technology Review』90 august，2006年，6-19頁

元橋一之・上田洋二・三野元靖，RIETI Policy Discussion Paper Series 12-P-015，経済産業研究所，2012年，1-17頁

三浦惺「共創で活力を生む日本を始めよう」第18回 ICT を触媒に産業融合『日本経済新聞』2012年４月16日朝刊

Ballard, Richard, R., Associate Operating Officer, Duke University Medical Center への2004年９月および2005年６月のインタビュー

Zelman, O., University of North Carolina at Chapel hill, Department of Health Policy and Management. Professor：2007年８月ノースキャロライナ大学チャペルヒル校にて，髙橋による Zelman 教授へのインタビュー

髙橋淑郎「持続可能な病院経営のための CSR と BSC に関する研究」『商学集志』83(4)，2014年 a，107-141頁

髙橋淑郎「カナダ・オンタリオ州での hospital funding system 改革プロセスの考察」『商学集志』83(3)，2014年 b，49-80頁

髙橋淑郎「医療政策としてのカナダ・オンタリオ州の BSC」(髙橋淑郎編著『医療バランスト・スコアカード研究・経営編』生産性出版，2011年 a，295-340頁

髙橋淑郎「地域社会での医療 BSC の活用の可能性〜The Sustainability Healthcare Balanced Scorecard の開発に向けて」『医療バランスト・スコアカード研究』8(1)，2011年 b，20-41頁

髙橋淑郎「山形県の医療政策と連動した山形県立中央病院の BSC」『医療バランスト・スコアカード研究』8(2)，2011年 c，135-151頁

Pink, G. H., Zelman, W. N., 髙橋淑郎「文献から見る北米の医療 BSC の趨勢と特徴」『医療バランスト・スコアカード研究』8(2)，2011年 c，1-25頁

髙橋淑郎，Brown, A. D., 中野種樹「医療政策での医療 BSC の活用可能性」『医療バランスト・スコアカード研究』8(2)，2011年，26-55頁

髙橋淑郎「地域社会での医療 BSC の活用の可能性〜The Sustainability Healthcare Balanced Scorecard の開発に向けて」『医療バランスト・スコアカード研究』8(1)，2011年 d，20-41頁

髙橋淑郎『変革期の病院経営』中央経済社，1997年

Takahashi, Toshiro and Daisuke Koide, "CSR and BSC for Sustainable Hospital Management (Part 1 Hospitals and CSR)"『情報科学研究』第20号，日本大学商学部情報科学研究所，2011年，31-52頁

小田隆晴・笹原真一・髙橋淑郎「山形県立中央病院におけるバランスト・スコアカード（BSC）の現状」『山縣県病医誌』2011年，178-184頁

野中郁次郎・徳岡晃一郎『ビジネスモデル　イノベーション』東洋経済新報社，2012年

真鍋誠司・安本雅典「オープン・イノベーションの諸相─文献サーベイ─」『研究・技術・計画』25(1)，2010年，8-35頁

延岡健太郎「オープン・イノベーションの陥穽―価値づくりにおける問題点」『研究・技術・計画』25(1), 2010年, 68-77頁
川上智子「オープン・イノベーションと市場情報のマネジメント」『研究・技術・計画』25(1), 2010年, 47-54頁
星五郎「オープン・イノベーションにおけるリーダーシップ―企業買収による外部導入の視点から」『立教ビジネスレビュー』創刊号, 2008年, 157-164頁

第11章　環境経営と経営者

柿　崎　洋　一

第1節　経営課題としての地球環境問題

　地球環境問題は全人類が生存するための重要課題として理解され，学問分野を問わずその解決に取り組んできた。経営学の分野でも例外ではない。経営学の分野では，環境経営（environmental management），環境監査（environmental audit）など新たな経営学分野も定着してきた[1]。また，地球環境問題への企業の対応も急速に変化し，廃棄物処理，環境ボランティア活動から生産過程，製品・サービス分野でのイノベーション（innovation）などに至るまであらゆる分野で地球環境問題の解決に取り組んできた。しかし同時に，これまでの地球環境問題への解決策が異なる環境問題（生物多様性など）や社会問題（貧困，人権，労働など）を生み出す矛盾も浮き彫りなってきた[2]。このように複雑化し，拡大する地球環境問題の解決には，企業内や産業内だけではなく，広くさまざまな視点から企業，産業，社会そして地球との関連に配慮した統合的な対応が求められる。そして，企業の最高経営責任者である経営者の役割は，これまで以上に重要なものとなっている。

　さて，企業による地球環境問題への取り組みは，当初，企業内部の生産過程から生ずる廃棄物，また生産した製品の廃棄などが地球環境への負荷を高めている点に焦点を当てていた。わが国の公害問題，ゴミ処理などの問題がこれで

ある。そこで企業は，地球環境に配慮した生産過程，廃棄物の処理，さらに製品のリサイクルなどの問題に全力を注いできた。その間，地球環境問題への対応は，国際的な場で議論され，ISO（国際標準化機構：International organization for Standardization）が1996年に制定したISO14000（環境マネジメントシステム，Environmental Management Systems）シリーズなどの国際的規格も発行され，企業でも組織的に取り入れられた。

とくに，2000年代になると，エコ・イノベーション（Eco-innovation）による地球環境問題の解決が国際的に議論され，わが国でも重要な課題となってきた。なお，エコ・イノベーションとは，「生産物1単位当りの自然資源（エネルギーや土地を含めた物的資源）の使用を最小化し，そして有害物質の放出を最小化する全体の製品ライフサイクルによって，皆のためにより良い生活を提供し，人間の必要性を満たすために設計された新奇な，そして競争的な商品，プロセス，システム，サービスと制度を創造することである[3]」。その背景には，エンド・オブ・パイプ（End of Pipe）の対応には費用がかかり，また製品のライフサイクルアセスメント（Life Cycle Assessment），製造物責任法（1994年7月制定）など社会全体での取り組みに企業活動が組み込まれ，評価される時代になったことがある。そして，企業では，製品・サービスの生産過程，使用（消費）そして廃棄・処分に関わる地球環境問題の解決を強く求められ，その対策に必要な費用の負担も問題になってきた。この現状に対して，製品・サービスそのもののあり方を問うことで，生産過程，使用（消費）そして廃棄・処分から生ずる地球環境への負荷と対策費用の軽減を図ることができるとの認識が登場してきた。たとえば，ISOが2002年に発行した技術レポート「環境適合設計」（ISO TR 14062, Environmental Management-Integrating environmental aspects into product design and development）がある。

このように企業の地球環境問題への対応がコンプライアンス（法令順守）にとどまることなく，さらにイノベーションによる主体的な取り組みへと進むことになる。そして，エコ・イノベーションは地球環境に配慮した「グリーン経済」（UNEP，国連環境計画，2011.11），「グリーン成長」（OECD，経済協力開発機

構,2011.5)へ進む原動力として注目され,同時に企業における環境経営の核となる分野としても大いに期待されている[4]。このような経済社会のグリーン化は,国連の「環境と開発に関する世界委員会(WCED:World Commission on Environment and Development, ブルントランド委員会)が1987年に公表した報告書「Our Common Future」で示された「将来の世代の能力を損なうことなく,現在のニーズを満たすような発展」という「持続可能な発展(sustainable development)」の理念に基づいている。その後,エコ・イノベーションは,経営学の分野でも,戦略論,社会的責任論,研究開発論などで地球環境問題への取り組みを新たな事業機会の獲得などの経済的な成果獲得ととらえ,そして企業活動と社会との新たな関係作りなど企業の新しいあり方を模索する契機となっている。

　また,国連が2000年に発足したUNGC(国連グローバルコンパクト,The United Nations Global Compact),ISOが2010年に発行したISO26000(社会的責任に関する手引,Guidance on social responsibility)やGRI(Global Reporting Initiative)が2000年に発行した「サスティナビリティ・レポーティング・ガイドライン」GRIガイドライン第1版(第4版,2013年発行)などの「社会的責任」「持続可能な発展」に関する企業報告の国際的なガイドラインの登場などにより地球環境問題への個別的な対応から社会や経済との関係を含めた統合的な対応へと進んでいる[5]。今後,経営学の分野では,これらの動向を踏まえた新たな地球環境問題に対する経営の原理と実践が課題となる。

第2節　企業の社会的責任としての環境経営

　環境経営は,環境配慮経営とも呼ばれ,「事業活動に伴う資源・エネルギー消費と環境負荷の発生をライフサイクル全体で抑制し,事業エリア内での環境負荷低減だけでなく,グリーン調達や環境配慮製品・サービスの提供等を通じて,持続可能な消費と生産を促進する[6]」と理解される。さらに,環境省の意識調査によれば,大手企業における環境問題への対応は,約8割の企業が「社会的責任」として位置づけていた。ついで,「重要な戦略(6.8%)」「ビジネス

チャンス (4.6%)」となっている。また，65.3%の企業が「重要な課題への戦略的対応」を重要とし，ついで「ステークホルダーへの対応 (54.4%)」「組織体制とガバナンスの強化 (45.9%)」，「経営責任者のリーダーシップ (43.6%)」の順で重要としていた[7]。また，「環境経営には，バリューチェーン全体における環境への影響の把握，機会とリスクに応じた重要な課題の決定，戦略的実行，組織体制やガバナンスの構築，ステークホルダーへの対応などのノウハウが必要である。たとえば，組織体制であれば，環境管理部門を経営者直轄の経営企画部門に置くなど，環境を統括する部署と経営を企画・管理する部署が同一となるよう組織体制を構築する必要がある[8]」。これまでの環境経営が地球環境問題をいかに認識するかという視点に立つことが多かったのに対して，問題の解決に向けた積極的な取り組みが新しい枠組みを構築するという点が明らかになってきた。

環境経営には，費用削減や事業リスク回避の効果だけでなく，新規事業の開発へと展開する可能性が期待される。このような環境経営の役割が再認識され，より実効性のある対応として企業の経営的意思決定や日常的な業務活動に組み

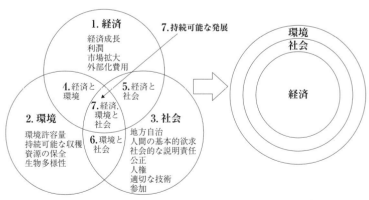

図11-1　経済問題，地球環境問題と社会問題の重層関係

出所：Phillips, *Sustainable innovation*, Exploring a new innovation paradigm by Dorothea Seebode. 2011, p. 11. Giddings, B., Hopwood B. & O'Brien G., "Environment, Economy and Society: fitting them together in Sustainable Development" Willy IterScience, 2002. Bell, S. & Morse, S. *Measuring Sustainability: Learning from Doing*, Earhscan, London, 2003. により筆者作成

入れることが求められているのである。

　そして，企業の経済的，地球環境的そして社会的問題が図11-1のような重層的関係を形成し，「企業の社会的責任（CSR Corporate Social Responsibility）」としての環境経営へと展開することが強く求められるようになっている。

　このような企業の社会的責任に関する重層的な関係は，地球環境問題への対応それ自体が同時に経済的な問題や社会的な問題の解決そのものとして理解することである。とくに，「7．経済，環境と社会」という重複した部分は，「持続可能な発展の領域」であり，今後取り組むべき中心的な経営課題であると指摘されている[9]。この意味では，今日の環境経営は，「4．経済と環境」，「6．環境と社会」という重複した部分から「7．経済，環境と社会」という重複した部分へと重点が移行しつつあるといえる。

　さらに，ISO26000やGRIなどの経済的，環境的そして社会的な問題が統合された評価基準が国際的に普及するようになると，企業の経営活動もISO26000やGRIなどの経済的，環境的そして社会的な問題が統合された評価基準を意識し，事業報告書等にも強く反映されるようになった。ただし，企業の社会的責任に関する項目は，GRI，ISO26000やUNGCなどにもばらつきがある。ISO26000では地球環境問題を含め広く社会的な側面，さらにGRIでは経済的な側面を加えたガイドラインとなっている。

　このような企業の社会的責任に関するガイドラインは，自主的な判断によって採用されているため，国や企業によって異なる。また，わが国では，ISO26000に準拠したCSR報告，サスティナブル報告などが多く，GRIに準拠している企業が多い欧米とは異なった状況にある[10]。このように企業の社会的責任としての環境経営は，局所的な解決を目指すものではなく，企業のあらゆる領域，階層での全社的な解決を目指すものである。

　このように環境経営では，企業活動の経済的な側面，環境的側面そして社会的側面が図11-1のように関連し合う部分として認識される段階から，これらの3つの側面が重層的に認識され，経済そのもの，地球環境そのもの，そして社会そのものが一体化する認識領域が拡大し，その境界がますます不明瞭になる

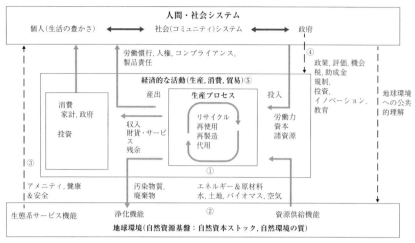

図11-2 環境経営の基本的枠組み

出所：OECD, *Towards Green Growth−Monitoring Progress, OECD Indicators*, 2011, p. 12. Bossel, H. *Indicators for Sustainable Development: Theory, Method, Applications, A Report to the Balaton Group*, International Institute for Sustainable Development, Canada, 1999, p. 18. により筆者作成

ことでもある。したがって，環境経営の基本的な概念的枠組も図11-2のように地球環境問題への対応に人間や社会システムといった側面への対応を加えた枠組みへと展開することが考えられるのである。なお，この基本的な地球環境問題への対応関係の枠組みはOECDの「グリーン成長」(2011)で提示されたものである。

地球環境問題への対応課題は，これまで①生産過程の環境効率と資源生産性，②自然資源の基盤，③生活環境の質，④社会経済的（市場）機会と環境政策への対応といった諸要因から理解される。企業の統合的な環境対応では経済的な成果（企業価値，経済的利潤），そして国民経済への対応では⑤社会経済的な成長が地球環境問題への対応の枠組みを形成している。しかし，今日では，人間・社会システムの課題が生産活動だけでなく，地球環境問題とも融合しながら「持続可能な発展」への貢献活動に影響を与えるようになってきた。

企業活動への地球環境問題や社会問題の組み入れは，開放的な組織観によって理解されるものであり，内部管理的な性格から対外活動を含む全体的で，統

合的な性格へ進んでいる。企業という組織の内と外の両者を経営活動が一体化するとき，地球環境問題のより効果的，効率的な解決が推進される。また，企業の社会的責任についても，グローバルな取り組みが進展しており，その内容も人権，労働・雇用の公正などの国際的な課題が重視され，これまでのように利害関係者別の取り組みが主な内容をなしていたのとは異なる様相をみせている。さらに，企業の生産活動のグローバル化が進展するに伴って地球環境問題は地球規模で深刻化し，地球温暖化，資源エネルギー問題を含む新たなエコ・イノベーションへの取り組みが国家，企業などに要請されることになった。まさに，環境経営は，社会的な価値フローの中に組み込まれ，他の環境責任主体（国民，国家，地方自治体など）との協働が不可欠となったのである。

第3節　環境経営とイノベーション

　地球環境問題の解決は，地球環境に負荷をかけない生産活動だけでは問題の本質的な解決にならない事例が見られるようになってきた。

　たとえば，バイオ・エタノールの開発が原材料である穀物市場に変化をもたらし，食糧として，また家畜の飼料としての供給を圧迫し，食糧の安定供給を脅かしている。また，パーム油の活用による製品の開発により，自然にやさしい製品が流通するようになるとその需要を満たすヤシの実畑が拡充され，原生林が縮小してオラウータンなどの野生動物の住処が失われ，生物多様性の問題を生み出している。このような事例は，すでに企業などでも意識され，その対応に着手している。このように地球環境問題への取り組みが，新たな問題を引き起こすという側面が今後課題として残されている。したがって，エコ・イノベーションは，単に地球環境への負荷を低減するイノベーションからさらに進んで，人，社会そして地球にとっても意義のあるイノベーション（meaningful Innovation）でなければならないのである[11]。

　さて，経済的側面におけるイノベーションは，従来から一般的に理解されていたイノベーションであり，経済的な効果と効率を意図するものでビジネス・イノベーション（business innovation）とも呼ばれることがある。これに対して，

環境的な側面のイノベーションはとくにエコ・イノベーションと呼ばれている。エコ・イノベーションは，地球環境への負担の軽減という環境効率の向上を目指したものといえる。ただし，企業のエコ・イノベーションでは，これまで経済と環境の側面がトレードオフ（trade-off）関係にあると理解され，その解決は経営課題と位置づけられることが多かった[12]。そして，社会的な側面のイノベーションは，とくに社会的イノベーション（social Innovation）と呼ばれる。社会的イノベーションは，社会的なニーズをより効果的に満たす思考（製品・サービス，モデル）であり，社会的な関係を創り出し，新しい協働を形作るのである[13]。社会的イノベーションでは，社会起業家（social Entrepreneurship），非営利組織（NPO：Nonprofit Organization）が注目されるが，企業でも社会的責任の視点から経営課題として理解され，コーポレート・ソーシャルイノベーション（corporate social innovation）とも呼ばれることがある[14]。

　さらに，エコ・イノベーションの焦点は，生産過程に関するプロセス・イノベーションから製品・サービスに関わるプロダクト・イノベーションへと推移している。プロセス・イノベーションでは，閉じた完結型生産プロセスという視点に基づくゼロ・エミッション，省エネルギーなどの生産プロセスそのもののエコ・イノベーションに焦点を当てていた。このようなプロセス・イノベーションは，常に環境保全，省エネルギーのための設備投資といったコストアップの問題として理解されてきた。しかし，地球環境問題に対する社会的な理解が深まるにつれて，製品・サービスそのものへの地球環境への配慮が問われるようになった。プロセス・イノベーションでは，サプライチェーンでの環境配慮が重視されるようになり，個別企業の境界を越えて原材料から製品の廃棄に至る製品ライフサイクルがエコ・イノベーションの対象となったのである。そこでは，循環型生産活動という視点から3R（廃棄物削減 Reduce，再使用 Reuse，再生利用 Recycle）や物流などの製品・サービスの流れに対する地球環境問題への配慮が不可欠となり，新たなエコ・イノベーションが展開された。

　さらに，2000年代の持続可能な発展に向けた国際的な取り組みが本格化すると地球温暖化，生物多様性など地球環境そのものの悪化に関する理解とともに，

製品・サービスへの地球環境問題への配慮が新たな貧困，人権などの社会的問題を生み出しているとの理解が同時に進行した。このような時代におけるエコ・イノベーションは，地球環境問題への解決を経済的・技術的な対応によって進めるだけではなく，社会的な対応をも含む統合的な対応策として理解されることになる。その結果，エコ・イノベーションの評価は，ISO26000やGRIなどの経済的，環境的そして社会的な問題統合された国際的な評価の問題として再定義されるに至ったのである。そして，エコ・イノベーションは，今日，ビジネス・イノベーションにエコ・イノベーションとソーシャル・イノベーションを統合した革新的な企業の社会的責任（innovative CSR）へと進むことになるのである。

　いうまでもなく，地球環境問題や社会的問題は，企業だけで解決できる問題ではなく，広く国家，自治体，国民などの他の責任主体の取り組むべき課題でもある。したがって，企業は国家，自治体，NPO，国民などの多様な活動主体との連携を基本にしながら，企業の社会的責任を具現化することになるのである。今後，企業の社会的責任は，経済的，環境的そして社会的な側面を重層的に統合したものとして理解されるとともに，ビジネス・イノベーション，エコ・イノベーションそしてソーシャル・イノベーションの企業における境界はますます不明瞭になると考えられる。このように環境経営の中核的な課題であるエコ・イノベーションは，ビジネス・イノベーションやソーシャル・イノベーションと融合し，その効果を高めることが求められている。

　統合的な企業の社会的責任から革新的な企業の社会的責任への展開は，エコ・ベンチャー企業，社会起業家・ソーシャル・ベンチャー企業，ベンチャー企業，さらにNGO，NPO，政府，地方自治体，市民を加えて，個別的な関係構築ではなく，関係そのものが意義のあるネットワークを企業の経営者が作り上げて，実践することが不可欠になる。このような経営者の行動原理は，革新的な企業の社会的責任を機能させ，企業価値の実現を図ることである。

第4節　環境経営と経営体制

　地球環境問題への企業の対応では，今日，企業の戦略的な対応，経営者のリーダーシップ，ステークホルダー（利害関係者），規制の順守体制の構築への対応が重視されている。このことから環境経営が経営的，全社的な取り組みの段階にあることを知ることができる。地球環境問題への企業の経営的，全社的な取り組みは，その組織的な取り組みによっても知ることができる。つまり，環境経営という機能の担い手は，だれかということである。

　まず，地球環境問題に対する企業の組織的な対応は，環境部の設置によって組織的な対応へと展開する。それまでは，現場レベルでの廃棄物処理の対応が主な活動として理解されていた。しかし，ISO14000の導入が普及してくると環境管理，環境監査といった組織的な，管理的な対応が求められるようになった。このような組織的，管理的な対応は，環境部の設置によって象徴的に表れることになった。

　さらに，環境報告書の普及と展開も地球環境問題への組織的な対応と環境部の登場に重要な役割を果たしたといえる。環境部は基本的にスタッフ部門として企業の環境対応の具体化を推進する担い手として位置づけられる。しかし，その後，地球環境問題が社会的な性格を強く持つとともに，国際的な取り組みもあり，環境報告書が社会環境報告書へと進み，さらにCSR報告書やサスティナブル報告書へと展開する。こうした傾向は，環境部を社会・環境部，CSR部へと改変し，同時に担当役員を置くに至っている。さらに，社長の下に環境委員会，CSR委員会などの委員会を設置して，担当制とともに各事業領域の責任者や役員が委員会に参加して部門横断的な対応へと展開している。たとえば，環境経営／CSRの推進機関については，次の図11-3のように示すことができる。

　このような環境経営の機能の担い手の問題は，経営を担当する機関（organ）の組織問題であり，経営体制と呼ばれる。環境経営の経営体制は，まず現場レベルでの対応から，環境部などの部門管理レベルでの対応へ，さらに役員によ

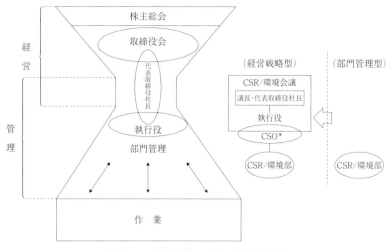

図11-3　環境経営／CSR の経営体制

＊ CSO：最高サスティナビリティ責任者（Chief Sustainability Officers）と呼ばれる[15]。
出所：山城章『経営学』白桃書房，1977, p. 238. Longsworth, A., Doran, H. & Webber, J. "*The Sustainability Executive: Profile and Progress September 2012*", PwC, p. 11. により筆者作成

る委員会の設置など部門横断的，全社的な対応へと展開しているのである。

　さて，環境経営への理解が深まるとともに，企業の経営活動における社会との関係の深化と経営意思決定への統合問題が生じることになった。社会との関係の深化は，これまでの奉仕的な性格の強い社会責任問題への対応から，地球環境問題を含めた広域的な解決へと企業対応を進展させたということができる。

　また，企業経営における地球環境問題への対応は，社会的責任として位置づけるとともに，環境リスク，事業の成長要因として位置づけることになる。その結果，代表取締役社長や CEO（最高経営責任者，Chief Executive Officer）などを含む（あるいは委員長とする）CSR 委員会（海外では Sustainability Committee など）が6割以上（海外約62％，日本約61％）見られた。また，CSR 専門部署を設置している会社も多く，日本企業では約58％，海外企業では35％であった。このほか，CSR ワーキンググループといった，部門横断的な組織を編成している例も日本企業に多く見られた（約48％）。規模の大きい企業において

第11章　環境経営と経営者　*241*

はとくに，CSR担当者を各部門に置く，あるいは兼務させることによって企業として一丸となってCSRを推進していく体制が見られた。また，他部署CSR担当は広報部や経営企画部などに置かれる例が見られた。CSRに関する最終的な責任者を明示しているケースは国内，海外ともに40%を超えている。代表取締役社長が最終責任を持つ場合が多いとされている[16]。

このように環境経営の経営体制は，CSRの戦略化の進展によって環境部を環境CSR部へ，さらにCSR部を企画部へ組み込むとともに，部門レベルから取締役会（代表取締役社長）のレベルへとより全社的な，部門横断的な特徴を強く意識したものとなっている。

わが国における代表的な企業事例としてトヨタ自動車株式会社がある。トヨタ自動車は監査役設置会社である[17]。図11-4のように監査役設置会社では，代表取締役とその他の取締役が業務執行を兼務することもあり，決定と執行が重複した形態で取締役会レベルでのCSR／環境問題への対応ということになる。トヨタ自動車では，CSR活動を統括・推進するために，2007年10月，「CSR委

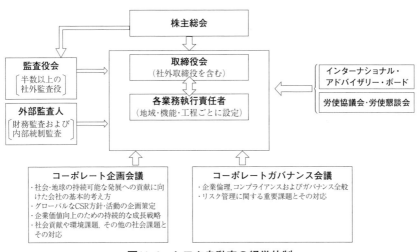

図11-4　トヨタ自動車の経営体制

出所：トヨタ自動車「サスティナビリティ・レポート2015」02-02,13-020 toyota.jp/　2016年3月10日アクセスにより筆者作成

員会」を設置した。同委員会のもとに，コンプライアンスの確立や社会貢献活動，環境問題への取り組みを推進してきたのである。2015年4月からは，CSRを経営と一体ととらえ，経営全般において企業価値向上を図ることをより明確化するため，体制を変更したのである。これまでの「CSR委員会」における討議を，「コーポレート企画会議」および「コーポレートガバナンス会議」に移管したのである。取締役会のもとで，「コーポレート企画会議」においてさまざまな社会課題に対してトヨタが提供する価値を織り込んだ成長戦略を検討し，経営と一体としてのCSR・企業価値向上を全社で推進するとしている[18]。このような経営体制の改変は企業の社会的責任の戦略化に対応したものと考えることができるであろう。

　さらに，企業の社会的責任の問題を研究開発に反映させている企業として株式会社日立製作所が挙げられる[19]。なお，日立製作所は指名委員会等設置会社であり取締役会は社外取締役が3分の2を占め，指名，報酬そして監査委員会から構成された監督機関である。企業の社会的責任や環境問題については，執行役社長の下に執行役からなる経営会議が方針を決定する体制を採っている。しかし，日立製作所は，2015年4月から従来の中央研究所，日立研究所，横浜研究所の国内3研究所とデザイン本部および海外拠点を社会イノベーション協創統括本部内に4つの研究センタ，テクノロジーイノベーション統括本部内に9つのセンタ，基礎研究センタとして再編したのである。この研究開発体制は，社会イノベーション事業を軸にグローバルな成長を目指した研究開発を加速させることであるとしている。このようにわが国では，会社の機関構成によってCSR／環境経営の推進体制に違いが見られるとともに，経営者のリーダーシップという点でも一義的ではない。

　このような動向の中で，欧米の先進的な企業では，技術開発，イノベーションによるCSR問題への取り組みを取締役会内の委員会に反映させている企業も見られる。なお，欧米の取締役会は，基本的にわが国の指名委員会等設置会社に近い監督機関といえる。たとえば，Ford Motor Companyの場合は，取締役会の中に「持続可能性とイノベーション委員会（Sustainability and Innovation Committee)」を設置して，革新的なCSR対応への監督，支援や助言を行っている[20]。「持続可能性とイノベーション委員会」は，指名委員会，監査委員会，報酬委員会そしてリスク委員会とともに，2015年に新たに設置された。それは，2014年に設置した持続可能性委員会に2015年に「イノベーション」を加えて設置されたのである。取締役会に「持続可能性とイノベーション」に関する委員会が設置されている先駆者的な事例である。ここでの持続可能性は，地球環境問題だけでなく，長期的な環境保全と株主価値や社会福祉，人権，労働条件，責任ある調達などの強化といった社会的，経済的側面を総合した企業の社会的責任による持続可能な発展への貢献を意味している。このように企業の社会的責任の問題が経営体制の整備によってエコ・イノベーションやソーシャル・イノベーションを主体的に統合して，推進される事例がみられる。

　持続可能性／CSRとイノベーションの関係は，①自社で展開したイノベーションが結果として持続可能性／CSRに貢献する場合と②持続可能性／CSRの問題を解決するためにイノベーションを展開する場合が考えられる[21]。日立製作所の企業事例は②持続可能性／CSRの問題を解決するイノベーションを展開する取り組みとも考えられる。いずれにしても，今後は，取締役会のあり方としてコントロール（業務執行の監督機関）の性格を強化するだけでなく，持続可能性／CSRやイノベーションの視点からも取締役会を含む経営体制の改革が求められているといえる。

第5節　環境経営の進化と経営者の役割

　企業の経営者は，これまで以上に地球環境問題を組織全体，最高経営の課題として理解し，取り組まなければならない。このような環境経営の進展が今日的な特徴である。これまでの予防的（リスク管理的）な地球環境問題への対応にとどまらず，企業の社会的役割である生産活動，とりわけイノベーション活動を踏まえた対応が強く求められている。このことは，企業経営における環境問題がさらに進化して持続可能性／CSR問題へと深まり，経済的，環境的そして社会的な次元の統合問題として位置づけられる点が看過されてはならな

い。さらに，持続可能性／CSR問題に統合された地球環境問題は，企業経営の部分的な課題から経営課題そのものとして統合される段階へと進もうとしているのである[22]。こうした変化は，企業の経営体制の整備にも見ることができる。しかし，経営体制の整備だけではなく，経営者それ自体の行動原理に組み込まれることが重要である。

　環境経営は，地球環境問題への対応が持続可能性／CSR問題への対応へと展開し，一部の現場や部門レベルでの対応から企業戦略の核となり，経営トップのレベルへと組織的な展開を図っている点から，経営者のリーダーシップがこれまで以上に重視される。そこでのリーダーシップは，イノベーションによる問題解決と外部に開かれた経営者の姿勢が特徴として指摘できるであろう。イノベーションに関しては，これまでのビジネス・イノベーション（経済的・技術的なイノベーション）とともに，エコ・イノベーションや社会イノベーションを統合したイノベーションを推進することが求められる。いずれのイノベーションにおいてもステークホルダーやそれ以外の人びとにも配慮することが成功の鍵となる。したがって，企業の経営者は，社会に対して開かれた経営システムを主体的に構築することになる。

　今日の社会は，さまざまな課題を抱えているが，イノベーションなしには解決が困難である。この意味では，企業家的な教育，とりわけ地球環境問題を含む社会的な諸問題の解決に貢献する企業家的な経営者を育成することが求められることになる。持続可能な発展の時代において企業の経営を担う経営者は，経営力としての「意義のあるイノベーション」を創出する担い手としてリーダーシップを発揮する企業家的な経営者として理解されるのである。つまり，企業家的な経営者は，イノベーションのプロセスの方向性を示し，直接，間接的に係わる多様な活動者（組織）を引きつけ，選抜し，そしてビジョンを選択することが重要な役割となる。

　わが国企業が国際的な競争力をもち，かつ持続可能な社会への貢献を確固たるものとするためには，世界の流れに乗り遅れることなく，むしろ先んじて多様な活動者（組織）との関係構築や「意義のあるイノベーション」の機会を増

幅させるような，経営力を高めていくことが重要である。

このように環境経営における社会的役割を実践していくためには，すでに，ISO26000やGRIが指摘したように，企業の経営的意思決定における「ステークホルダー・エンゲージメント（Stakeholder engagement）」の問題が不可欠である。そこでは，ステークホルダーからのさまざまな意味の提供があり，そのシグナルを形にする努力が経営者に強く求められている。とくに，経営者は，持続可能な発展の時代を踏まえた経営の優先課題について，明確に順位づけするとともに統合的な視点から実践することになる。

また，経営課題の優先順位は，企業のイノベーションの意義に反映し，その評価が経済的，環境的そして社会的な視点から総合的になされることになるのである。この意味で，ステークホルダーは，単に経営的な成果の配分に対する利害という理解から，経営の理念や行動基準からより具体的なイノベーションの展開に至る企業の社会的責任の価値創造そのものの展開に組み込まれた存在として理解されることになるのである。

さらに，生産活動の中核をなすイノベーションの問題においても，オープン化，多元的な価値化，個性化と共有化などの複雑な様相があらわれてきた。このような状況における環境経営は，組織内部に焦点を当てたこれまでの経営原理にとどまらず，同時に組織外部に対してより主体的に係わる経営原理が求められていると考えるのである。

環境経営と経営者の問題は，トップシステムとしての取締役会と代表取締役（執行役）社長のあり方，そして執行や実行という点で執行役員，部門そして現場というボトムシステムの一貫した改革が不可欠である。代表取締役（執行役）社長は，トップシステムとボトムシステムの統一や調整の機能を果たす機関であることを看過してはならない。さらに，戦略的なCSRからイノベーションに基づくCSRが重視される今日，トップシステムの役割におけるイノベーション推進力が企業価値の向上に不可欠である。そこでは，取締役会においてもイノベーション的な性格の強化が求められているといえる。このことは，環境問題や社会的責任問題に先進的に取り組んでいる企業の経営体制や研究開

発体制の改革からも知ることができる。この意味では，環境責任主体の間における連携による企業の社会的責任としての環境経営の推進が今日の環境経営の特質ともいえるであろう。

■注■
1） ここでは，経営も管理もともにマネジメント（management）と理解している。ただし，環境管理と環境経営という用語を経営と管理の機能的な違いとして理解している。ここに，経営とは「決定」であり，管理とは「執行」である。したがって，環境管理は，内部管理であり，部門管理としての特徴をもち，環境経営は企業外との関係を含み，企業全体の management という特徴をもつのである。Top managements と Middle management，経営者と管理者の違いは，一義的でない。
2） Pauli, G. *The Blue Economy*, Paradigm Publications, 2010.（黒川清監訳『ブルーエコノミーに変えよう』ダイヤモンド社，2012年，62-65頁）
3） Reid, A. & M. Miedzinski, *Eco-innovation – Final Report for sectional innovation watch, technopolis-group*, Europe INNOVA, 2008. p. i.
4） UNEP, *Towards a Green Economy – Pathways to Sustainable Development and Poverty Eradication, A Synthesis for Policy Makers*, 2011. OECD, *Towards Green Growth – A summary for policy makers*, 2011.
5） UNGC では「企業の最高経営責任者が自らに託された指導力によって，進んで人権，労働，環境，腐敗防止の分野で普遍的合意された10原則を守り，企業組織や活動を展開していくことが求められる」としている（http://ungcjn.org/gc/index.html 2016年3月10日アクセス）。ISO26000では，組織統治，人権，労働慣行，環境，公正な事業慣行，消費者課題，コミュニティへの参画およびコミュニティの発展という7つの中核課題が示された（日本工業標準調査会審議『JIS 社会的責任に関する手引 JIS Z 26000：2012，ISO26000：2010』日本規格協会，2012年，26頁）。GRI では，ガイドラインのカテゴリーとして，経済，環境，社会（労働慣行とディーセント・ワーク，人権，社会，製品責任）が示された（http://www.globalreporting.org/ 2016年3月10日アクセス）
6） 環境省「環境と経営」2015年 a, http://www.env.go.jp/policy/keiei_portal/about/ 2016年3月10日アクセス
7） 環境省『平成24年度　環境にやさしい企業行動調査報告書（概要）』2015年，1頁
8） 環境省『環境経営の推進と環境情報の利用について―グリーン経済を導く基盤の構築に向けて―』（環境情報の利用促進に関する検討委員会報告），2012年，

46頁
9) Bell, S. & S. Morse, *Measuring Sustainability: Learning from Doing*, Earhscan, London, 2003.
10) 経済産業省「国際的な企業活動における CSR（企業の社会的責任）の課題とそのマネジメントに関する調査（報告書）」2014年，5頁
11) den Ouden, E. *Innovation design－Creating value for People, Organizations and society*, Springer, 2012. なお，「意義のあるイノベーション」は，Royal Phillips が掲げたもので，イノベーションによる持続可能なソリューションを目指すとされている（www.phillips.com/，2016年3月10日アクセス）。Phillips, *Sustainable innovation*, Exploring a new innovation paradigm by Dorothea Seebode, 2014.
12) Porter, E. M. & C. Linde, "Green and Competitive", in *Harvard Business Review*, Sept-Oct, 1995, pp. 120-134.（矢内裕幸・上田亮子訳「環境主義が作る21世紀の競争優位」『ダイヤモンド・ハーバード・ビジネス・レビュー』1996年8・9月号，ダイヤモンド社，101-118頁）
13) EU-Commission（eds.）, Social innovation.
14) Schmidpeter, R. "Social Innovation: A New Concept for a Sustainable Future?" in Osburg, T. & R. Schmidpeter, (eds.), *Social Innovation, Solustions for a Sustainable Future*, Springer Hiedelberg New York Dordrecht London, 2013, pp. 1-9.
15) Perkins, K. M. & G. Serafeim, "Chief Sustainability Officers: Who Are They and What Do They Do?" in Henderson, R., Gulati, R. & M. Tushman, *Leading Sustainable Change－An Organizational Perspective*, Oxford university Press, 2015, pp. 196-221.
16) 経済産業省，前掲書，24-25頁。なお，国際経済交流財団・委託先企業活力研究所「CSR の戦略的な展開に向けた企業の対応」2011年，27頁では企業価値と CSR の取り組みについて図11-5のような経営の効果を指摘している。
17) 会社法（平成17年7月26日法律第86号）「第2条」によれば，監査役設置会社は，監査役会を置く株式会社又はこの法律の規定により監査役会を置かなければならない株式会社をいう。監査等委員会設置会社は，監査等委員会を置く株式会社をいう。指名委員会等設置会社は，指名委員会，監査委員会及び報酬委員会（以下「指名委員会等」という。）を置く株式会社をいう。
18) トヨタ自動車，「サスティナビリティ・レポート2015」2015年，02-02,13-02頁 http://toyota.jp/ 2016年3月10日アクセス
19) 日立製作所，「日立グループ　サスティナビリティ・レポート2015」2015年，48-49頁 http://www.hitachi.co.jp/ 2016年3月10日アクセス
20) http://Ford Motor Company, Sustainability Report 2014/15, 2016年3月10

```
┌─────────────────────────────┐
│ 社会課題を経営に取り込むアプローチ │
│ ・技術・製品を通じた環境・社会課題の解決 │
│ ・貧困層への市場アプローチ       │
│ ・バリューチェーンを通じた取り込み │       ┌─────────────────────────────┐
│ ・地域での信頼と協力関係の構築   │       │ 経営への効果                 │
│                             │       │ ・新しい事業領域や市場といった成 │
│ CSR 部門の機能と役割          │  ➔   │   長機会の開拓               │
│ ・社外への対応に重点を置いたコミュニ │       │ ・経営プロセスにイノベーションを │
│   ケーション                  │       │   もたらすことによる競争力の強化 │
│ ・多様な情報開示              │       │ ・ステークホルダーとの連携強化に │
│ ・CSR の取り組みによる経済的インパクト │       │   よるブランド価値の向上      │
│   の明確化                   │       └─────────────────────────────┘
└─────────────────────────────┘
```

図11-5　企業価値につながる手法と経営への効果

日アクセス

21)　MacGregor, S. P. & J. Fontrodona, *Exploring the Fit between CSR and Innovation*, Working Paper WP-759, IESE Business School-University of Navarra, 2008.

22)　Koep, L. & A. O'Driscoll, *Towards a Model for Integrating Management and Communications Theory in Sustainability/CSR Research*, 2014.　http://arrow.dit.ie/cgi/viewcontent.cgi?article=1108&context…　2016年３月10日アクセス

■ 参考文献 ■

Okpara, J. O. & S. O. Idowu, (ed.), *Corporate Social responsibility*, Springer-Verlag Berlin Hiedelberg,

Taticchi, P., Carbone, P. & V. A. Albino, (ed.), *Corporate Sustainability*, Springer Hiedelberg,

Porter, M. E. & M. R. Kramer, "Strategy and Society The Link Between Competitive Advantage and Corporate Social Responsibility", In *Harvard Business Review*, January, 2006, pp. 78-92.（「競争優位のCSR戦略」『「公器」の経営』『ダイヤモンド・ハーバード・ビジネス・レビュー』2008年１月号, 34-52頁）

第12章 資本コストの理論と経営意思決定基準

小椋　康宏

はじめに

今日，経営財務（コーポレート・ファイナンス）の研究領域の中で，もっとも重要な概念は，「資本コスト」の概念である。資本コストに関する研究は，1950年代を嚆矢として生成し，その後，現在に至るまで，経営財務の中心的課題として展開してきた。われわれは，ここで展開してきた資本コスト論を実践経営学的アプローチとして経営者の経営意思決定基準の中に具体化する方策を考えてきた。このようなわれわれの意図は，経営学を専攻するものからみて，多くの経営財務研究者が「経営」という重要なキーワードを取り入れず，いたずらに市場理論研究に群がって研究を進めてきた現状を懸念してきたからである。ただし，今日の金融市場は，経営体（経営者）の経営意思決定にとって，強い影響力をもっているといえる。このような影響力は，対境財務として，今日の経営財務の中で取り入れてこなければならないのである。

以上のような問題意識のもとで，本章では，第1に，資本コスト研究の流れをアメリカ経営財務研究の流れを手掛かりに整理する。アメリカ経営財務研究の流れは，その時々の時代の変革をリードしてきたアメリカ経営財務論およびアメリカファイナンス論の本質を表しているからである。日本におけるこれらの研究は，強くアメリカの経営財務論研究およびアメリカファイナンス研究を

取り入れてきたといえる。また，ここでは，資本コストの経営財務の枠組みの中での位置を示すことにする。

第2に，資本コスト論の概念を概括することにする。ここでは，経営実践における経営意思決定基準に適用できる狙いから伝統的な加重平均資本コストをベースとした資本コスト論を展開する。

第3に，企業価値評価と資本コスト(1)として実践経営学の立場から経営意思決定に組み込む経営原理を明らかにする。

第4に，企業価値評価と資本コスト(2)として，今日の経営財務研究の成果として，経営意思決定の経営原理として利用できる理論を明らかにする。ここでは，経営財務の基礎理論である「資本コスト」の意義を補強する。

最後に，資本コストの理論と経営意思決定基準の関連を実践経営学的立場から明らかにし，まとめとしたい。

第1節　資本コスト論研究の流れ

資本コスト論研究の流れを展開するにあたり，経営財研究の流れを援用して展開する。

経営財務研究の流れとしては，次のように3つのものをあげることができる。

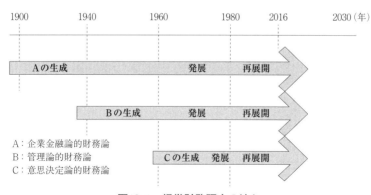

図12-1　経営財務研究の流れ

出所：筆者作成

この分け方は，アメリカ経営財務研究の流れを基本とするものであるが，それと同時に，わが国の経営財務研究の流れを整理するうえでも役立つことになる。
① 企業金融論的財務論
② 管理論的財務論
③ 意思決定論的財務論

1．企業金融論的財務論

　企業金融論的財務論は・アメリカにおいては1900年前後から生成したコーポレーション・ファイナンス（会社財務：Corporation finance）をさし[1]，主として，長期資本調達（long-term financing）の問題に研究の中心点がおかれてきた。当時，これは，経営財務が一研究領域として出現したとき，合併，合同，新会社の設立および会社によって発行される各種の証券の型といった法律問題に関心が払われたこととも関係する。またこの時点において，会社が直面する決定的に重要な問題は，企業拡張のための資本を獲得することであった。それには，特に，資本調達手段としての株式と社債を取り上げる必要があった。

　他方，ここでは，主として企業（資本主義的企業）と株主，企業と社債権者との関係領域が会社財務の主要領域となった。したがって，当時の経営者や財務管理者にとっては，財務職能の中身は資本調達問題であり，対株主，対社債権者への対応が主な仕事であった。もちろん，銀行を中心とする金融機関は，長期借入金（あるいは短期・中期借入金）の提供者として重視された点は見逃せない。

　このようなコーポレーション・ファイナンスは，アメリカにおいて1920年代から1940年代にいたるまで，大きな発展を遂げることになる。特に，この財務論が，企業体制の発展に力をかした点については忘れることはできない。また，企業体の大規模化あるいは企業体の成長は，量的にも質的にも，このタイプの財務論の研究が大きな援助になったことはいうまでもない。他方，このような財務論は，ハント（Hunt, P.）が従来の財務論（コーポレート・ファイナンス）に対する批判論文[2]で示したように，一方では投資銀行の主体的役割を通じて

展開してきたことにも注意しておかなければならない。ハントは，それらの状況を，次のように述べている[3]。

「証券資本主義の最盛期というような環境のもとでは，会社財務における研究内容は，事業会社の財務部長にとってよりも，あるいは象牙の塔のなかの観察者よりも，むしろ投資銀行にとって最大の関心事を強調するであろうということがただ予想されるはずである。」

さて，このような財務論は，アメリカにおいては1940年代を境にして，次に示す管理論的財務論の挑戦をうけることになり，相対的地位が幾分弱くなる。しかしながら，1970年代以降，金融・財務の国際的な意味で，この財務論の再展開が始まったことについては注目しておく必要がある。つまり，企業体の多国籍化，財務の国際化がそれをもたらしている。たとえば，わが国では，1970年代に時価発行増資の普及，また転換社債による資金調達の一般化，ワラント債（新株引受権付社債）の発行もみられるようになった。また2001年からは株式の額面制度が廃止され無額面株式となり，株式による資金調達は金融市場との関係を一層，強くすることになった。それらは，わが国企業体の国外での資金調達形態としても重要な位置を占めるようになったのである。もちろん，外国企業においても，わが国の金融・資本市場において，これらの資金調達手段を使って資金調達することが増大した。このような資金調達の国際化・グローバル化は，まさしく企業金融論的財務論の現代的意味を示したのである。

ところで，このような企業金融論的財務論を代表する文献は，アメリカでは，デューイング（Dewing, A. S.）の『会社財務論[4]』と，ガスマンとドゥゴール（Guthmann, H. G. & H. E. Dougall）の『会社財務論[5]』が取り上げられてきた。このうち，デューイングのものは，この財務論における最初のアカデミックな取扱いを受けたとハントは記述し[6]，またアーチャーとダンプロシオ（Archer, S. H. & C. A. Dambrosio）は，この文献は，発刊以後30年間の財務文献の型を確立したと述べている[7]。また，ガスマンとドゥゴールの文献についてはケッチャム（Ketchum, M. D.）やドナルドソン（Donaldson, G.）の文献解題[8][9]において，その業績が高く評価されたものである。そこで，企業金融論的財務論の

第12章 資本コストの理論と経営意思決定基準 253

特徴をガスマンとドゥゴールの財務職能の概念規定からみておこう。

ガスマンとドゥゴールは，財務職能に関し，次のように述べる[10]。

「経営財務」は，概していえば，経営において使われる資金の計画，調達統制，処理に関する活動として定義することができる，……第一義的な重要点は，企業体が経営するのに必要な資金（funds）や財産（property）をいかにして獲得するかにある。……一般に資金の獲得とは証券の販売——これは，すべての経営のうち少数に関係するものであるが，大会社には大多数に関係するものである——だけでなく，経営内で使われる現金需要ならびにその他の諸資産を調達するためのすべての手段をも含むものである。……資本供給の長期的型——株式，社債，長期の手形，留保利益——と一時的・短期的資金源——銀行，取引業者などとが——研究される。」

ガスマンとドゥゴールの叙述からも理解できるように，資本調達の問題を財務活動の中心におくことになる。また，ガスマンとドゥゴールは，財務担当経営者の職務に関し，「財務担当経営者は，主に，企業体の循環する長期・短期の必要な資金の計画，調達の問題に関係しているけれども，合併とか財務的再建といったような頻繁には起こらないけれども，等しく重要な問題は，十分な注意を必要とする。実際，財務担当者の熟練と能力が，もっとも強く試されるのは，こういったより複雑な問題の処理にある[11]」とし，ここでの財務担当経営者がその職務として取り上げた合併・買収（M&A）や財務的再建（リストラクチャリング）の課題は，現在の経営環境のもとでも引き継がれており，今日においても財務担当経営者の職務を重視していることがわかる。

また，わが国では・その代表的文献として，増地庸治郎の『経営財務論[12]』，岡村正人の『株式会社金融の研究[13]』およびいわゆる批判経営学の立場を貫く馬場克三の『株式会社金融論[14]』をあげることができる。日本のコーポレート・ファイナンスについては，文献の指摘だけにとどめる。

2．管理論的財務論

管理論的財務論は，アメリカにおいては，1940年前後から生成した経営財務

(business finance) にみることができる[15]。そして，前述のハントの論文の発表以来，いわゆる管理的側面（いいかえれば管理者的観点）を強調した財務論が展開することになった。この財務論は，資本の運用過程がその研究対象の中心をなし，主として運転資本管理[16]の問題が長期資本調達問題とともに中心的なものとなる。ここで計画，資金調達，財務統制が3つの主要活動となる。しかしながら，この財務論は会計数値を媒体として内部統制を行ったり，財務分析や予算統制を中心におくところから，企業金融論的財務論とはかなりの性格を異にするものであると考えることができよう。したがって，この財務論では，財務管理者としては，トレジャラー（treasurer）よりはむしろコントローラー（controller）が主体的役割を演ずることになる。

ところで，1940年代および1950年代を通じて，財務論は，記述的・制度的主題として教えられ，経営者の見地よりはむしろ外部者の見地からみなされ続けてきたといえる。これに対して1950年代後半を通じて，会社の利益や株価極大化に役立つよう設計された財務分析の方法に関心がもたれはじめたのである。そこでは，初期において貸借対照表の貸方（負債および資本）が関心をもって受け入れられたが，しかし主要な強調点は資産分析に移り始めたのである。また，数学モデルが開発され，それは在庫，現金，受取勘定および固定資産に応用されることになった。会社内での財務的意思決定（financial decision）が会社財務論における決定的問題として認識されるにつれて，財務論の焦点は次第に，外部者の見地から内部者の見地に移ったのである。

このようにして，管理論的財務論はアメリカにおいて，1940年代，1950年代を通じてコントローラー制度の発展と共に展開することになる[17]。また，1960年代以降，コンピュータの発展によって，経営内における財務管理問題，たとえば会計システム，予算システム，財務分析，運転資本管理の面で新しい展開を遂げることになる。また，事業部制などにおいてみられるコントローラーの役割，管理会計や内部監査の仕事の面でのその役割は特に重要なものとなった。

ところで，このような管理論的財務論を代表する文献は，アメリカでは，ハワードとアプトン（Howard, B. B. & M. Upton）の『財務管理論[18]』を挙げるこ

とができる。これは，ケッチャム，ドナルドソンなどが，前掲の文献解題において，その業績を高く評価したものである。

ハワードとアプトンは，彼らの基本的立場は，その序文からも明らかなとおり，まず何よりも経営者的観点からなされなければならないとし，従来のいわゆる伝統的会社財務論の欠陥を次のように指摘する[19]。

第1に，この伝統的会社財務論は，一般の大学生の経験に不適当であり，大学の経営教育の目的にも一致しないものである。第2に，その主題を大会社の財務に限定していたことによって，本質を誤らせる傾向にあるということであり，また，これらの一般的テキストと課程が，会社財務の制度と手段に集中することによって，経営財務よりも，むしろ一般の投資問題に関係していたことに求められる。

このような財務論の一面は，会社をひとつの社会的制度として発展させる方向にあり，そのアプローチが，内部管理的アプローチから遊離したものになっているということである。こういった研究は，性格上，経営・管理的というよりは，むしろ社会経済的であるといわなければならない。そこで，彼らは，どのような企業体にも適用でき，どのような状況にも適用できる財務管理，原理，制度，手段の研究でなければならないとし，このような点から，一般的でかつ終始一貫した経営・管理的アプローチ（managerial approach）を確立する方向に視点を求めたのである。

ハワードとアプトンの研究方法にみられるように，管理の部分機能のひとつとしてのコントロールに中心がおかれているとはいえ，この段階において，財務に対するいわゆる管理論的接近がみられることになり，ひとつの新しい流れが確立することになったと考えられる。

他方，わが国では，その代表的文献として古川栄一の『財務管理組織[20]』をあげることができる。古川栄一は，財務管理研究に関し，次のように述べている[21]。

「それは従来の伝統的経営財務論においては，もっぱら資本調達にその研究の中心がおかれているが，企業にとって資本調達は，なおその経営活動の遂行

のための準備段階にすぎない，したがって運用を考慮しないような資本調達はおよそ無意味であると考えられなければならないのである。企業における経営者の立場からいえば，その必要資本を自己資本として調達するか，または借入資本によって調達すべきか，あるいは長期資本か，それとも短期信用によって資本調達をおこなうかは，つねにその運用と関連させて考慮するのでなければ，資本調達の適否は判断されないことになる。そのような観点からすれば，資本の獲得が企業にとって積極財務であって，その支払が消極財務であるというようなことはいえないのであって，調達と運用とはその両者がともに経営財務にとっての二大側面をなすものとして重視されなければならない。むしろ調達資本をいかに運用するかということこそは，企業における財務活動の重点をなすものと考えられるのである。」

　古川栄一の研究は，財務管理論的研究の立場から，いわゆる「資本運用論[22]」を基軸として展開されたわけである。わが国では，古川栄一の研究以降，実践面ではコントローラー制度が十分，展開しなかったとはいえ，古川栄一による管理論的接近（コントロール機能が中心にあるにせよ）は，わが国経営財務研究の展開に大きな足跡を残したということができよう。

3．意思決定論的財務論

　意思決定論的財務論は，アメリカにおいては，1950年代後半から展開されてきた経済学的財務論にみることができる[23]。これらの研究は，主として投資決定論，資本コスト論の領域が対象となる。この財務論では財務管理者は，資本予算の分析と資金調達の総額とその種別の決定に関連したプログラム（ファイナンシング・ミックスの決定）とを一致させる職務をもつのである。したがって財務の中心的課題は，企業体の価値に影響を与えるすべての決定と活動に関するものとなる。

　このようにして，1960年代は，①証券の最適ミックス，②資本コスト，といったものに焦点をあてるとともに，貸借対照表の貸方に新たな関心が払われることとなった。と同時に，個人投資家による資産選択の理論「ポートフォリオ・

マネジメント」および会社財務論への密接なかかわり合いが展開されることとなった。これらの傾向は，1970年代を通じて継続されてきており，その結果は，投資と会社財務の統合となってきたのである。

　ところで，このような意思決定論的財務倫を代表する文献は，アメリカでは，ウェストンとブリガム（Weston, J. F. & E. F. Brigham）の『経営財務論[24]』とソロモン（Solomon, E.）の『財務管理論[25]』をあげることができよう，そして，ウェストンにおいては，財務職能を次のような内容の中に見出すところに特徴があると考えられよう[26]。

「① 企業体の諸資源の効率的利用に関するための情報の流れ（a flow of information）

② 資金の流れの効果的管理

③ 企業体における重要な計画設定および統制過程への参加

④ 企業体の各部門やグループの部分最適化の決定に参加し，それらを企業体全体の最適化に結びつけること

⑤ 企業体の記録の保管と分析活動においては，データの流れの物的側面とコンピュータといったような新しい用具の利用についての職務」

　他方，ソロモンにおいては，このような財務論の新しい研究方迷の内容を，次のようにまとあている[27]。

「財務管理の領域が資金の運用と調達の両者に関する意思決定を含むように再定義されるならば，この主題の主要な内容は，企業体が会社の資金を必要とするあらゆる形態の資産への投資を維持すべきか，あるいは増大すべきかどうかについて，財務管理者がどのように判断を下すべきかということに関連するものである，ということは明らかである。続いて，これは，次に示す3つの質問に答えるための説得できうる基礎を必要とするのである。

① 企業体は，どのような特定の資産を獲得すべきか

② 企業体は，どのぐらいの資金総量を投下すべきか

③ 必要な資金は，どのようにして調達すべきか

これらの質問は，密接に相互関連しているのである。」

要約すれば，意思決定論的財務論においては，「企業価値最大化」あるいは「株式価値最大化」のもとで，すべての経営財務問題が構築されるのである。そこでは，経営財務的意思決定が重視されることになる。そして，このような意思決定論的財務論は，そのひとつの方向として，資本市場理論の展開がみられるようになった。これらの展開は，ファイナンス論として現代のファイナンス論を展開している。わが国では，この財務論の立場にたちながら展開した初期の主要文献として，柴川林也の『投資決定論[28]』と飯原慶雄の『財務理論の研究[29]』をあげることができよう。

　また，われわれは，意思決定論的財務輪の伝統的考え方のひとつにあった資本コスト論を意思決定論的財務論の成果として日本的経営財務論を考察するうえでのひとつのベースにしている。わが国で投資決定論といわれるものについては，ほとんどこの意思決定論的財務論で展開されてきたものである。

4．経営財務の枠組みと資本コスト

　経営財務の体系は，まず金融市場，具体的には，債券市場，社債市場および株式市場などといった金融・資本市場から資本調達の決定の財務活動が行われる。また，他方では投資の決定の経営活動が行われる。投資の決定では，購買―生産―販売といった経営活動プロセスにキャッシュ・フローがみられ，運転資本・設備投資へのキャッシュ・フローは，将来キャッシュ・フローの獲得を見込んだ経営意思決定である。もちろん子会社への投資についても投資の重要な決定であることにはかわりがない。

　経営財務では，企業価値創造は株式価値を最大化する経営行動として取り上げ，何が企業価値を決定するかを答えることになる。図12-2は，企業価値をフリー・キャッシュ・フローと加重平均資本コストを使って説明している。フリー・キャッシュ・フローにおける3つの主要な決定要素は，①売上高，②営業費および税金，③経営活動における必要投資額である。

　キャッシュ・フローの第1の決定要素は，売上高は事業単位の売上高，事業単位の価格および期待未来成長率の現行水準に依存する。経営者は，実際に顧

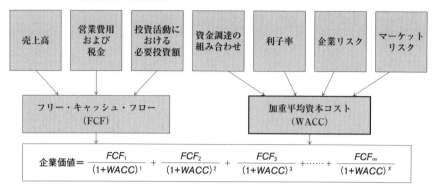

図12-2 経営財務の枠組みと資本コスト

出所:Ehrhardr, M. C. & E. F. Brigham (2006:9)

客をよく理解し,それから顧客が望む財やサービスを提供することによって事業単位の売上高を増大し,したがってキャッシュ・フローを増大することができる。

ここでの加重平均資本コストは,会社の資本コストとして考えられ,資本調達の組み合わせによって,加重平均資本コストが測定される。資本コストは,利子率,企業リスク,マーケット,リスクの影響をうける。成長する会社は特に金融市場との接近が必要となる。金融市場は企業の資本コストに重要な影響を与えるといってよい。ここに,今日のコーポレートファイナンスの中心点があるといってよい。

第2節 資本コストの概念

資本コストの概念ほど,この数十年間,経営財務にかかわる問題として議論されてきたものはない。特に1950年代後半からの「意思決定論的財務論」の台頭以来,この資本コスト論は,もっとも重要な課題であり,各学者は,その解明に多大な力を注いだのである。ところで,経営財務における資本コスト論は,単に一義的に説明するには多くの困難性をもっている。つまり,資本コスト概念の明確化については,多くの論者の見解があるということである。したがっ

て，ここではまず，いわゆる伝統的立場にたって展開してきたソモン（Solomon, E.）の指摘から検討を加えることにする[30]。ソロモンは，資本コスト概念について，次のような点から始める。

「正味現在価値の極大化の目標によって示される意思決定過程は，業務活動上，2つの方法で述べられる。資金の運用を必要とするどのような企業体の投資案でも，次のようであるならば正味現在価値を増大するのが期待され，したがって採用されなければならない。

1. 投資案が約束する見積の正味増分利益の流れおよびその実施のために必要とされる見積の正味資本支出の流れとが，「資本コスト」を測る割引率 k で資本化され（あるいは割り引かれ），前者の現在価値が後者の現在価値よりも大きいとき。
2. 投資案が約束する利益率（正確には，期待支出と期待利益から計算される）が資本コスト k よりも大きいとき[31]。」

この場合，ソロモンは，この資本コスト k の正確な測定に重点をおこうというのである。つまり，この k の概念規定が問題となるのである。

「k とは何か，それはいかにして測定されるべきか。これは，明らかに財務管理に直面する中心的課題である。k を資本コストとして定義することは，その本質と機能を表すひとつの方法にすぎず，おそらくもっとも有用な方法ではないであろう。k の役割について，それ以外の記述が存在する。このようにして k は，次のように論述されてきた。(a)資本を運用する投資案の必要最低利益率，(b)資本支出の切捨率，(c)資本運用が正当化されうるならば，こえなければならない『障害』の利益率か『目標』の利益率，(d)財務基準[32]」

ソロモンは，k を測定する概念上の困難性として，2つの要因をあげる。ひとつは，不確実性（uncertainty）であり，もうひとつは，不確実性から派生した制度的なものである。そこで，ソロモンは次のように考える。

「完全に，確実性の世界の仮定においても，k はまた，正味現在価値を極大化するように設計された合理的な資本割り当ての過程のなかで，本質的な要素となるであろう。……完全に，確実性の世界では，k は単に利子率 i に等しく，

k よりも大きい明確で確実性をもった利益率を提供するすべての投資案は，正味現在価値の極大化の基準を満足させるであろう[33]」そして，ソロモンは，「確実性の解あるいは，確実性等価の解[34]は，価値のある出発点であり，数多くの有用な洞察を提供している[35]」と考えるのである。一方，不確実性を考えてみるとこの資本コストは，次のような問題に直面する。

「第1に，会社の投資のための資金調達額の相当部分が，自己資本の形態で所用者によって提供される。この利子率は，これらの資金のコストを測定するものとして適切ではない。第2に，会社が利用する借入資金の利子支払義務については，不明確であったり，不確定であったりすることは何もない。これらの義務は，約定されており，明確になっている。しかも債務契約によって課せられる利子率はこの事実を反映しているのである。これに反して，投資案によって約束される利益率は，せいぜい不確定な未来の見積もりにすぎない。したがって投資案の採否は，これら2つの率の単純な比較によってでは確かめることはできないのである[36]。」

不確実性の世界の中で，資本コストを測定し，概念規定することはむずかしい。ソロモンは，資本コスト k を次の方向で測定しようとする。

「現実的な k の測定には，現在の投資による未来利益の一般的不確実性，および同じ会社内でも異なった資金の利用は異なった不確実性の度合いを含むということを考慮に入れなければならない。資金が多くの異なった方法で引き出されうること，また利用できる各資金調達の組み合わせは，企業体の所有者に帰する正味の残余利益の量と質に異なった効果をもたらすことを考慮に入れなければならない。最後に，確実性モデルにおける利子率と同様に，資本コストの測定は，すべての資金が究極的に引き出される資本市場の状況の変化を反映しなければならない[37]」

ソロモンの具体的展開は，ここでは取り上げない。しかし，ソロモンの主張する点は，正味現在価値の極大化のもとでの投資案の採否に関する選択基準の設定であり，それは資本市場の変化や資金の投資や再投資から期待される利益の質の変化とも関連したものを考えているのである。いわゆる資本コスト k は

以上の展開として主張されるのである。

　さて，資本コストは投資決定と資本調達を結びつける概念である。つまり，資本コストの概念がはっきりしなければ，投資決定と資本調達とを統合できない。では，資本コストは，どのように概念規定されるのであろうか。

　資本コストの概念は，次のように考えられる。もしある企業体がある資本量を調達し，それを投資プロジェクトにあてたとしてみる。この場合，この投資プロジェクトが最低，稼得しなければならない利益率が存在する。つまり，この投資プロジクトの利益率は，その資金調達のコストを上まわるものでなければならない（企業体の正味現在価値の極大化を目的とする）。したがって，この投資プロジェクトが稼得しなければならない「必要最低利益率」を「資本コスト (the cost of capital)」と呼ぶのである。このようにして，資本コストは概念上，投資プロジェクトの採否を意思決定する基準であり，目標とすべき利益率であるといいかえることもできる。このことは，資本コストが単なる事後的に把握されるものではなく，事前的に把握されなければならないことを意味している。資本コスト原理は，すぐれて経営体における経営機能に関連したものであると考えることができる。通説においては，資本コストの問題に関連しても，その行動主体は，株主あるいは投資家におかれる。しかしながら，ここでは，資本コストの問題が，経営機能の中で十分に説明され，規定されなければならないという意味で，その行動主体は，経営体（経営者）にあると考えるのである。ここに，資本コスト論の実践経営学的意義が存する。

　次に，資本コストの概念を基本として。資本コストの計算が行われる。まず第1に資本構成要素別にそれぞれ計算される。資本構成要素別として，債務資本，優先株および自己資本（普通株，内部留保）のコストが計算される。

　第2に，各構成要素のコストが加重平均資本コストを求めるために結合される。ここで計算された「加重平均資本コスト」が全体の資本コストとなるのである。

　実践経営学の立場から，「必要最低利益率」としての資本コストを経営意思決定基準として実践することである。

第3節　企業価値評価と資本コスト(1)

　企業価値評価の体系分析は，それが経営意思決定過程に応用されることが必要である。われわれが主張してきたように，それぞれの財務の体系分析が経営原理として経営の実践の中で利用可能なことである。すなわち財務体系分析が経営意思決定の連鎖の中でつながりをもつことが重要なのである。

　経営体が企業価値を創造することは，経営体が今日の社会に経営活動を通じて社会貢献することを意味している。経営体が21世紀の社会の中で生き残り社会的存在としての組織体を維持することになれば，それがわれわれの狙う経営学の基礎原理であるということができる。

　本章でみる企業価値評価は，財務論的視点からみた企業価値評価論である。この企業価値評価論が，今日の経営原理としてまず経営を実践するうえでの基礎原理とすることが重要である。それぞれの単一の企業価値評価論では基本的な経営原理を明らかにするには不十分であろう。今日，問題提起されているのは，この財務論的視点による企業価値評価の明確化であることを指摘したい。加えて経営のグローバル化により，また金融・資本市場のグローバル化が企業価値評価のグローバルスタンダードである「資本コスト」の意味をもたせたといえる。

　次に，企業価値の評価に関する問題を，財務の体系分析の中で財務論的視点からどのような体系原理をもって説明できるか，その理論構造を明らかにしたい。

　そしてその体系分析がグローバルスタンダードとしての経営行動基準につながるものであることを明らかにしたい。論旨の展開としては，まず財務の体系分析による企業価値について若干の考察をする。とくに総資産利益率（ROA）と自己資本利益率（ROE）に着目し，その経営財務上の意義を論ずる。続いてEVAとDCF法についてその企業価値への関連を明らかにする。最後に，グローバルスタンダードと資本コスト原理の問題を明らかにし，企業価値基準のグローバルスタンダードとしての資本コスト原理の位置づけを明らかにしたい。

1. 財務の体系分析による企業価値評価

(1) 財務の体系分析による企業評価

　財務の体系分析による企業評価は，従来からの財務分析・経営分析の中で行われてきたものである。財務の体系分析による企業評価でまず考えておく必要がある点は，企業評価する主体である。企業評価する主体は，内部における財務管理者の立場なのかあるいは外部のステイクホルダーの立場からなのか明確にする必要がある。われわれの基本的視点では，内部の財務管理者の立場，広義には経営者の立場からの財務の体系分析を行う。

　財務の体系分析による企業価値評価について，ヒギンス（Higgins, R. C.）の分析が参考となる[38]。ヒギンスの分析では，会計分析ではなく財務分析を中心とした体系分析が中心となる。

(2) ROAの理論と企業価値評価

　総資産利益率（Return On Asset：ROA）の理論の基礎は，いわゆるデュポン方式の理論によっている。この財務統制システムは，総資産利益率を，売上高純利益率と総資産回転率とに分解し，その積によって求められる公式による。なお，この場合，利益は利子及び税金控除前利益（あるいは税引後純利益）を使う。

　総資産利益率はすでに述べたようにROAと呼ばれ，財務比率の総合指標として，総投資に対する利益率を測定し，経営の有効性を表したものである。総資産利益率を財務指標として利用できる理由として重要な点は，アメリカで展開してきたデュポン方式の存在にある。この方式によって企業評価する場合には，売上高利益率については，企業の経営活動とくに営業活動に対する情報を正確に提供できる指標としての意味をもっている。つまり総資産の収益性がこの指標を通して明らかにされるのである。総資産利益率の第1項における売上高利益率は，売上原価を中心とする原価管理の効率の問題に細分化され，経営の営業活動の実践において常に有効な指標を与えることになる。また第2項における総資産回転率は，経営の効率を経営回転率の角度から，その有効性を示している。総資産は，流動資産と固定資産に分けることができるが，流動資産

の管理に関し，流動性の問題とも関連させながら資産管理を行うことになる。

　総資産利益率を経営分析の中核において体系化し，企業評価することの有利性は非常に使いやすい指標としての意味合いをもってきたといえる。しかしながら，総資産利益率が総資産をいかに効率的に運用しているかに関する総括的指標を提示しているとはいえ，この指標を使ったデュポン方式による方法では次のような問題点が指摘されることになる。つまり，企業の資本構成に関する変化が経営全体の総合的指標である総資産利益率に何らかの影響を及ぼしていないことである。

　この問題を解決する指標として自己資本利益率の理論が提起されることになる。

　総資産利益率＝(利子および税金控除前利益)／売上高×売上高／総資産

　この式の第1項が売上高利益率であり，第2項が総資産回転率である。この理論では，総資産利益率をあげることが事業部の経営目標であり，そのためには売上高利益率をあげること，加えて総資産回転率をあげることが要求されることになる。

(3) ROEの理論と企業価値評価

　自己資本利益率 (return on equity) の理論の基礎は，ラーナー，カールトンおよび亀川俊雄の理論によっている[39]。自己資本利益率の理論は，総資産利益率と密接に関連している点に着目すると同時に，負債比率を財務レバレッジとして関連づける理論を提唱した。自己資本利益率は，次のような関係式をもつことになる。

　自己資本利益率 (ROE) ＝税引後利益／自己資本＝$(1-T)[r+(r-i)L/E]$
　　ただし，T＝税率　　r＝総資産利益率（利子および税金控除前利益／総資産）
　　　i＝支払利子率，L＝負債総額　　E＝自己資本　　A≡総資産

　この式は，自己資本利益率の総合的指標がその他4つの財務変数：総資産利益率，負債比率，借入金に支払われる利子率および税率との間に存在する関係を明らかにしている。つまり，この式は税率の低下あるいは総資産利益率 r の上昇は，常に自己資本利益率を高めるように導くであろう。また，この式は，

もし企業の総資産利益率が借入金に支払う利子率よりも大きくなるならば負債比率の増大すなわちより多くの負債比率に依存することが自己資本利益率の増大に導くことを示している。

自己資本利益率は，総資産利益率とは違って企業の資本構成を積極的に組み込んでいることに対しては評価できる。しかしながら，総資産利益率はもとより，この自己資本利益率であっても企業の事後的データに基づく企業評価であって，今日の経営財務による企業評価論としては不十分であるといわざるをえない。これらの事後的データによる評価論に代わって，事前的評価による評価論が展開することになる。

2．EVAによる企業価値評価

(1) EVAと企業評価

アメリカにおける多くの企業ではもちろんのこと，日本企業においてEVA (economic value added) による企業評価が取り上げられるようになった[40]。EVAは経済的付加価値とも呼ばれ，その理論的基礎には一部基本的な資本コストおよびキャッシュ・フローの概念に基づいている。EVAは，次のように定義される。

 EVA ＝税引後営業利益－資本コスト総額
 　　　＝税引後営業利益－［投下資本×加重平均資本コスト］
 　　　＝投下資本×（投下資本利益率－加重平均資本コスト）

EVAは，債権害に対する資本コスト額および株主に対する資本コスト額を控除した後，ある一定期間にどれだけの価値を生み出したかを総額基準で示したものである。ここでの資本コスト総額は，投下資本に加重平均資本コストを掛けたものとなる。

EVAは，ジョエル・スターンとベネット・スチュアート（Joel Stern and Bennett Stewart）によって開発され，彼らのコンサルタント会社であるスターン，スチュアート社によって普及されたものである。

なお，スターン・スチュアート社は，EVA の登録商標を有している。ここでいう EVA は，債権者に対する資本コスト額および株主に対する資本コスト額を控除した後，ある期間にどれだけの価値を生み出しているかを総額基準によって示したものである。EVA においては，資本コストの概念が一部，導入されているところに注目する必要がある。

　日本企業は1998年以降，多くの会社でそれぞれ独自の EVA を取り入れ，企業経営に適用してきた[41]。そのうち HOYA 株式会社の事例をみてみよう[42]。HOYA の企業価値創造経営において，経営指標の変遷について「経常利益→ROE→EVA」の展開を指摘している。これは，今日の経営実践として有効な意思決定となっている。

　HOYA においては，EVA は次のような SVA（Shareholders Value Added）という指標で表わされる。SVA は，次のように定式化される。

　　SVA＝ATA×(ROA－WACA)
　　ただし，ATA＝総資産
　　　　　ROA＝総資産利益率
　　　　　WACA＝加重平均資本コスト

　HOYA では，株主資本コストが「利子（長期債利回り）＋リスクプレミアム」であると考える。そして，HOYA の市場評価リスクを4％，長期債利回りを2％とすると株主資本コストは6％となる。

　EVA は，企業の真の収益性の測定方法のひとつであるといえる。つまり EVA は，その年度の企業の経済利益を評価しており，本質的に会計利益とは異なっている。EVA は，すべての投資の機会原価が控除された後，残される残余利益を表している。他方，会計利益は自己資本コストを課すことなしで表わされたものである。

　EVA は，営業利益の効率と貸借対照表管理に依存している。

　営業利益の効率がないと，営業利益は低くなり，また効率的な貸借対照表管理がないと，あまりにも多くの資産となり，したがってあまりにも多くの資本となり，結果として必要な資本コストよりも高い資本コストを生ずることにな

る。

　EVAが会社全体に対するのと同じように事業部に対して適用されうることに注目してみたい。そうすると，資本コスト総額は，事業単位のリスクに反映しなければならない。その資本コスト額が会社全体や営業事業部に反映しなければならない。ある会社に対するEVAの特定の計算過程は，多くの会社の実務上の問題点のためにもっと複雑になる。

　なお，アメリカの企業の事例では，経営上の刺激要因として利用されていることに注目したい。

(2) MVAと企業評価

　MVA（market value added）による企業評価は，キャッシュ・フロー割引現価法の概念に基づき，EVAの現在価格の合計がMVAとなる。MVAは企業の経営活動の歴史を通して，EVAの合計を反映したものである。MVAはEVAとともに，その評価法の中に，資本コストの概念が導入されており，いわゆる資本市場理論を一部取り上げた新しい企業評価論となっている[43]。

　MVAは，供給される債務資本と自己資本とを含む総資本額によって定義される。しかしながら，ここでは自己資本にのみ焦点を合わせる定義が使用上，簡単であり，通常・広義の定義と矛盾しないと考えられよう。したがって，次のような式が使われる。

　MVA＝自己資本の市場価格－供給される自己資本額

　MVAは企業の歴史を通して，EVAの合計を反映しており，EVAとともに，MVA自体も刺激的報酬制度として，アメリカ企業の中で利用されている。EVAおよびMVAのいずれの評価法においても資本コストの概念が評価法の中に取り入れられており・すでに示したようにいわゆる資本市場理論を取り入れた新しい企業評価論としての意味をもっている。われわれの考えでは，資本市場理論を取り入れた評価法が経営学的視点からみて完全な理論であるとはいいがたいが，少なくとも財務論の視点からは有効な評価法であると考えている。とくに経営体と株主との対境関係および経営体と金融機関との対境関係の調整にきわめて有効な理論であるといえよう。

第4節　企業価値評価と資本コスト(2)

1．DCF法による企業価値評価

　財務論の世界では，株式価値の極大化目標のもとでの企業評価については，前項の企業評価比率で取り上げた経営指標が使われるが，通常，キャッシュ・フロー割引現価法のもとでは，次に示す株価方程式の基本モデルによって企業価値評価が説明されることになる[44]。

$PER = P_0/E_1 = d/k - g$

　ただし，$P_0 =$ 現在価値

　　　　　　$E_1 =$ 今期1株当たり税引き利益

　　　　　　$d = D_1/E_t =$ 配当性向 ($t = 0, 1, 2\cdots, \infty$)

　　　$k =$ 資本コスト

　　　$g =$ 成長率

以上を基本として企業の成長率 g が一定であるとすると，安定成長モデルは次のようになる。

$$P_0 = D_0(1+g)^1/(1+k_s)^1 + D_0(1+g)^2/(1+k_s)^2 + \cdots$$
$$+ D_0(1+g)^\infty/(1+k_s)^\infty$$
$$= D_0(1+g)/k_s - g = D_1/k - g$$

　ただし，$P_0 =$ 現在株価

　　　　　　$D_0 =$ 前期配当

　　　　　　$D_1 =$ 今期配当

　　　　　　$k_s =$ 自己資本コスト

　　　　　$g =$ 成長率

　株式からの期待総収益率は，期待配当利回りにキャピタル・ゲイン利回りを加えたものからなる。一定成長モデルでは，期待配当利回りと期待キャピタル・ゲイン利回りは一定である。

キャッシュ・フロー割引現価法では，将来のキャッシュ・フローを資本コストで割引いた現在価値がプラスであるかどうかによる評価法であり，企業の将来的価値を現在時点で評価する意味で，過去のデータを使った財務分析とは基本的に異なっている。したがって，ここでの企業価値は未来価値の評価として，事前的視点からの評価をその内に含んでいる。もちろん，この概念構造の中では，財務論にとって最も重要な資本コスト論（the cost of capital）が含まれていることに注目したい。

2．グローバルスタンダードと資本コスト原理

財務論の世界では，グローバルスタンダードはその「資本コスト原理」にある。そして今日この資本コスト原理の実践には，金融市場・資本市場の動きが重要な要素となっており，また金融市場・資本市場の展開が強く経営に影響をあたえており，資本コスト原理が経営のグローバル化の中で経営原理に結びついているのである。ここでは，資本コスト原理が企業価値評価の中でどのような位置を占め，どのような関係をもっているか明らかにしておこう。

(1) 金融市場と経営財務

経営財務の視点から金融市場をみる。そのうち長期金融市場としての資本市場に目を向けると，具体的には，株式市場，社債市場，転換社債市場，新株引受権付社債市場等が企業体と対境関係をもつことになる。このうち株式市場を例にとって考えてみると，株式市場で取引される株価が企業体に重要なシグナルを企業体に与えているということである。

今日の日本の株式市場（東京市場）における変革は，まさに上場している企業体に対し，株式市場における株価を通じての企業評価の重要性を与えてきているということである。このことによって，具体的には，経営者は従来の売上高に変えて時価総額を重視する必要性を教えられることになる。

金融市場が経営環境としてグローバル化した状態により経営体それ自体と市場との対境関係があらためて重要な意味をもつことになる。金融市場・資本市場の行動原理は・経営環境として経営体に強く影響している。その中で次に展

開する資本コストに関わる問題が経営に対し，強く影響することになる。またここでの金融市場・資本市場が一国内にとどまらず国際化グローバル化しているところに現代的特質をもっている・この点がもっとも大事な点であって・市場をどのように経営意思決定に取り組んでいくかが現代の経営財務である。

(2) **資本コストと企業評価**

財務論の世界で，資本コスト（the cost of capital）の概念が提起されて以来，数十年が経過してきた。しかしながら，この理論の経営実践への適用については，アメリカでもかなりの年月がかかり，日本においては，この十数年の経営環境の変化によって導入されることになったといっても過言ではない。

その後，資本コストの理論は経営財務原理として飛躍的な理論展開をしてきたといえる。われわれは，すでに日本的経営財務の中で，資本コスト論の経営実践への適用を主張してきた[45]。

日本企業の経営者は，資本コスト論の学問的成果を経営実践の中に取り入れず，依然として，ついこの2，3年前まで会計利益を中核とした経営を行ってきたといえる。また売上高とかマーケット・シェアに代表されるような規模の利益を第一義的に経営実践に取り入れてきたようである。このことは，日本企業の経営効率を高めること，とくに将来的キャッシュ・フローを増大させるといった企業行動に対しては経営者は積極的ではなかったのである。現在において日本企業の経営者にとってもっとも必要なことは，経営目標として会計利益から経済利益への転換であり，企業価値極大化原理を経営原理として経営意思決定過程の基本におくことである。ここに今日における日本企業の再生のシナリオが存在しているといえよう。

(3) **時価総額と企業評価**

株式の時価総額は，株価と発行済株式総数をかけあわせたものである[46]。これは，企業の将来にわたる企業価値の期待値を現在時点で評価したものである。時価総額が高いということは，企業の今後の成長展開において，経営財務の視点からみれば，資本調達能力が高まることを意味している。資本調達能力の高まりは，企業体自体の成長機会を飛躍的に上昇させることを意味している。す

でに指摘したように，いわゆる売上高，会計利益の増大を目標にしてきた従来の経営方式に対し，時価総額の最大化を目標とする経営方式への転換はまさしく今後の経営方式として重要なものとなろう。

今日，日本の製造業（とくにハイテク産業）に比較して，効率化が遅れてきた産業にとっては，このような経営方式の転換はきわめて重要なものである。21世紀に通用する企業像は，経営のグローバル化の中で，競争力をもった新企業である。この新企業は20世紀において展開した企業の大変革の中にもみられるが，もう一方では，ベンチャー企業に代表される新企業の創造にも依存することになろう。

3．資本コストの戦略性

資本コストの戦略性は，企業価値最大化のもとで，投資決定の採否を決定する財務基準（意思決定基準）となっている。これは，当該会社の資本コストが企業体の成長・発展に重要な要素となっている。具体的には，資本コストを上回る投資案の利益率が投資決定に求められている。

会計利益（account in profit）だけを求める経営は，企業価値最大化目標のもとでの経営にはつながらないのである。企業価値最大化目標のもとでは，企業価値として経済的利益（economic profit）が要求される。この点は，財務の視点からみて重要な戦略問題であり，経営問題でもある。

資本コストの戦略財務上の問題は，資本コストが企業価値創造を測定する基準となっていることである。経営実践上の経営としては，資本コストを上回る経営が企業価値創造ということになる。

資本コストは資本調達と投資決定とを結び付ける概念を有しており，一部資本コストを取り入れた経営手法も考えられている。たとえば，米国スターン・スチュアート社の登録商標である経営指標 EVA®（Economic Value Added 経済的付加価値）を使った経営が注目されている。今後の戦略財務としてもっとも重要な経営財務原理は，この資本コスト原理であるということができる。

4．企業価値評価と経営意思決定基準

　企業価値評価に関し，財務論的視点よりその基本構造を明らかにしてきた。経営意思決定過程における財務論的貢献は，その財務体系的意思決定用具を提供することにある。従来における特に日本企業の意思決定原理は，会計的意思決定用具，具体的には会計利益に基づく経営計算をベースにした経営理論であった。今日の経営環境のもとでは，本章で明らかにしたように，会計利益ではなく将来キャッシュフローや資本コストに基づく経済利益の獲得にある。それは，現代企業（経営体）が金融・資本市場とうまくつきあっていくことを意味する。経営者は市場の理論・動きを十分に理解し，経営意思決定を行うことが重要な職務なのである。

むすび―経営意思決定基準としての資本コスト

　以上にわたり，資本コストと経営意思決定基準について，実践経営学の立場から展開してきた。21世紀の現在，金融，資本市揚の展開には目を見張るものがあり，市場で評価された企業価値は，経営に大きな影響を与えている。このような中で経営財務・ファイナンス研究の成果は，経営意思決定基準に適用できる「資本コスト」の研究にあるといわなければならない。資本コストの理論的研究は，経営の投資行動において，もっとも重要な内容を有しており，経営実践のレベルでは，資本コストをどのように計算し，算定するかがもっとも重要なものとして提起されるのである。

　ところで，日本の経営者は，経営意思決定基準に，この資本コストの概念を組み込んでいるのであろうか。資本コストの考え方は金融・資本市揚では，ようやく1990年代後半から証券の投資決定に導入されるようになったが，企業価値を経営実践において意識し，組み込まなければならない経営者は，今日，依然として，十分，資本コストを組み込んだ経営をしていないことが理解できる。ただし，この十年の間に不十分ながら，資本コストを経営意思決定基準として組み込んできた会社も見受けられるようになった。しかし，なぜ多くの経営者がいまだに十分，資本コストの概念を理解していないかといえば，1980年代の

バブル経済の崩壊後，1990年代からキャッシュ・フロー経営が叫ばれてきたにもかかわらず，経営者は，基本的には，依然として会計的センスで，企業経営が続けられ，現在に至ってきったにほかならないといえる。また，今日における経営者が，金融・資本市場に向かって発する経営情報の中で，株価，企業価値等に関する発信は，きわめて貧弱であるところから判断できる。

　本章では，一貫して，「資本コスト」を経営意思決定に有効な経営情報のひとつとして組み込むことを主張してきた。またこの数十年間に展開された「資本コスト」の理論の展開は，経営者による経営の投資決定にとってきわめて重要なキーワードとして展開してきた。この資本コストの理論を経営財務原理としての位置づけを再度提起したい。ここに，実践経営学的財務論の意義がある。

〔付記〕
　本論文は，以下の著書，論文を参考にしている。
　小椋康宏編著『コーポレート・ファイナンス論』学文社（第1章，第2章，第11章），2015年
　小椋康宏編著「企業価値評価に関する財務論的接近―グローバル・スタンダードとしての評価基準」『経営研究所論集』第24号，東洋大学経営研究所，2001年
　小椋康宏「戦略財務の基礎構造に関する一考察」『経営論集』東洋大学経営学部，2004年

■注■
1) コーポレート・ファイナンスは，企業体のライフサイクルにおける主たる問題と資金調達上の諸問題に関心が向けられた。ここに示すA. S. Dewingの第5版の構成は，次のようになっている。第1部　会社諸証券，第2部　評価と発起，第3部　所得管理，第4部　拡張，第5部　財産調整である。
　　Dewing, A. S., *The Financial Policy of Corporations* (1st ed.) The Ronald Press. (5th ed. 1953), 1919.
2) Hunt, P., "Financial Policy of Corporations". *Quarterly Journal of Economics*, LVⅡ, Feb., 1943, pp. 303-315.
　　Hunt, op. cit., p. 305.
3) Hunt, P., Looking Around (Review of Literature in field of Finance). *Harvard Business Review*, Sep., 1950, pp. 125-133.

4） 注1をみよ
5） Guthman, H. G. & H. E. Dougall, *Corporate Financial Policy*,（4th ed., 1962), 1940.
6） Hunt, P., Looking Around, *Harvard Business Review*, sep, 1950.
7） Archer, S. H. & C. A. Dambrosio, *Business Finance; Theory and Management*, 1966, pp. 3-13.
8） Ketchurn, M. D., Looking Around (Financial Management), *Harvard Business Review*, 1956, Jan-Feb, pp. 131-142.
9） Donaldson, G., Looking Around (Finance for the Nonfinancial), *Harvard Business Review*, 1960, Jan-Feb. pp. 33-36, pp. 140-148.
10） Guthman, H. G. & H. E. Dougall, *Corporate Financial Policy*, 4th ed., Prentice-Hall, 1966, pp. 1-2.
11） Ibid., p. 1.
12） 増地庸治郎『経営財務論』東洋出版社，1934年
13） 岡村正人『株式会社金融の研究』有斐閣，1971年，1950年（初版），1952年（改訂版），1958年（全訂版）
14） 馬場克三『株式会社金融論（改訂増補版）』森山書店，1978年，1965年（初版）
15） 管理論的財務論，ビジネス・ファイナンス以外にいわゆるフィナンシアル・マネジメント（financial management）として使われ，アメリカでは1930年代の経済不況を起点として，1940年代，1950年代にて，その存在理由が認識されるようになったものである。筆者は，この財務論は，一般には企業金融論的財務論に対立するものとして現われたことについては否定しないが，根本的には，企業金融論的財務論を補強する役割を果たしてきたと考えておきたい。
16） 管理論的財務論が中心的課題としている運転資本管理（working capital management）の問題は，現在に至るまでアメリカのビジネススクールにおけるファイナンスのカリキュラムにおいて，もっとも重要な領域として研究教育がなされている。
17） コントローラー制度は，アメリカでは大いなる発展をみるが，わが国では十分な発展がなされていないことを明記する必要がある。ただし，コンピュータ・システムの展開，あるいはオフィス・オートメーション（office automation）の展開によって，新しい財務システムの生成が展開してきた。
18） Howard, B. B. & M. Upton, *Introduction to Business Finance*, McGraw-Hill, 1953.
19） Ibid., Preface.
20） 古川栄一『財務管理組織』森山書店，1953年
21） 古川，同上書，18-19頁
22） この「資本運用論」は，「資本調達論」に対するものとして，わが国では，経

営財務の概念規定の中で論争されてきたものである。
23) 経済学的財務論の研究は，次の文献に代表される。
    Dean, J., *Capital Budgeting*, Columbia University Press, 1951.
    Lutz, F. & V. Lutz, *The Theory of Investment of the Firm*, Princeton University, 1951.
24) Weston, J. F. & E. F. Brigham, *Managerial Finance*, 2nd ed., Holt Rinehart & Winston (7th ed., 1981), 1966.
25) Solomon, E., *The Theory of Financial Management*, Columbia University, 1963.
26) Weston, J. F., *The Scope and Methodology of Finance*, Prentice-Hall, 1966, p. 95.
27) Solomon, op. cit., p. 8.
28) 柴川林也『投資決定論』同文館，1979年，1969年（初版）
29) 飯原慶雄『財務理論の研究——CAPMをめぐる諸問題——』白桃書房，1980年
30) Solomon, E., op. cit.
31) Ibid., p. 27.
32) Ibid., pp. 27-28.
33) Ibid., p. 28.
34) 「確実性等価の解とは，期待利益が定められず，既知の確立分布に従って変動する解である」と，ソロモンは説明している。
35) Solomon, op. cit., p. 29.
36) Ibid., p. 31.
37) Ibid., p. 32.
38) Higgins, R. C., *Analysis For Financial Management*, 5th ed., Irwin/McGraw-Hill, 1998.
39) 次の文献を参照されたい。
    Lerner, E. M. and W. T. Carleton, *A Theory of Financial Analysis*, Harcourt Brace & World, 1966.(石黒隆司・宮川公男訳『財務分析の理論』東洋経済新報社，1972年）
    亀川俊雄『体系経営分析論』白桃書房，1966年
40) ここでは，EVAおよびMVAに関して，以下の文献を主として参考にした。
    Brigham, E. F. & L. C. Gapenski, *Financial Management Theory and Practice*, 8_{th} ed., The Dryden Press, 1977, pp. 283-338.
    Besley, S. & E. F. Frigham, *Principles of Finance*, The Dryden Press, 1999.
41) EVAについては，経営実践と関連しながら展開している次の論文を参照されたい。
    土塚浩一「EVAの有効活用に向けて——成功企業はここを工夫している」『経

営情報』No. 933, 中央経済社, 2000年11月1日号, 8-12頁

川野克典「EVAに必要な数値を洗い直す―日本的導入のすすめ」『経営情報』No. 933, 中央経済社, 2000年11月1日号, 13-17頁

42) HOYAの事例については, 次の論文を参照されたい。

鈴木哲夫「企業価値創造経営と企業家型経営者の育成」―HOYAの事例を通して―」日本経営教育学会編『経営教育研究』第2号, 学文社, 1999年3月, 1-16頁

なお, 日本企業において, 1998年にEVAを導入した花王をはじめ, HOYA, オリックス, 旭化成, 松下電工, ソニー, 松下電器産業, TDK, ダイキン工業, TOTO, 三和シャッター, 旭硝子, 川崎製鉄, 東北電力等がある。これらEVAの導入の根底にあるものは, 株主価値重視の経営の考え方に基づいているといえる。

43) 資本市場理論については, 次の文献を参照されたい。

Brealey, R. A. & S. C. Myers, *Principle of Corporate Finance*, 5th ed., The McGraw-Hill, 1996.

44) 企業評価モデルの基本は, 次の文献を参照にした。

Brigham, E. F. & L. C. Gapenski, op. cit., pp. 283-338.

Shapiro, A. C. & S. D. Balbirer, *Modern Corporate Finance-Multidisciplinary Approach to Value Creation*, Prentice Hall, 2000, pp. 133-176.

45) 小椋康宏『日本的経営財務論』中央経済社, 1984年, 122頁

46) 時価総額は最近では, 企業価値（自己資本価値）を測定する重要な指標とみられている。

■ 参考文献 ■

Ehrhardt, M. C. & E. F. Brigham, *Corporate Finance A Focused Approach*, 2nd ed., Thomson South Western, 2006.

Gittman, L. J., *Principle of Managerial Finance*, 9$_{th}$ ed., Addison Wesley, 2000.

Weston, J. F. & E. F. Brigham, *Essential of Managerial Finance*, 6th. ed., The Dryden Press, 1982.

マネジメントの現代的課題
　―パラドックス・マネジメントの勧め

2016年7月23日　第1版第1刷発行

監修者　松本　芳男

発行者　田中千津子

発行所　株式会社 学文社

〒153-0064　東京都目黒区下目黒3-6-1
電話　03(3715)1501(代)
FAX　03(3715)2012
http://www.gakubunsha.com

印刷　新灯印刷

©2016 MATSUMOTO Yoshio Printed in Japan
乱丁・落丁の場合は本社でお取替えします。
定価は売上カード，カバーに表示。

ISBN978-4-7620-2664-5